Bauwelt Fundamente 98

Herausgegeben von
Ulrich Conrads und Peter Neitzke

Beirat:
Gerd Albers
Hansmartin Bruckmann
Lucius Burckhardt
Gerhard Fehl
Herbert Hübner
Julius Posener
Thomas Sieverts

Hans-Christian Harten

Transformation und Utopie des Raums in der Französischen Revolution.

Von der Zerstörung der Königsstatuen zur republikanischen Idealstadt

Die Deutsche Bibliothek – CIP-Einheitsaufnahme

Harten, Hans-Christian : Transformation und Utopie des Raums in der Französischen Revolution : von der Zerstörung der Königsstatuen zur republikanischen Idealstadt / Hans-Christian Harten. – Braunschweig ; Wiesbaden : Vieweg, 1994
  (Bauwelt-Fundamente ; 98)
  ISBN 3-528-08798-6
NE: GT

Erste Umschlagseite:
Jean-Jacques Lequeu, Tempel der Gleichheit (1794), Querschnitt
Vierte Umschlagseite:
Etienne Louis Boulée, Cirque nationale, Ausschnitt (Bibliothèque Nationale, Paris)

Alle Rechte vorbehalten
© Friedr. Vieweg & Sohn Verlagsgesellschaft mbH, Braunschweig/Wiesbaden, 1994

Der Verlag Vieweg ist ein Unternehmen der Verlagsgruppe Bertelsmann International.

Herstellerische Betreuung: L & J Publikations-Service GmbH, Weinheim
Umschlagentwurf: Helmut Lortz
Satz: Satz- und Reprotechnik GmbH, Hemsbach
Druck und buchbinderische Verarbeitung: Lengericher Handelsdruckerei, Lengerich
Gedruckt auf säurefreiem Papier
Printed in Germany

ISBN 3-528-08798-6   ISSN 0522-5094

Inhalt

Einleitung 7

I. Zerstörung und Neugestaltung des realen Raums 15

1. Transformationen des öffentlichen und politischen Raums . 16
Rationalisierung der Maßsysteme 16
Revolutionspädagogische Topologien 20
Zerstörung und Umwandlung des öffentlichen Raums 30
Das Territorium des Schreckens 40
Die innere Ausgestaltung des neuen politischen Raums 44

2. Zerstörung und Neuschöpfung des sakralen Raums 50
Der anti-kirchliche Vandalismus 50
Die Konstruktion des neuen Kultraums 60

3. Die Monumente und das Ensemble des neuen Raums 71
Die neuen Monumente 71
Die Inszenierung des Raums als eines republikanischen
Ensembles 79

II. Der utopische Raum 87

**1. Die Erziehung des neuen Menschen
durch den öffentlichen Raum** 88

2. Bauten und Monumente des utopischen Raums 114
Das Amphitheater der Massenversammlungen 115
Der Raum der politischen Versammlung 126
Versammlungs- und Weiheorte des republikanischen Kultes:
Tempelprojekte 133

Intermediäre Monumente 142
Das Monument als Psychodrama der Revolution 147

3. Die republikanische Idealstadt 158

**4. Mythische und magische Stätten der Regeneration –
„schattenumwobene Zentren"** 177

Anmerkungen 183

Bildteil 195

Bildquellen 236

Einleitung

Die Französische Revolution war nicht nur eine politische, sondern vielleicht noch mehr eine kulturelle Revolution: Sie zielte darauf ab, eine neue, rationale Kultur zu schaffen, um die Menschheit für alle Zeiten vom Joch des Despotismus, des Aberglaubens, der Macht der Vorurteile und der geistigen Heteronomie zu befreien. Die soziale Ordnung sollte auf die Fundamente einer „vernunftgemäßen" und transparenten Kultur gestellt werden, die nicht mehr von der Willkür einzelner, von ständischen Trennungen und von der Macht tradierter Zwänge und Gewohnheiten beherrscht, sondern von autonomen, ihrer selbst mächtigen Individuen in freiem gesellschaftlichem Diskurs gestaltet würde. Dieses Projekt scheiterte schließlich, aber es schuf ein kollektives Gedächtnis und eine Verpflichtung, die bis heute fortwirkt.

Zu den wichtigsten kulturellen Maßnahmen der Revolution gehörte die Einführung einer neuen Zeitrechnung, eines neuen Kalenders. Dies war ein tiefgreifender Einschnitt ins Alltagsleben und -bewußtsein; denn der republikanische Kalender brachte nicht nur eine formale Rationalisierung – die „Dezimalisierung" der Zeit durch die Einführung der Dekadenordnung, die Regularisierung der Monate etc. –, er bedeutete auch einen radikalen Bruch mit dem von der Kirche geprägten Zeiterleben. Mit der alten Ordnung der Zeit verschwand auch der Heiligenkalender, ging das von der Kirche geschaffene Festsystem unter, drohten die Werte und Weltdeutungsmuster der religiösen Kultur zu zerfallen. Eine derart radikale Säkularisierung, wie sie in der Französischen Revolution in Gang gesetzt wurde – und für die die neue Zeitordnung nur ein besonders markantes Beispiel ist –, konnte kaum ohne innere Brüche und Widersprüche abgehen. Der radikale und abrupte Bruch mit der Vergangenheit schuf auch eine Leere und erzeugte auch eine Angst, die sehr schnell eine Suche nach neuen höheren, nicht bloß gesellschaftlich begriffenen Ordnungen auslöste. Über diese Suche kehrte das Sakrale in neuem Gewand in die kulturellen Hervorbringungen der Französischen Revolution zurück.

Der republikanische Kalender bietet dafür zahlreiche Beispiele, so den Versuch, die neue Zeitordnung auf die ewige und heilige Ordnung der Natur zu gründen – der „physiokratische" Kalender, der den Lauf des landwirtschaftlichen Jahres abbildet, oder, noch signifikanter, die Wahl des neuen Jahresanfangs: In seiner Verlegung vom 1. Januar auf den 22. September schlug sich der Wunsch nieder, die Revolution als ein historisches Ereignis in kosmischen Dimensionen zu verankern und damit der Kontingenz der sozialen Geschichte zu entziehen. Am 22. September

1792, an dem das Jahr I der neuen Zeitrechnung begann, traf sich die Zeit der Revolution mit der des Kosmos. Der 22. September war der Tag der Tagundnachtgleiche, ein Tag der natürlichen Gleichheit also, aber es war auch der Tag, an dem der Konvent zu seiner konstituierenden Sitzung zusammengetreten war, der Tag also, an dem die Republik begann: „So hat die Sonne", erklärte der Mathematiker *Romme* im Konvent, „an demselben Tag zugleich die beiden Pole und danach schrittweise die ganze Erdkugel erleuchtet, an dem, zum ersten Mal, die Fackel der Freiheit in ihrer ganzen Reinheit über der französischen Nation gestrahlt hat. So ist die Sonne an dem gleichen Tag von einer Hemisphäre zur anderen übergegangen, an dem das Volk im Triumph über die Unterdrückung der Könige von der monarchischen zur republikanischen Regierung übergangen ist."[1] Die Wahl dieses Datums heiligte die Revolution: Sie war jetzt mehr als nur ein historisches Ereignis.

Diese Dialektik von Säkularisierung und Re-Sakralisierung kennzeichnet die Kulturrevolution der Jahre 1789 bis 1799 insgesamt. Sie kehrt insbesondere auch in der Revolutionsarchitektur wieder: Nicht Bauten für die politische Öffentlichkeit der gerade erst errungenen Demokratie, sondern neue Tempelbauten, die an die Stelle der alten, vielfach zerstörten und beschädigten Kirchen treten sollten, beschäftigten die Architekten in erster Linie. Die Angst vor der Leere des Raums führte zu seiner Re-Sakralisierung; sie führte auch dazu, daß man ihn mit beredten Systemen neuer, „republikanischer" Symbole und Bedeutungen ausfüllte, die keinen Zweifel zurückließen. Der Enthusiasmus über die Befreiung von den Mächten und Zwängen der Vergangenheit brach sich an der Angst vor der eigenen Autonomie, vor der Aufgabe, Kultur und Gesellschaft aus innerer Freiheit und in diskursiver Kommunikation aufzubauen. Diese Angst schlug in die Ächtung und Ahndung der Abweichung um: der Parteienbildung. Politik wurde noch nicht wirklich als eine Praxis der Regelung gesellschaftlicher Interessenunterschiede und -konflikte begriffen, sondern war zu allererst ein Medium, Übereinstimmung und kollektive Eintracht zur Darstellung zu bringen.

Die Ursache dafür lag zum einen im Erbe des Absolutismus, zum anderen in einer historischen Situation der Überforderung. Die Sakralität des absoluten Monarchen übertrug sich, wie *Furet* im Anschluß an Cochin verdeutlicht hat, auf die Nationalversammlung als Ausdruck der Volkssouveränität und der „volonté générale". Unter der Herrschaft des Absolutismus hatte sich nur eine Praxis oppositioneller Öffentlichkeit herausbilden können, die auf *Konsensbildung durch Ausklammerung* sozialer Interessen und partikularer Geltungsansprüche beruhte; Träger dieser Praxis waren die „sociétés de pensées", wie Cochin sie genannt hat, aus denen später die Jakobinerklubs hervorgingen, die sich zum Sprachrohr der „volonté générale" machten. Anders als in der angelsächsischen Tradition des parlamentarischen Diskurses ging es in dieser konsensuellen Praxis nicht um einen Interessenausgleich durch Artikulation und Offenlegung sozialer Konflikte, sondern um die Darstellung und Hervorbringung eines Allgemeinen, in dem alle übereinstimmen. Die politische Kultur der Französischen Revolution konstituierte sich wesentlich in dieser Ausklammerung der Differenzen, sie brachte daher nur eine abstrakte Gesellschaftlichkeit – die „citoyenneté" – hervor, die das Individuum gleichsam aufsaugt, indem sie es desozialisiert und sich ihm als eine totale Macht entgegensetzt.[2]

Auf der anderen Seite trafen der Sturz der Monarchie und die Proklamation der Republik aber auch auf eine unvorbereitete Öffentlichkeit. Die Projekte und Konzeptionen der Aufklärung waren überwiegend vom Modell einer reformierten, konstitutionellen Monarchie ausgegangen, ohne schon das Volk als politisches Subjekt und Akteur der Geschichte mitzudenken, während umgekehrt die Symbole und Mächte der traditionellen Kultur, die die Aufklärung teilweise stürzen wollte, noch tief im Alltagsbewußtsein weiter Teile des Volkes verankert waren. Königsmord, radikal vorangetriebene Säkularisierung, die Revolutionen der Bauern und der Sansculotten, Religions- und Bürgerkrieg – all dies bildete den Erfahrungshintergrund dafür, daß sich eine Dynamik von Angstgefühlen entfalten konnte; die Revolution wurde nicht nur als ein Akt der Befreiung, sondern auch als ein Aufbrechen von Gegensätzen und Entzweiungen erlebt. In dieser Situation wurden die Religion der Vernunft und der republikanische Kult als ein kollektiver Lösungsversuch konstruiert: An die Vernunft als eine höhere, gleichermaßen natürliche wie sakrale Macht richteten sich die Hoffnung und die Erwartung, daß sie allen Entzweiungen ein Ende machen würde.

Die Französische Revolution war zwar die frühe Exposition einer politischen Kultur der modernen Demokratie[3], in der Terreur kündigt sich aber auch der moderne Totalitarismus an. Das Scheitern dieser Kultur, die Dialektik von Emanzipation und Terreur, verweist auf einen historischen Erfahrungshintergrund, der letztlich durch eine elementare Überforderung gekennzeichnet ist, die Überforderung, eine Kultur der Demokratie unvorbereitet, gleichsam aus dem Nichts aufzubauen, ohne Distanz und ohne die historische Reflexion gemachter Erfahrungen. Die Historizität und gesellschaftliche Vermitteltheit dieser Kultur mußte den Akteuren der Revolution selbst undurchschaubar bleiben. Dies hatte auch eine psychologische Seite: Hinter den Projekten der revolutionären Rationalisierung verbarg sich nicht nur der Wille zu Freiheit und Transparenz, sondern auch die Angst, den Ansprüchen des Neuen, das ein neues heiliges Absolutes war, selber nicht genügen zu können und deshalb aus dem republikanischen Kollektiv ausgestoßen zu werden. Diese Drohung – ihr Symbol war die Guillotine – war allgegenwärtig, sie lastete über jedem. Wer eine partikulare Meinung äußerte, machte sich verdächtig, wer eigene Interessen artikulierte, fand sich schnell zum verdächtigen „Egoisten" deklariert, der die Demokratie nicht will. Deshalb suchte man die Regelung der Interessenkonflikte und die Lösung der Ängste an die Vernunft als höhere Macht abzugeben, die den Urteilsspruch trifft, über den nicht mehr diskutiert werden muß: Die politische Kultur der Französischen Revolution war in Wahrheit keine Kultur des offenen Diskurses, sondern eine, in der die heilige und natürliche Vernunft als Garant der Eintracht beschworen wurde. Daraus erklärt sich auch die große Bedeutung, die das Ästhetische, die Inszenierung der Utopie von Freiheit und Eintracht in der Französischen Revolution erlangte. Die Ästhetik war das Medium, in dem das Reich der Vernunft zur Darstellung gebracht wurde und in dieser Darstellung zur Erscheinung kam. In seinem Anschaulichwerden sollte dieses Reich seine eigene sozialisierende Kraft entfalten. Die ästhetische Repräsentation der Utopie von der Republik als Reich der heiligen Vernunft und der natürlichen Freiheit sollte jene soziale Integration bewerkstelligen, zu der die Kräfte des pragmatischen Diskurses nicht reichten.

Daher galt es, und darin lag der eschatologische Impuls der Kulturrevolution, den Boden für den Einzug der Vernunft zu bereiten. Dies verlangte eine Reinigung, eine „désocialisation" des sozialen Selbst, eine Befreiung von allem Partikularen, Widerständigen, „Bizarren", von allem Kontingenten der Geschichte und der Tradition – im Individuum wie in der Gesellschaft. Die Kulturrevolution dieser Jahre mündete daher in das Projekt, den gesamten sozialen Raum zu erobern, zu durchdringen und in einen Raum der heiligen Vernunft umzuwandeln, damit die Republikaner überall nur noch das gute Beispiel und die wahren Symbole vor Augen haben; die Umwelt in ein lückenloses System umzuschaffen, in dem nichts anderes mehr wahrgenommen, in dem keine anderen Erfahrungen mehr gemacht werden können als die der „republikanischen Tugend" und des „wahren Patriotismus". Die Angst ist die Begleiterin des Enthusiasmus, und sie treibt zur Konstruktion geschlossener Systeme und totalisierender Räume. Der Horror vacui der Revolution manifestiert sich am eindrucksvollsten in dem Zwang, den sozialen Raum durch neue Bedeutungen und Symbole, durch eine republikanische Ästhetik lückenlos auszufüllen. Es genügte nicht, nur eine neue Zeit und ein neues Menschenbild zu schaffen, der neue Mensch brauchte auch einen neuen Raum, in dem er leben und sich entfalten konnte. Dieser Raum sollte ein Territorium der Freiheit sein, die wahre Heimat des Menschen und die ideale Umwelt, in der er künftig frei von allen Irrtümern und Täuschungen der Vergangenheit aufwachsen und leben würde. Aber während die neue Zeit durch den Federstrich des Gesetzes eingeführt werden konnte, war die Transformation des Raumes ein Projekt, das lange und mühselige Arbeit bedeutete. Noch lag der öffentliche Raum mit all seinen Monumenten da, die Träger von Werten und Bedeutungen der alten Kultur waren und von denen daher eine stete, fortdauernde Bedrohung ausging. Der öffentliche Raum ist ein Medium kultureller Sozialisation und nationaler Erziehung – wohl nie zuvor war dies klarer erkannt und begriffen worden als in der Französischen Revolution. Solange dieser Raum unverändert fortbestand, konterkarierte er alle Bemühungen, einen neuen Menschen zu erziehen und sich selbst zu erneuern. Das Königtum lebte in den Ortsnamen, die Macht der Priester in den Straßennamen fort; Monumente des Royalismus beherrschten den urbanen Raum, Kirchtürme und Heiligenstatuen hielten die Erinnerung an eine Unmündigkeit wach, die man doch für immer abschütteln wollte. Die Physiokraten hatten zuerst die pädagogische Macht des öffentlichen Raums, die „Sprache der Monumente" entdeckt und für die Aufklärung des Volkes nutzen wollen; diese Entdeckung wurde jetzt zu einer entscheidenden Waffe, um zum letzten Schlag gegen das Ancien Régime auszuholen: die Beseitigung der historisch gewachsenen Sprache des öffentlichen Raums und ihre Transformation in eine Sprache der republikanischen Moral. Eine erneuerte Zeit braucht einen veränderten Raum, in dem sie wirken kann. Mit der Eroberung des Raums begann die republikanische Utopie konkrete Gestalt anzunehmen.

Die Erziehung, präziser: die Sozialisation des neuen Menschen erfolgt über die Anschauung und Erfahrung der Dinge, durch die „Affektionen der Sinne", wie es der Sensualismus des 18. Jahrhunderts gelehrt hatte; folglich ist der konkrete Raum das reale Medium der Erziehung und der Erneuerung. Die sozialen Institutionen strukturieren ihn, aber sie selbst bleiben unsichtbar, werden nur über eine konkrete Gegenständlichkeit und Sinnlichkeit erfahrbar. Doch muß dieser Raum der natürlichen Vernunft, die ihren Sitz im Innern des Menschen hat, gemäß sein, zwischen Innen und Außen muß es eine Korrespondenz geben, die durch nichts mehr gestört ist. Deshalb galt es zunächst einmal, den Raum, den die alte Kultur besetzt hatte, zu beseitigen und eine Leere zu schaffen, jene Tabula rasa, von der *Locke* einmal gesprochen hatte, in die die wiedergeborene Vernunft ihre Wahrheiten ungehindert von allen ‚Ammenmärchen', von allen irregeleiteten Empfindungen und Affektionen der Sinne hineinschreiben kann; es galt eine radikale Purifikation durchzuführen, um den republikanischen Raum in gänzlicher Reinheit und Freiheit neu konstruieren zu können. Ist dieser Raum erst einmal geschaffen, dann wird der neue Mensch, dies war die Utopie der Revolution, in ihm wie von selbst, auf „natürliche" Weise heranwachsen: Der republikanische Raum wird die Umwelt der wahren, natürlichen und vernunftgemäßen Sozialisation sein.

Doch als Konstrukteur dieses idealen Raums erkannte man noch nicht den wirklichen, historisch-gesellschaftlich existierenden Menschen; vielmehr schien noch eine außergesellschaftliche Macht das geheime Subjekt zu sein, das diese Konstruktion und die ästhetische Sozialisation des neuen Menschen leitete und zu dessen Sprachrohr sich die Architekten der Revolution machten. Erst nach dem Thermidor begann eine Differenz ins Bewußtsein zu treten, die sichtbar machte, daß sich im revolutionären Prozeß unterschiedliche soziale Interessen kreuzten und gegenübertraten. Im Direktorium trat daher neben das fortdauernde Bemühen, die gesellschaftliche Integration auf eine absolut gesetzte Vernunft zu gründen, ein strategisches Modell, in dem sich die neue politische Macht – die republikanische Bourgeoisie – der Ästhetik als eines Instruments bediente, das auf Massenwirksamkeit kalkuliert war, um die sozialen Gegensätze nicht mehr zu versöhnen, sondern zu verschleiern und den Erhalt der bürgerlichen Republik zu sichern. Damit beginnt in dieser Zeit die Ästhetik zu einem politischen Instrument der „Massenkommunikationstechnologie" zu werden, das einer ideologischen kulturellen Praxis dient. Dennoch läßt sich auch die Ästhetik des Direktoriums nicht auf diese Funktion reduzieren, weil die Eschatologie der Revolution und ihre Utopien auch jetzt noch fortwirkten.

Die kursiv gesetzten Ziffern am linken bzw. rechten Seitenrand verweisen auf die Abbildungen im Bildteil S. 195ff.

I. Zerstörung und Neugestaltung des realen Raums

1. Transformationen des öffentlichen und politischen Raums

Die Rationalisierung der Maßsysteme

Die erste Aufgabe war es, gemeinsame Maße zu schaffen, Maße der Freiheit und Gleichheit, um den neuen Raum vermessen zu können, denn das gemeinsame und einheitliche Maß ist eine Voraussetzung für den ungehinderten Verkehr und die universelle Verständigung freier und gleicher Individuen. Das Ancien Régime hatte eine Vielzahl heterogener Maßsysteme hinterlassen, die der Konstruktion eines einheitlichen nationalen Territoriums im Wege standen; sie erschwerten die Bildung der nationalen Einheit und behinderten den freien Handel. Deshalb gehörte zum Programm der Kulturrevolution neben der Dezimalisierung der Zeit auch die des Raumes. Im Namen der „Agence temporaire des poids et mesures" verkündete der Mathematiker *Monge* das Ende der „Unordnung" in den Maßsystemen: „bald werden eure Augen nicht mehr von jenen alten Maßen und Gewichten schockiert sein, die noch die widerwärtigen Reste der von den Tyrannen besudelten Zeit und Dinge vergegenwärtigen. Republikanische Maße und Gewichte werden unverzüglich an die Stelle der alten treten."[1] Die letzten Spuren der territorialen und feudalen Trennungen würden damit für immer ausgelöscht.[2]
Mit der Einführung des Meters, einer Längeneinheit, die der Natur entnommen wurde (der Meter wurde als der einmillionste Teil eines Viertels des Meridians berechnet), sollten die neuen Maße auf eine „base invariable" gegründet werden; alle anderen Maße wurden nach dem Dezimalsystem aus dieser Grundeinheit abgeleitet. Damit war ein einheitliches System geschaffen, das frei von Willkür und allen Zufällen der Tradition schien, das, wie der Mathematiker *Arbogast* kundtat, keine Revolution der Welt mehr erschüttern könnte, ein System, das bestimmt war, eines Tages die ganze Menschheit unter dem Banner der Gleichheit und Brüderlichkeit zu vereinen.[3] Das metrische System und die Dezi-

malisierung der Maße und Gewichte würden übrigens nicht nur alle Operationen des Handels und des Zahlungsverkehrs „viel einfacher und sicherer" machen, sie bedeuteten auch eine Vereinfachung der Rechenoperationen, die den Lernprozeß erleichterten: Kinder und Erwachsene würden in Zukunft viel leichter und müheloser alle Maßeinheiten erlernen können – „ein Grund weniger für die Ungleichheit unter den Menschen"[4].

Die neuen Maße sind die Maße der Freiheit, sie hießen, wie der neue Kalender, nach einem Konventsbeschluß vom 18. Germinal III auch offiziell „republikanische Maße". Konnte man sich da, wie die Agence temporaire, mit einer Nomenklatur begnügen, die rein mathematische Termini verwendet? Das neue Grundmaß möge nicht „Meter", sondern „Franc" heißen, schlug *Chabane*, „conducteur des ponts et chaussées" im Departement Gard, dem Konvent vor: „Welche Bedeutung wird diese Umbenennung für ein freies Volk haben!" Ein Quadratmeter hieße dann „francarré", ein Liter „franc menu", ein halbes Kilo „franc libre" (in Anspielung an das alte Livre, das Pfund).[5] Die Société populaire von Ligny hingegen empfahl im Floréal II als neues räumliches Grundmaß den „republikanischen Fuß", nach dem Dezimalsystem unterteilt und aus 1000 „points" zusammengesetzt ...[6] Doch die Mathematiker des Konvents hielten an einer rein arithmetischen Nomenklatur fest (mètre, décimètre, centimètre, millimètre etc.). Ein Gesetz vom 1. Vendémiaire IV ordnete schließlich die Einführung des metrischen Systems in Paris und dem Departement Seine an[7]; die Ausdehnung auf weitere Departements erfolgte erst später, da es an Modellen der neuen Maßeinheiten fehlte[8] – nicht zuletzt deshalb, weil das für eine Massenproduktion erforderliche Material für die Kriegführung benötigt wurde. Dadurch verzögerte sich die breite Durchsetzung der neuen Maßsysteme, die ohnehin auf erhebliche Schwierigkeiten stieß, da sie vom Volk einen Bruch mit tradierten Gewohnheiten verlangte und am Anfang komplizierte Umrechnungsleistungen notwendig machte. Es sollte noch lange Kämpfe der Administration kosten, bis die Widerstände gegen die neuen Maße und ihre abstrakte Nomenklatur gebrochen waren.[9] Wenn das metrische System dennoch am Ende erfolgreicher war als die neue Zeitrechnung, dann sicher auch deswegen, weil es, anders als der republikanische Kalender, keine religiösen Gefühle berührte.[10] Die neuen Maße und Gewichte der „Freiheit und Gleichheit" gehörten übrigens zu den ersten und wichtigsten Symbolen der neuen Zeit, die die Republik auf ihren Feldzügen ins benachbarte Europa mitbrachte.

Die ersten Meter-Modelle wurden nach einem Beschluß der Kommission für öffentliche Arbeiten aus dem Jahr III an 16 verschiedenen Plätzen in Paris aufgestellt, eines stand im Museum des Louvre.[11] Um die Öffentlichkeit mit den neuen Maßen vertraut zu machen, hatte *Monge* angeregt, entsprechende Kurse am Dekadi zu organisieren; der Wohlfahrtsausschuß ordnete an, die Vermittlung der Kenntnis der neuen Maße mit „patriotischer Propaganda" zu verbinden. Im Jahr III beschloß man, den Absolventen der École Normale, den künftigen „Kadern" des republikanischen Unterrichts, Meter-Maße auszuhändigen, „als ein wirksames, einfaches und schnelles Mittel, die Kenntnis der neuen Maße zu verbreiten"[12]. Ein anderer, zweifellos erfolgversprechender Einfall der Agence war, 5-Centimes-Stücke herzustellen, die exakt ein Gramm wiegen. „Gewicht von einem Gramm. Eins und unteilbar" sollte auf der Rückseite stehen.[13] Die Commission des poids et mesures schlug im Jahr IV vor, beim Pariser Observatorium, im Schnittpunkt des Meridians gelegen, ein Monument zu errichten, das die neuen Maße repräsentiert und für die Nachwelt festhält: „Alle Abmessungen des Baus sollen mit dem System übereinstimmen, seine Grundprinzipien und Ableitungen vergegenwärtigen und in allen Richtungen gleiche Modelle für die Einheit des Maßes präsentieren." Die Kommission wollte dem Monument die Gestalt einer Pyramide geben, die ewige Dauer symbolisiert. Das revolutionäre Werk der Rationalisierung des räumlichen Maßes sollte alle Generationen überdauern: „Dieses Monument soll schließlich durch seine Größe Bewunderung erregen, und wenn die Reste unserer modernen Bauten der Zeit zum Opfer gefallen sind, soll es noch die künftigen Völker durch seine Dauerhaftigkeit in Erstaunen versetzen."[14] Eine fast sakrale Verehrung wird dem „republikanischen Maß der Natur" hier zuteil.

Andere Ideen gingen noch weiter und waren darauf gerichtet, die ganze Republik mit Monumenten der neuen Maße zu überziehen: Das Territorium der Freiheit sollte die Geometrie der Natur widerspiegeln. So ein Vorschlag vom Fructidor III, die geographischen Karten nach dem neuen Maßsystem zu erstellen und dieses geographische Raster dann mit Hilfe von Monumenten auf die reale Fläche der Republik zu projizieren: „Mittels einer auf eine geographische Karte gezeichneten Skala von Längen- und Breitengraden können wir mit einem raschen Blick die Position der Orte erfassen, ihre entsprechenden Entfernungen vergleichen und auf eine dauerhafte Weise ihre Grenzlinien bestimmen; nutzt diese allgemeinen Vorzüge, wendet sie in der Praxis an, macht Frankreich zu einer Art geographischer Karte, auf der ihr von Grad zu Grad durch Monumente, die der Kunst und dem französischen Volk würdig sind, die Schnittpunkte zwischen den Meridiankreisen und ihren Parallelen markiert; schlichtere Monumente würden die Untergliederungen jedes Grades anzeigen; und der erstaunte Ausländer wird mit Bewunderung die Heimat der Freiheit und der Künste durchreisen ..."[15] Hinfort würden die Wegmarken des Globus, ja des Universums den Boden der Freiheit gliedern. Die neue, rationale Ordnung von Raum und Zeit sollte allen Bürgern der Republik gegenwärtig sein. Beide Ordnungssysteme konvergieren und gründen, wie die Republik selbst, in der Natur, zu der die Revolution die Menschheit zurückgeführt hat. *Mignon*, „Professor für exakte Wissenschaften", sandte im Jahr VII ein Projekt für „monuments horographiques" ans Innenministerium, das dieser Idee Ausdruck gab: Monumente, die auch der neuen Zeit eine räumliche Repräsentation auf dem Territorium der Freiheit gaben. An Landstraßen und am Eingang der Städte, in öffentlichen Parks und auf zentralen Plätzen wollte er Sonnenuhren, Obelisken und „colonnes astronomiques" aufstellen, die über den Stand der Zeit Auskunft geben: „Man könnte darauf die Meridiane mit den astronomischen und Dezimalstunden zeichnen." Die Monumente sollten zugleich mit Darstellungen großer Ereignisse und Triumphe der Revolution versehen sein und von der kosmischen Harmonie künden, in der die Republik verankert war: „Wenn man hier die parallelen Linien der Sternkreiszeichen aufzeichnet, würde der ununterrichtete Bürger ohne Mühe gewahr, daß die Sonne, die die von menschlicher Hand entworfenen Zeichen durchläuft, auf die gleiche Weise ihre Himmelsbahn zieht. Selbst der Gelehrte wird Gefallen daran finden, wenn er sich hier die Drehung der Erde um ihre Achse und ihre periodische Drehung um die Achse der Ekliptik vorstellen kann. Diesen Parallelen würde man die Namen der republikanischen Monate und der Jahreszeiten hinzufügen, und dies würde die Harmonie spüren lassen, die zwischen unserem Kalender und der Himmelssphäre besteht. Linien in verschiedenen Farben, durch Gold und Blau auf Porphyr und Alabaster hervorgehoben, würden den Beginn des Jahres, die Monate, die Sonnenwenden, die Tagundnachtgleichen, die Jahreszeiten und die herausragenden Ereignisse der französischen Revolution markieren."[16] Ähnlich ein Projekt *Ferrouillats*, der vorschlug, auf öffentlichen Plätzen über die Linie des Meridians Monumente der Freiheit zu errichten, die die neue Ordnung anzeigen; statt der Sternkreiszeichen würde man Dekrete des Konvents und republikanische Heldentaten in den Boden gravieren, die Statue der Freiheit würde zur revolutionären Sonnenuhr.[17] Man sieht, wie selbst die „exakte Wissenschaft" von der Utopie der sozialen Harmonie und vom Mythos einer natürlichen Ordnung der Republik, die die Revolution legitimiert, erfaßt wird.

Revolutionspädagogische Topologien

Der Republikaner, der in der Rue Saint-Louis oder in Mont-Louis lebt, hat seine wahre Heimat noch nicht gefunden. Wie eine Epidemie breiten sich deshalb in den Jahren 1793/1794 spontane *Orts- und Straßennamensänderungen* aus. Viele Gemeinden nehmen Wörter wie „Liberté", „Montagne" oder „Marat" in ihren Namen auf und tilgen jede Erinnerung an „Feudalismus" und „Aberglauben"; selbst Ausdrücke wie „ville" und „bourg" sind suspekt geworden, weil sie an die Feudalordnung des Ancien Régime erinnern. Montmartre wird in „Mont-Marat", Versailles in „Berceau-de-la-Liberté" umbenannt. Aus Mennecy kommt die Bitte, sich in Zukunft „Mennecy-Marat" nennen zu dürfen; die Gemeinde St. Leu-Seran möchte ihren Namen in „Commune-de-la-côte-de-la-Liberté-sur-Oise" umwandeln: „Dieser Name wird unseren Neffen sagen, daß auch wir daran mitgearbeitet haben, die Tyrannei, den Feudalismus, die Lüge und den Aberglauben zu vernichten."[18] Die Gemeinden St. Maximin und Castillonès möchen sich in Zukunft „Marathon" nennen: „Dieser heilige Name erinnert uns an die athenische Ebene, die 100 000 Verbündeten zum Grab wurde; aber mit noch größerer Süße hält sie in uns die Erinnerung an den Ami du Peuple wach ..." (gemeint ist Marat)[19]
Der Konvent begrüßte solche Änderungen, sah aber auch Gefahren für Handel und Verkehr heraufziehen; man beschloß daher erste Maßnahmen, die spontanen Änderungen in geregelte Bahnen zu lenken. Nach einer Anordnung vom 6. Ventôse II sind Ortsnamensänderungen nur noch dann zulässig, wenn der alte Name auf irgendeine Weise an Katholizismus, Feudalismus oder Königtum erinnert. Die Namen müssen in Zukunft kurz und einfach sein, damit sie sich leicht ins Gedächtnis einprägen und keine unnötigen Probleme bei der Erstellung geographischer Karten bereiten. Zu lange und umständliche Namen, kündigt die zuständige Kommission des Konvents an, würden zurückgewiesen oder gekürzt werden; Gemeinden, deren Namen nach dem eines Heiligen gebildet waren, hätten sich darauf zu beschränken, nur das „Saint" wegzulassen. Eine weitere Anordnung vom Thermidor II legt das Schwergewicht noch mehr auf eine formale Rationalisierung: Vereinheitlichung der Schreib-

weise, Vermeidung von Verwechslungen sind die leitenden Gesichtspunkte. Politisch begründete Änderungen sollen dagegen auf ein Minimum beschränkt bleiben: „Die Namen, in denen sich Silben finden, die ans Königtum, an den Feudalismus oder den Aberglauben erinnern, werden geändert oder einfach korrigiert, indem einige Buchstaben oder Silben hinzugefügt oder weggelassen werden."[20] Aus der spontanen, kulturrevolutionär motivierten Bewegung der Namensänderung wurde ein Projekt bürokratischer Rationalisierung.

Im Ventôse II hatte die Kommission noch höhergesteckte Pläne gehabt, wie die Unbenennung der Städte und Gemeinden nach den Namen „großer Männer ..., die für die Volkssouveränität eingetreten sind". Ein anderer Vorschlag, den der Ingenieur *Beuvelot* im Floréal II unterbreitete, war, die Ortsnamen nach den landwirtschaftlichen oder industriellen Produkten zu bilden, die für die jeweilige Region charakteristisch sind; so würde es bald eine Topographie geben, die im Dienst einer ökonomisch-geographischen Bildung stünde. Aber auch Beuvelot strebte eine systematische Vereinfachung an: Ein Ortsname möge sich nur noch aus zwei bis maximal sechs Buchstaben zusammensetzen – hier triumphiert das Prinzip der ökonomischen Rationalität.[21]

In einer Zusammenstellung der „communes révolutionnaires" durch *Figueres*[22] sind insgesamt 3092 Namensänderungen verzeichnet; dies entspricht einem Anteil von etwa 8 Prozent aller Gemeinden. In 20 Prozent dieser Fälle gab es Änderungen mit einer „signifikanten" republikanischen Bedeutung.[23] In den meisten Fällen beschränkte man sich darauf, Ausdrücke der „superstition" oder der „royauté" wie „Saint" oder „Roi" im Ortsnamen einfach wegzulassen. Tatsächlich jedoch scheint es wesentlich mehr Modifikationen gegeben zu haben, da die Kommission bereits von über 6000 Änderungen sprach. Nur in wenigen Fällen gab es übrigens Namensänderungen von großen Städten; die Kommission hatte davon aus ökonomischen Gründen abgeraten, da dies Verwirrung für den Handel, insbesondere den internationalen Verkehr brächte, der für diese Städte oft von existientieller Bedeutung war. Auch hatten nur selten große Städte Namen getragen, die mit der „republikanischen Moral" nicht vereinbar gewesen wären. Einige Änderungen wurden von oben, im Rahmen von „Strafmaßnahmen" verordnet: Lyon erhielt nach der Unterwerfung der Stadt durch die Truppen des Konvents den Namen „Commune Affranchie", Marseille wurde in „Commune sans nom" umbenannt.

In der Hierarchie der „signifikant republikanischen" Benennungen rangieren Wörter wie „Liberté" und „Montagne" ganz oben. Wenn so häufig

„Montagne" in einem Ortsnamen auftaucht, dann hängt dies sicher auch mit der doppelten Bedeutung einer politischen (die Jakobinerfraktion im Konvent) und einer geographischen Bezeichnung zusammen. Sofern der Name eines „republikanischen Heiligen" übernommen wird, ist der Name Marats am häufigsten, gefolgt von Lepeletier[24]:

Montagne	263	Civique oder		Marat	53
Liberté	182	Républicain	21	Lepeletier	25
Egalité	40	Fraternité	17	Brutus	12
				Chalier	11

Noch mehr verbreitet waren Umbenennungen der innerstädtischen Bezirke. Von den 48 Pariser Sektionen trugen im Jahr II knapp die Hälfte einen „signifikant" republikanischen Namen; in anderen Städten galt dies für alle Sektionen, so zum Beispiel in Orléans[25]:

Umwandlung der Sektionsnamen in der Stadt Orléans 1793

1. Section St. Victor	Section Rousseau
2. Section Université	Section Brutus
3. Section Châtelet	Section Unité et Indivisibilité
4. Section Collège	Section Piques
5. Section Recouvrance	Section Liberté et Egalité
6. Section Oratoire	Section Sansculottes
7. Section Calvaire	Section Loi
8. Section Hôpital	Section Lepeletier
9. Section St. Marceau	Section Fédérés (Jahr II: Fraternité et Union)
10. Section St. Laurent	Section Jemmapes
11. Section St. Vincent	Section Marat

Die alten Namen für die innerstädtischen Bezirke zeigen die absolute Prädominanz der traditionalen religiösen Kultur; diese verschwindet auf dieser Ebene öffentlicher Repräsentation vollständig, an ihre Stelle treten republikanische „Schlüsselbegriffe" und die Namen der neuen Heroen. Da deren Zahl begrenzt war, hatten die Sektionen der Städte oft denselben Namen. Die meisten Sektionen von Reims beispielsweise trugen Bezeichnungen, die auch in Paris gebräuchlich waren: Droits de l'Homme,

Fraternité, Amis de la Patrie, Réunion, Mars, Temple, Contrat Social; in Dieppe hießen die Sektionen Egalité, Marat, Brutus, Sansculottes und Montagne usw. Dies sind Stereotypen, die auch die Umbenennung der Straßen und Plätze bestimmen. Gleichwohl treffen wir hier auf eine größere Vielfalt. Schon die große Zahl der umzubenennenden Straßen zwang zu einer differenzierteren und variantenreicheren Namensgebung. Eine ganze Geschichte der Revolution und ihres Selbstverständnisses spiegelt sich vielfach in den Umbenennungen. In zahlreichen Städten fanden sich die Bürger einer vollständig veränderten Topographie gegenüber. In La Rochelle beispielsweise blieben von 175 Straßen und Plätzen im Jahr II nur drei Namen unverändert oder nahezu unverändert. Die neuen Bezeichnungen folgen der Nomenklatur einer politischen Pädagogik, die die neuen kulturellen Werte der Republik im Alltagsleben der Bürger allgegenwärtig macht, eine Topologie, die ihre eigene tägliche Lektion in republikanischer Moral erteilt. Dies sei eine „nouvelle ville", erklärte der Conseil général der Kommune; die Umbenennungen würden „Aberglauben und Feudalismus" vergessen machen, sie würden all die „bedeutungslosen Namen" und „lächerlichen Inschriften" des Ancien Régime zum Verschwinden bringen: „An jeder Straßenecke liest man den Namen eines Philosophen, der das menschliche Geschlecht unterrichtet, eines Helden, der für die Freiheit gekämpft hat, einer Tugend, die es zu praktizieren, einer Pflicht, die es zu erfüllen gilt."[26] Die Topologie der Stadt wird so in das Werk der republikanischen Regeneration und Erziehung integriert.

Die vollständige Veränderung der Straßennamen markiert den kulturellen Bruch der Jahre 1793/1794; zu Beginn der Revolution gab es nur punktuelle Umbenennungen konventionellen Charakters, etwa wenn einmal eine Straße nach Mirabeau oder Lafayette benannt wurde. Jetzt kommt es dagegen zu einer systematischen Transformation, die auf umfassende Erneuerung abzielt. Ihr liegen die unterschiedlichsten Konzeptionen zugrunde, die sich aber alle in dem Willen treffen, der neuen, republikanischen Identität auch einen topographischen Ausdruck zu geben und alle Spuren einer schlechten Vergangenheit auszulöschen. Das Territorium der Freiheit ist ein idealisierter, gereinigter Raum, ein Vorgriff auf die künftige Gestalt des republikanischen Gemeinwesens. Aus ihm sind nicht nur die kulturellen Werte des Ancien Régime, sondern weithin auch alle Erinnerungen an die revolutionäre Gewalt verbannt – nur selten findet sich ein kämpferisches Tableau, wie es *Prévot* in seiner „Instruction du père Gérard" ausbreitet, ein revolutionsgeschichtliches Tableau, auf dem der Platz der Bastille zum „Friedhof des Despotismus", die Place Royale zur „Place du tyran", der Pont de la Tournelle zum „Pont de la Ritournelle" wird, „zur Erinnerung daran, daß die Herrschenden die Nation auf die Galeeren schickten und daß die Nation jetzt *sie* zum Teufel schickt"[27]. Die revolutionäre Gewalt ist auch im Projekt der Straßennamen noch präsent, das der Künstler *Jault* für die Pariser Sektion Bonne-Nouvelle erarbeitete: Jault taufte den „Cour des Miracles" in „Place des Forges de Bonnes-Nouvelle" um: „Diese Schmieden werden weit größere Wunder vollbringen, nämlich jenes, Eisen zu schmieden, um die gekrönten Tyrannen zu vernichten"[28]. Er plante eine Rue d'Égalité und eine Rue populaire, seine Konzeption war aber im wesentlichen einem Bildungskanon der Aufklärung verpflichtet. Größen wie Descartes, Mably und Montaigne haben darin ihren festen Platz neben weniger bekannten Künstlern und Wissenschaftlern, die in den vergangenen Jahrhunderten zum Fortschritt Frankreichs und der Menschheit beitrugen. Für die Sektion Piques war es der ehemalige *Marquis de Sade*, der als Mitglied der Société populaire im Brumaire II die neue Nomenklatur der Straßen ausarbeitete. De Sade, der davon träumte, die Götterbilder des alten Rom wieder aufzurichten, plante eine Stadt antiker Heroen, römischer Rhetoren und republikanischer Gründungsväter des alten Hellas: Spartakus, Cornelia und die Gracchen, Cato und Cicero (die Sektion ersetzte ihn durch Sokrates), Lykurg und Solon beherrschen bei ihm die neue Topographie.[29]

Andere Systeme verbanden die großen Namen und die republikanischen Grundwerte mit dem Konzept einer politischen Geographie. *Grancher* entwarf die Nomenklatur der Straßen und Plätze von Paris als Abbild der neuen Karte der Republik: Alle großen Straßen der Stadt werden nach den 83 Departements des Landes benannt, jeweils der Himmelsrichtung und geographischen Lage entsprechend – die Topographie der Hauptstadt als eine ins Monumentale projizierte Karte der Republik.[30] Die politische Geographie ist in Granchers System darüber hinaus in eine kosmologische Ordnung von Raum und Zeit eingebettet: Im Zentrum der Stadt liegt der „Platz der Sonne", in seiner Mitte erhebt sich ein Meilenstein, darüber ein Obelisk mit einem Meridian. Die von dort ausgehenden Straßen tragen Bezeichnungen der verschiedenen Himmelsrichtungen. Jedes Feld der geometrisch unterteilten Stadt besteht aus vier Teilen, jeweils vier Straßen tragen darin den Namen einer Himmelsrichtung, einer Jahreszeit, eines physikalischen Elements und eines Erdteils, in jedem Feld bezeichnen jeweils drei Straßen einen Monat des republikanischen Kalenders. Die großen Boulevards teilt Grancher in 12 Abschnitte, die jeweils den Namen eines der 12 Sternkreiszeichen tragen; sie sollen von je sechs Triumphbögen und Monumenten abgegrenzt werden, „die als Stationen oder Altäre zur Verklärung unserer großen Männer dienen ...": die urbane Topographie als Abbild einer im Universum verankerten republikanischen Ordnung.

Ein ähnliches System einer didaktischen Kombinatorik, aber weniger monumental ausgerichtet, schlug der Lehrer *Husson* dem Konvent vor: Einteilung der Stadt in so viele Abschnitte, wie es Departements gibt, der Geographie der Republik entsprechend; die Hauptstraße jedes Sektors erhält den Namen der Hauptstadt des entsprechenden Departements, die anderen Straßen die der zugehörigen Distrikte und Kantone. Die Topograhie der Stadt wird zu einer Lektion in der Geographie des Landes, sie wird in den Dienst der nationalstaatlichen Integration gestellt: „Man könnte dem Namen jeder Straße die Entfernung dieser Städte oder Stellen von Paris hinzufügen; dies würde eine vollständige Karte der Republik bilden, die jeder im Spazierengehen erlernen wird."[31]

Die Sektion Arcis in Paris wiederum beschloß nach dem Vorschlag *Chamoulauds* ein „System der Benennung nach allen Tugenden, die für den Erhalt der Republik notwendig sind". Aus der Topographie des urbanen Raums wird nun ein „stummer Moralkursus": „In Paris zum Beispiel würde der Palais National Tempel oder Zentrum des Republikanismus heißen; der Place du Parvis Notre-Dame Platz der republikanischen Menschlichkeit; die Hallen Platz der republikanischen Genügsamkeit. Die anliegenden Straßen heißen im ersten Feld Straßen der Großzügigkeit, der Empfindsamkeit etc.; im zweiten Straße der Mäßigung, der Enthaltsamkeit etc. So [...] hätte das Volk in jedem Augenblick den Namen einer Tugend im Mund und bald die Moral im Herzen."[32] Chamoulaud erkannte die Möglichkeiten, die die hierarchischen Strukturen des Stadtbildes (zentrale Plätze – Hauptstraßen – Nebenstraßen) für eine didaktische Anordnung boten. Sein Projekt verband die republikanische Moralerziehung mit einem weitgespannten Konzept der Allgemeinbildung: Von einem Platz der Kunst etwa sollen Straßen mit Bezeichnungen der verschiedenen Künste abgehen, von einem Platz der Landwirtschaft Straßen, deren Namen die verschiedenen agrikulturellen Produkte ins Gedächtnis rufen usw.; Monumente würden die verschiedenen Inhalte erläutern: „Jedes Arrondissement könnte so einen besonderen Unterrichtskurs bieten." Im Vordergrund freilich steht die Tugend, und Chamoulaud verspricht, gut sensualistisch gedacht, Großes für die Moralerziehung: „Ein Vater oder eine Mutter wollen ihr Kind von irgendeinem Laster heilen. Wie durch Zufall führen sie es in das Arrondissement der Tugend, das diesem Laster entgegengesetzt ist. Sie ergreifen die Gelegenheit bei der Statue der Haupttugend, die sich in der Mitte des Platzes befindet, um ihrem Kind einige sanfte und angenehme Morallektionen zu erteilen; sie verdeutlichen ihm die Beziehungen der analogen Tugenden mit der Haupttugend, die Nachteile der entgegengesetzten Laster etc. Das Kind wird diese Moral mit Vergnügen anhören, weil sie zu seinen Sinnen spricht, und es wird sich im Innern seinen Fehler vorwerfen. Welcher Nutzen für die Korrektur der Sitten der Jugend ..."[33]

Avril, Leiter der Abteilung für öffentliche Arbeiten der Stadt Paris, erstellte schließlich im Nivôse II einen Gesamtplan, der diese Ordnungsprinzipien aufnahm.[34] „Die Namen der meisten Straßen", konstatierte er, „sind entweder barbarisch, lächerlich oder patronymisch. Generell sind sie nichtssagend und lassen in ihrer Gesamtheit keinen rationalen Grund erkennen." Diese chaotisch gewachsene Heterogenität müsse durch ein rational geordnetes, „republikanisches" System ersetzt werden. Der „republikanische Blick", so scheint es, vermag keinen Moment, keinen Ort zu dulden, der nicht auf eine nützliche und pädagogische Weise organisiert ist. Leitende Prinzipien der Transformation sind auch bei Avril die politische Geographie und die republikanische Tugend.

Daneben steht die Absicht, Handel und Verkehr, aber auch die Arbeit der Polizei zu erleichtern. In seinem Bericht über die „dénominations topographiques" der Straßen in allen Gemeinden der Republik, den der Abbé *Grégoire* im gleichen Monat dem Konvent vortrug, erläuterte er: „Ich sah meine Aufgabe darin, einen regelmäßigen Plan vorzulegen, der überall Namen und Bedeutungen vor Augen führt, die dem Geist eine nützliche Übung geben, auf das Auge wirken und den Patriotismus beleben können. Er bietet darüber hinaus in vielfältiger Hinsicht den Vorzug, den Postdienst, den Handel, die Suche der Reisenden, die Arbeit der Polizei und die Steuereintreibung zu erleichtern" – daher der Vorschlag, die Häuser durchgängig zu numerieren und an den Ortseinfahrten topographische Hinweisschilder anzubringen, wie man sie heute kennt. Grégoires didaktisches Ordnungsprinzip folgt einer operativen Logik der Gruppierung: „Um eine leitende Idee [...] gruppiert man nachgeordnete Ideen." Zum Beispiel wird ein Platz nach einer „Grundtugend" benannt, während die zu ihm führenden Straßen die Namen verwandter oder abgeleiteter Tugenden erhalten: „Zum Platz der *Gerechtigkeit* führen die Straßen der *Strenge*, der *Unbestechlichkeit*, des *Gesetzes* etc.; um den der *Mensch-*

lichkeit sind das *Wohlwollen*, die *Gastfreundschaft*, die *Großzügigkeit*, die *Aufrichtigkeit* etc. angeordnet; *kindliche Liebe* wird der Name einer Straße parallel zu der der *mütterlichen Liebe* sein..." Oder: Alle Straßen, die zum Platz der Landwirtschaft führen, werden nach Geräten des Akkerbaus benannt; die vier Hauptstraßen an der Peripherie einer Stadt könnten die Bezeichnungen der vier Himmelsrichtungen tragen usw. Der historisch gewachsene Raum weicht einem geschlossenen Universum der Ratio. „Wenn man eine Regierung neu aufbaut", resümiert Grégoire, „darf kein Mißstand dem Reformator entgehen; man muß alles republikanisieren ..."[35]

Der öffentliche Raum wurde nicht nur von den alten Benennungen der Straßen und Plätze gereinigt. Ebensowenig konnte man *Inschriften* an Gebäuden dulden, die ans Ancien Régime erinnerten. Nach einer ersten Vorlage Grégoires beschloß der Konvent, daß alle Inschriften an öffentlichen Gebäuden auf französisch abzufassen sind und nur antike Inschriften erhalten werden dürfen; alle Inschriften, die der „royauté" oder „féodalité" gewidmet sind, müssen jedoch verschwinden.

An öffentlichen Gebäuden brachte man revolutionäre Inschriften an – Prinzipien der republikanischen Moral, die Menschenrechtserklärung und die Verfassung, Erinnerungen an revolutionsgeschichtliche Ereignisse, heroische Taten: beredte Monumente, die das Bewußtsein einer neuen Zeit im öffentlichen Raum wachhalten. An den Stadttoren St. Martin und St. Denis von Paris zum Beispiel stand seit dem Sommer 1793 die Devise „Unité, Indivisibilité de la République – liberté, égalité, fraternité ou la mort"[36]. Am Tuilerienpalast, so berichtet *Meyer* in seinen Fragmenten über Paris, war über jedem der 30 Löcher, die von Einschüssen aus den Kämpfen des 10. August herrührten, in großen Buchstaben „Le 10 août" zu lesen; unter einem Fenster des Louvre, das einstmals zur Wohnung Charles IX gehörte, stand zur Erinnerung an die Hugenotten-Verfolgung: „Dieses Fenster war es, aus dem der niederträchtige Charles IX – welch abscheuliche Erinnerung – aus einem Karabiner auf das Volk schoß."[37]

Devisen wie „Einheit, Unteilbarkeit der Republik oder der Tod", „Freiheit, Gleichheit oder der Tod" und ähnliche Formulierungen waren im Jahr II allgegenwärtig; man brachte sie vor allem über den Eingangstüren öffentlicher Verwaltungs- und Versammlungsgebäude oder in deren Innerem an Wänden an. Oft gaben auch Privatleute ihrer revolutionären Gesinnung dadurch Ausdruck, daß sie „staatsbürgerliche Inschriften" an ihren Häusern befestigten, so in Rouen, wo die Stadtverwaltung Plakate

drucken ließ und für 5 sous das Stück vertrieb, die die Worte trugen: „Einheit und Unteilbarkeit der Republik. Freiheit, Gleichheit, Brüderlichkeit oder der Tod".[38]
An allen Straßen und Plätzen verschwand das Wort *Saint* aus den Inschriften; ein Dokument aus dem Jahr III über entsprechende Arbeiten verzeichnet 782 Änderungen von Inschriften an 123 Straßen und Plätzen von Paris.[39] Über den Kirchen stand seit dem Herbst 1793 „Temple de la Raison". Manchmal kamen ausführliche Erläuterungen hinzu; so beschloß zum Beispiel die Société populaire der Pariser Sektion Réunion am 27. Brumaire II, an der ehemaligen Kirche St. Merry die Inschrift anzubringen: „Die schreckliche Lüge und die finstere Heuchelei sind diese Stätte geflohen, um der Freiheit, der Gleichheit, der Wahrheit Platz zu machen, die einzigen vom französischen Volk anerkannten und geliebten Gottheiten."[40]
Nach dem Gesetz über den Kult des Höchsten Wesens ordnete der Wohlfahrtsausschuß an, die Inschrift „Tempel der Vernunft" durch „Das französische Volk erkennt das Höchste Wesen und die Unsterblichkeit der Seele an" zu ersetzen. Als nach dem Fructidor V der Dekadenkult offiziell eingeführt wurde, benannte man die Kirchen nochmals um, jetzt in „Temples décadaires". In Paris trugen die Kirchen im Jahr VI Benennungen, die in ihrer Gesamtheit noch einmal ein Abbild der republikanischen Tugendlehre darstellen[41]:

Notre Dame: Temple à l'Être Suprême
St. Andrés-des-Arts: Temple de la Révolution
St. Étienne-du-Mont: Temple de la Piété filiale
St. Eustache: Temple de l'Agriculture
St. Germain-l'Auxerrois: Temple de la Reconnaissance
St. Gervais: Temple de la Jeunesse
Église Invalides: Temple de Mars
St. Jacques-du-Haut-Pas: Temple de la Bienfaisance
St. Laurent: Temple de la Vieillesse
Ste. Marguerite: Temple de la Liberté et de l'Égalité
St. Merry: Temple du Commerce
St. Nicolas-des-champs: Temple de l'Hymen
St. Philippe-du-Roule: Temple de la Concorde
St. Roch: Temple du Génie
St. Sulpice: Temple de la Victoire
St. Thomas-d'Aquin: Temple de la Paix

Die Kultur des Ancien Régime kehrte auch im Direktorium nicht in den öffentlichen Raum der Inschriften und Benennungen zurück. Doch verschwanden jene Bezeichnungen, die an die „Revolution der Sanskulotten" und den Kult der Märtyrer der Freiheit erinnerten: Eine zweite Reinigung wurde vorgenommen. Die Formulierung „ou la mort" (in: „Die Freiheit oder der Tod" u. ä.) verschwand schon im Jahr III wieder; statt „Die Freiheit oder der Tod" hieß es jetzt, wie bei der Pariser Departementverwaltung, „Die Freiheit und die Gerechtigkeit" oder „die Menschlichkeit".[42] Bei Straßennamen griff man verstärkt auf neutrale topo- und geographische Bezeichnungen zurück; revolutionäre Bedeutungen, die auch für das Direktorium verpflichtend blieben – vor allem die Idee der Freiheit – waren aber nach wie vor im öffentlichen Raum präsent. Am Beispiel einiger ausgewählter Departements läßt sich zeigen, daß noch im Direktorium etwa ein Drittel aller Kantonalstädte einen Hauptplatz mit einem „revolutionären Namen" hatten.

Plätze mit signifikanten revolutionären Benennungen (Jahr VI/VII)[43]

	Seine-et-Oise	Seine inf.	Loire inf.	Indre
Place de la Liberté	10	4	15	7
Place de la Révolution	4	3		
Place de la Réunion	1		1	
Place de l'Égalité			5	2
Place de l'arbre de la Liberté	2	1	3	
Place de l'arbre de l'Égalité			2	
Place de la Fraternité	1	1		
Place de la Concorde			1	
Place des Gracches			1	
Champ de Mars	4	5	3	1
Champ des Victoires			1	
Champ de Hoche			1	
Champ de la Paix	1			1
zusammen	23	14	33	11
Anzahl der Gemeinden	20	13	24	11
in Prozent aller Kantonalstädte	33,3	18,6	42,1	25,6

(ermittelt aufgrund der Festprotokolle des Direktoriums)

Zerstörung und Umwandlung des öffentlichen Raums

Die Umwidmung der Straßennamen war der einfachste, am leichtesten zu bewerkstelligende Akt der kulturrevolutionären Transformation des öffentlichen Raums. Aber dieser Raum war noch mit Emblemen, Skulpturen und Monumenten des Ancien Régime angefüllt. Auch für sie konnte es keine Gnade geben, sie mußten zerstört werden, und war der Aufwand dafür auch noch so groß. Die republikanische Reinigung und Rekonstitution des Raums war ein zu wichtiges Werk, als daß man sich hier mit Kompromissen bescheiden konnte. Zuerst wurden die Zeichen und Monumente des Königtums Opfer des kulturrevolutionären Vandalismus. Am 4. Juli 17893 erließ der Konvent ein Gesetz, demzufolge alle „skulptierten oder gemalten Gegenstände auf den öffentlichen Monumenten, seien es zivile oder religiöse, die Attribute des Königtums oder verschwenderische Lobreden auf die Könige darstellen", zu beseitigen oder zu verändern sind. Weitere Gesetze vom 1. August und 7. Oktober 1793 bekräftigten diese Absicht: Öffentlich sichtbare Wappen waren als Zeichen der „féodalité" von allen Gebäuden und Monumenten zu entfernen, andernfalls drohte die Konfiszierung des Besitzes. Ein Gesetz vom 20. September 1793 sah die Beseitigung sämtlicher Lilien, Symbol des Hauses Bourbon, an den Meilensteinen vor; sie sollten durch die Freiheitsmütze ersetzt weren.[44] Die Lilie wurde systematisch vernichtet; im Musée national des Louvre machte man sich sogar daran, die Lilien auf den Gemälden des Medici-Zyklus von Rubens abzukratzen.[45] Ein Citoyen *Donnadieu* forderte den Konvent im Floréal II gar dazu auf, „alle Lilien in Gärten und Beeten als Zeichen des Königtums auszureißen" – eine wahre Vernichtungshysterie.[46]

Anhand eines Berichtes von Handwerkern über die Beseitigung der „signes de féodalité" im Louvre können wir uns ein Bild davon machen, wie dieses Werk der Zerstörung und Transformation in die Tat umgesetzt wurde. Die Handwerker gingen zumeist kompromißlos, aber pragmatisch vor; königliche Lilien ewa wurden in „Bürgerkronen" (couronnes civiques) umgewandelt: „Auf der Terrasse gegenüber dem Collège Mazarin wurden drei königliche Kronen, fürstliche Wappen und Wappenmäntel, Kardinalsgewänder beseitigt und Bürgerkronen gebildet [...], die Waffen Frankreichs wurden durch das Liktorenbündel der Republik ersetzt, aus der Königskrone wurden Freiheitsmützen und aus anderen Zeichen des Königtums Bürgerkronen gemacht."[47] 2900 Livres ließ sich der Konvent allein die Umwandlung der Symbole und Embleme im

Louvre kosten. Auf dem Dach des Louvre brachte man gleichzeitig auf einer Stange die Freiheitsmütze an.
Die Freiheitsmütze war das am stärksten bevorzugte Symbol der Republik; sie nahm jetzt den Platz ein, der bis dahin der Lilie vorbehalten war, insbesondere bei der revolutionären Umdekorierung von Innenräumen. Doch sie war auch im äußeren Raum präsent. Oft thronte die Freiheitsmütze auf Kirchtürmen, nicht selten auch auf öffentlichen Gebäuden: In Dijon beispielsweise brachte man im Sommer 1793 eine aus Eisenblättern gefertigte Freiheitsmütze neben einer Fahne der Trikolore auf dem Rathausturm an.[48]
Die Städte erhielten eine neue „monumentale Topographie". Dieses Werk begann damit, daß die Königsstatuen gestürzt und durch Monumente der Revolution ersetzt wurden. Die zentralen Plätze der Städte, auf denen diese Statuen zumeist standen, erhielten dadurch eine neue Bedeutung: Der repräsentative öffentliche Raum veränderte sich grundlegend. Bereits 1790 waren auf einen Beschluß der Konstituante hin die Sklavenfiguren am Sockel der Statue Ludwigs XIV. auf der Place des Victoires in Paris fortgeschafft worden: Die Monarchie hatte aufgehört, absolut zu sein. Nach dem Volksaufstand des 10. August 1792 wird die königliche Statue selber beseitigt.
Der Citoyen Martial *Dastugue* schlug vor, den Platz in „Place des cinq nations" umzubenennen und hier ein Monument der universellen Freiheit zu errichten: „die Trophäe, die sich grundlegend von der der Könige unterscheidet, soll die des Sieges des Volkes sein. Möge sie das Universum lehren, daß die französische Nation in allen Nationen nur Brüder erkennt, daß sie ihre Siege nicht für sich allein, sondern für die Freiheit des menschlichen Geschlechtes und die Brüderlichkeit erringt."[49]
Während der Aufstäne des 10. August wurden die Königsstatuen auf den zentralen Plätzen der Stadt spontan vom Sockel geholt. Die Sektion Henry IV teilte der Nationalversammlung am 13. August mit, sie habe die Statue Heinrichs IV. gestürzt; sie wolle sich in Zukunft „Section du Pont neuf" nennen und am Sockel Tafeln mit der Erklärung der Menschenrechte anbringen: „nur ihr Vergessen brachte den Despotismus hervor."[50] Zur gleichen Zeit richtet die Sektion Place Vendôme eine Petition, vorgetragen von *Robespierre*, an die Nationalversammlung, die Statue Ludwigs XVI. auf der Place Vendôme, die man zerstört habe, durch eine Pyramide zur Erinnerung an die Gefallenen des 10. August zu ersetzen.[51]
Am 11. August 1792 wird in der Assemblée législative noch im Beisein Ludwigs XVI. bereits über die spontanen Zerstörungen eine Grundsatz-

debatte geführt; es geht darum, sie in geregelte, „nützliche" Bahnen zu lenken: „Da man unmöglich verhindern kann, daß diese Statuen umgestürzt werden, glaube ich, daß es um so wichtiger ist, vertrauenswürdige Leute damit zu beauftragen, diesen Arbeiten vorzustehen, da ein Teil dieser Monumente den Künsten zugute kommen kann, während andere zu Münzen oder Kanonen eingeschmolzen werden können. Die Versammlung muß unter diesen Umständen eine große Willenskraft zeigen, und sie soll sich nicht scheuen, die Beseitigung all dieser dem Dünkel und der Despotie errichteten Monumente anzuordnen." – „Man muß endlich alle royalistischen Vorurteile mit der Wurzel ausrotten", ruft der Abgeordnete *Albitte* aus: „Ich verlange, daß die Versammlung dem Volk den Beweis bringt, daß sie sich mit seiner Freiheit befaßt und daß die Statue der Freiheit auf jenen Sockeln errichtet wird."[52]

Beide Vorschläge wurden angenommen. Die Kombination des Nutzens mit dem symbolischen Aspekt einer kulturellen Transformation haben bei dem Gesetz Pate gestanden, das daraufhin erlassen wird. Es legt generell die Grundzüge einer Politik der Zerstörung, Transformation und Bewahrung von Monumenten fest; unter anderem soll das Metall der Monumente in Kanonen umgeschmolzen werden: „Art. 1. Alle Statuen, Reliefs, Inschriften und andere Monumente in Bronze oder irgendeinem anderen Material, die auf öffentlichen Plätzen, in Tempeln, Gärten, Parks und Dependancen, nationalen Gebäuden, auch in jenen, die der Nutzung des Königs vorbhalten waren, werden auf Betreiben der Gemeinden entfernt, die über ihre provisorische Aufbewahrung wachen. – Art. 2. Die Repräsentanten der Gemeinde von Paris veranlassen unverzüglich die Umwandlung aller unter Art. 1 genannten Objekte, die sich innerhalb der Stadtmauern von Paris befinden, in Geschütze, unter Aufsicht des Innenministers, zweier Mitglieder der Waffen- und zweier der Monumentenkommission."[53] Das Ende der Monarchie leitet ein umfangreiches Werk der Zerstörung ein; massenweise werden im ganzen Land Monumente in die für diesen Zweck eingerichteten Depots geschafft. Während Statuen der Monarchie teilweise schon in Kanonen und Waffen umgeschmolzen werden, beginnt man, sie durch Monumente der Republik zu ersetzen. Die großen, repräsentativen Plätze der Hauptstadt werden Träger neuer Bedeutungen. Auf der Place des Victoires wird 1793 eine „Colonne pyramidale" zu Ehren Lepeletiers errichtet.[54] Am Sockel waren Inschriften angebracht, die an die Gefallenen des 10. August, für die man indessen eine Säule im Panthéon vorgesehen hatte, erinnerten wie die folgende: „Und auch ich: ich habe gearbeitet, ich habe geschwitzt, gekämpft, gelitten für die Freiheit; sie triumphiert, die Zeit ist gekommen, um sich zur Ruhe zu legen; der Tod ist die Ruhe des freien Menschen."[55] Auf der Place Vendôme, inzwischen „Place des Piques", ersetzt eine von Girlanden geschaffene Freiheitsstatue das Reiterdenkmal Ludwigs XIV.[56] Die Place Louis XV wird in „Place de la Révolution" umbenannt, die Statue des Monarchen ersetzt 1793 eine von *Lemot* geschaffene Freiheitsstatue; sie wird während des Festes der „Réunion" am 10. August 1793 feierlich eingeweiht. Zuvor war zur Hinrichtung des Königs am 21. Januar 1793 die Guillotine vor dem noch leeren Sockel aufgestellt worden. Die „Place de la Liberté", wo einst die Bastille stand, die die Konstituante für mehr als eine halbe Million Livres abreißen ließ, sollte nach einem Gesetz vom 16. Juni 1792 eine monumentale Säule mit einer Freiheitsstatue erhalten; am 14. Juli 1792 erfolgte die Grundsteinlegung durch eine Abordnung der Législative. Zugleich wurde ein Wettbewerb für die Gestaltung des Monuments ausgeschrieben.[57] In den Grundstein mauerte man eine Truhe mit symbolischen Bedeutungsträgern der Revolution ein: einen Stein der Bastille, in den die Antlitze Ludwigs XVI. sowie Baillys und Pastorets (die jeweils ersten Präsidenten der Konstituante und der Législative) eingraviert waren; eine Assignate von 50 L., mehrere Geldstücke, vier Medaillen, hergestellt aus den „Ketten der Bastille", Verfassungstexte und eine eiserne Tafel mit der Menschenrechtserklärung. Die Truhe wurde 1793, nach dem Fall der konstitutionellen Monarchie, wieder entfernt: Der politische Wandel erforderte eine erneute Reinigung.[58] Die Säule, für die zunächst 47000, dann 38474 L. veranschlagt worden waren, kam nie zur Ausführung; statt dessen legte man an der Stelle des Grundsteins 1793 einen „Brunnen der Wiedergeburt" an, mit einer Statue der Natur (nach Entwürfen *Davids*) und der Inschrift: „Wir sind alle ihre Kinder" (eine Statue der Isis, der ägyptischen Göttin der Fruchtbarkeit). Auf einigen Steinen, die von der Bastille noch übriggeblieben waren, las man: „Sprechende Monumente des Despotismus, der seine Opfer hier zusammenpferchte."[59] Auf dem Gelände der ehemaligen Bastille befand sich außerdem eine Werkstatt für die Waffenherstellung, über deren Eingang *Lesueur* nach Entwürfen *Vignons* das Relief einer Freiheitsstatue angebracht hatte.

Andere Plätze repräsentativer Bedeutung erhielten eine nicht minder beredte Gestaltung. Auf der Place des Invalides entstand zum Fest der Réunion ein Berg mit einer Kolossalstatue „Das französische Volk, den Föderalismus zu Boden werfend", ein keulenschwingender Herkules. Auf einer Inschrift las man: „Die Aristokratie hat 1000 verschiedene Formen angenommen; das allmächtige Volk hat sie überall niedergeworfen."⁶⁰ Auf den Champ de Mars führte ein Triumphbogen, 1790 zum Fest der Föderation nach Entwürfen *Celleriers* errichtet; seit dem Fest der Réunion am 10. August 1793 mußte der Besucher unter einem Dreieck der Gleichheit hindurchschreiten: „Hochmütige, ihr werdet das Haupt beugen."⁶¹ Auf dem Platz stand bereits ein „Vaterlandsaltar", 1793 kam ein „Trauermonument für die für das Vaterland gefallenen Soldaten" hinzu. Zum Fest des Höchsten Wesens wurde hier ein hoher Berg aufgeschüttet, auf dem sich ein Freiheitsbaum und eine Säule mit der Statue des Herkules, Symbol des wehrhaften Volkes, erhoben.

Zum Fest der Réunion war ein weiterer Trimphbogen am Boulevard Poissonière errichtet worden; er erinnerte an die „Heroinen des 5. und 6. Oktober", den Zug der Marktfrauen von Paris nach Versailles. Auf der Place du Carousel, jetzt Place de la Réunion, stand eine Pyramide zu Ehren Marats und Lazowskis (eines Polen, der das Signal zur Erstürmung der Tuilerien gegeben hatte). In ihrem Innern waren neben den Sarkophagen auch die Badewanne und das Schreibwerkzeug des Ami du Peuple ausgestellt. Die Guillotine, die vorher hier gestanden hatte, transferierte man auf die Place de la Révolution. Einem Gesetz vom 15. Brumaire II zufolge sollte auf einen der Plätze „der alten Tyrannen, die das Volk am 10. August gestürzt hat", eine Bronzestatue Rousseaus kommen. Nach einem Wettbewerb ging der Auftrag für dieses Monument an den Bildhauer *Moitte*. Die Bronzestatue wurde nicht gegossen, doch ein Gipsmodell stand im Jardin des Tuileries, jetzt „Jardin National": Rousseau mit einer Statuette der Natur in der Hand.⁶² Zum Fest für Rousseau zu Beginn des Jahres III legte man im Jardin National eine künstliche Insel in einem der Wasserbecken des Parks an, auf der ein antiker Tempel für den Sarkophag Rousseaus stand, den man aus Ermenonville geholt hatte, um ihn anschließend ins Panthéon zu überführen. Die Insel war der im Park von Ermenonville nachgebildet. Weitere Grabmonumente waren für Marat im Garten der Cordeliers, für Marat und Lepelletier bei den Champs-Elysées und für Barra im Jardin National errichtet worden.⁶³

Die Umwandlung der repräsentativen Plätze war keineswegs auf Paris beschränkt. Wir begegnen ihr in nahezu allen großen ebenso wie in zahllosen kleineren Städten. In Marseille z. B. beschloß der Stadtrat im Brumaire II, eine Pyramide zur Erinnerung an die „patriotes assassinés" zu errichten, die Jakobiner, die während der föderalistischen Rebellion in der Stadt umgekommen waren.⁶⁴ Der Bildhauer *Renaud* schuf nach Pariser Vorbild einen Brunnen für das „Feld des 10. August" und eine Statue

der „Justiz" für einen Brunnen auf dem „Platz der Freiheit". Auf der Place Castellane erhob sich im Jahr II ein Berg mit einem Vaterlandsaltar und der Statue der Freiheit, geschaffen von dem Bildhauer *Ferdinand*.[65] In Bordeaux wurde der Jardin public nach dem Vorbild von Paris zum Champ de Mars umgestaltet; im Jahr II schuf man hier gleichfalls einen künstlichen Berg mit einer Statue der Freiheit.[66] Ähnlich in Rouen: Hier war zum Fest der Föderation ein Altar des Vaterlandes und eine Pyramide auf dem Champ de Mars entstanden; später, zum ersten Dekadenfest der Stadt am 10. Frimaire II, legte man dort einen heiligen Berg an. Auf dem Marché-Neuf, an diesem Tag in „Place des Montagnards" umbenannt, stellte man eine Pyramide mit den Büsten der „Freiheitsmärtyrer" Lepeletier, Beaurepaire, Marat und Beauvais an ihren vier Ecken auf; auf der Spitze war die Trikolore mit der Freiheitsmütze befestigt.[67] Auf dem Hauptplatz von Orléans, der Place Martroy, stand ein „Vaterlandsaltar", der nach Beschluß der Stadt vom 18. Oktober 1792 eine Freiheitsstatue erhielt; im Jahr II wurde auch hier ein Berg aufgeschüttet.[68] In Aix beschloß die Société populaire, eine Kupfertafel, auf die Verfassung und Menschenrechtserklärung graviert waren, auf einem öffentlichen Platz anzubringen; ein Projekt, an allen wichtigen Plätzen Marmortafeln anzubringen, war zuvor an Geldmangel gescheitert. Doch hatte man weit Größeres vor: Im Frimaire II bat die Société um Genehmigung für die Zerstörung der Kirchen St. Esprit und Accoules sowie darum, an ihrer Stelle öffentliche Plätze anzulegen, „in deren Mitte ein Pfahl aufgestellt wird, an dem man die Embleme ihrer [gemeint sind die Priester] Schandtaten aufhängt"[69].
Vor allem in den größeren Städten war es nicht ganz einfach, den öffentlichen Raum auf eine repräsentative Weise durch Monumente umzugestalten, deren Herstellung viel Zeit und Geld erfordert hätte. Projekte gab es reichlich, doch in der kurzen Zeit, die der Revolution zur Verfügung stand, und vor dem Hintergrund des raschen politischen Wechsels konnten nur wenige realisiert werden. Viele Erneuerungen behielten einen provisorischen Charakter. Sie konzentrierten sich auf die Gestaltung der zentralen Festplätze; die meisten Städte hatten wohl eine Art *Marsfeld*, das vom Fest der Föderation 1790 bis zu den im Direktorium gesetzlich verordneten Festen eine Geschichte unterschiedlicher Gestaltungen erlebte. Zuweilen trafen auch kleinere Städte für die Gestaltung des Feldes der „Réunion" aufwendige Arrangements. In Auxerre etwa führte am 10. August 1793 wie in Paris ein Triumphbogen auf das Marsfeld, in der Mitte befand sich der Altar des Vaterlandes, an der dem Triumphbogen gegenüberliegenden Seite des Platzes stand ein runder Tempel; er wird im   6, 7

Festprotokoll ausführlich beschrieben: „Acht Granitsäulen, deren Kapitell und Fundament aus vergoldeter Bronze waren, trugen ihn. Sie waren mit kunstvoll arrangierten Blumengirlanden geschmückt. In der Mitte erschien die Statue der Freiheit; mit einer Hand auf ein Liktorenbündel gestützt, mit der anderen eine Pike mit der symbolischen Mütze haltend, zeigte sie sich ihren Kindern in ihrer Schlichtheit, und wie eine zärtliche Mutter schien sie sie aufzurufen, sich um sie zu scharen. Zu ihren Seiten betrachtete sie die Statuen des Junius Brutus und des Mutius Scaevola, die auf Marmorsockeln standen. Die Fahne der Trikolore wehte über dem Tempel, dessen Inschrift der Verfassung entnommen war und dieses fundamentale Prinzip der Gesellschaft verkündete: ‚Was du nicht willst, daß man dir tu', das füg auch keinem anderen zu.'"[70]

Solche Anlagen waren wohl eher die Ausnahme. Doch dürfte es nahezu überall „Altäre des Vaterlandes" gegeben haben, die nach einem Gesetz vom 26. Juni 1792 für alle Städte vorgeschrieben waren. Die Altäre sollten mit der Menschenrechtserklärung und der Inschrift „Der Citoyen wird geboren, lebt und stirbt für das Vaterland" versehen sein. Noch während des Direktoriums standen auf zahllosen öffentlichen Plätzen Altäre des Vaterlandes; oft befand sich ein zweiter Altar im Tempel, in anderen Fällen wurde er für die Feste nach Bedarf – abhängig vom Wetter – mal im Tempel, mal auf dem Platz aufgestellt.

Um den Altar auf dem öffentlichen Platz herum arrangierten die meisten kleineren Gemeinde ihr Ensemble republikanischer Ästhetik, für das es einige Grundmuster und signifikante dekorative Modifikationen für die verschiedenen Feste gab. Der Altar stand in der Regel neben dem Freiheitsbaum vor dem Gebäude der Stadtverwaltung. Manchmal umstanden weitere Bäume diese „Basisgruppe" repräsentativer republikanischer Ästhetik; gelegentlich erhob sich eine Statue der Freiheit auf dem Altar, doch zumeist beschränkte sich die Gestaltung auf vergänglichen Dekor, der von Fest zu Fest erneuert wurde: Blumen, Blätter und Bänder der Trikolore vor allem. Bei der Gestaltung des öffentlichen Raums spielte die Natur die entscheidende Rolle; so war der *Freiheitsbaum* das am weitesten verbreitete öffentlich sichtbare Symbol der Revolution.[71] Er stand fast immer vor dem Gebäude der Administration und symbolisierte auf diese Weise die Neubegründung der Politik aus der Idee des Naturrechts, die Idee einer in der Natur wurzelnden Revolution und „Regeneration". Zugleich war dies ein „Monument", das keine Kosten verursachte und ohne Mühe überall aufgestellt werden konnte. In der Mehrzahl der Fälle pflanzte man junge Pappeln, manchmal Eichen, gelegentlich einmal eine Ulme. Zu Füßen des Freiheitsbaums fanden Autodafés statt, während deren man Embleme und Gegenstände der „féodalité" und der „superstition" verbrannte. In den kleineren Orten war der Freiheitsbaum der zentrale Ort, um den herum man sich zu den Festen im Freien versammelte. Manchmal schwang sich der Gemeindepräsident auf den danebenstehenden Altar zu einer Rede, und den Abschluß der Zeremonien bildete häufig der gemeinsame Tanz um den Baum. In den großen Städten befand sich oft auf zahlreichen Plätzen und vor den wichtigsten öffentlichen Gebäuden ein Freiheitsbaum. In Rouen zum Beispiel wurden zwischen Nivôse und Ventôse II insgesamt 16 Freiheitsbäume an verschiedenen Punkten der Stadt errichtet, zumeist anläßlich eines Dekaden- oder anderen Festes. Die verschiedenen sozialen Gruppen der Stadt beteiligten sich daran: Schüler errichteten Freiheitsbäume vor ihren Schulgebäuden, Händler auf ihrem Marktplatz, Soldaten vor ihrer Kaserne, die Sektionen vor den ehemaligen Kirchen, die ihnen als Versammlungshäuser dienten etc. Mit dem Pflanzen des Freiheitsbaums war häufig die feierliche Umbenennung des Platzes durch den Bürgermeister verbunden; symbolisch eroberte sich die Revolution durch den Freiheitsbaum den städtischen Raum.[72]

Die Verehrung, die der Natur entgegengebracht wurde, führte oft zu Arrangements, die die Atmosphäre antiker Naturkulte wieder zum Leben erstehen ließen: „heilige Haine" und „ländliche Altäre" etwa, die an Straßen und Plätzen angelegt wurden. In Franconville (Seine-et-Oise) etwa errichtete der Administrator *Cadet-Devaux* an der Hauptstraße von Paris nach Rouen einen „autel champêtre" zu Ehren gefallener „défenseurs", versehen mit Freiheitsmütze, Pike und faisceau; das Monument war nach griechischem Vorbild in einen Hain von Trauerbäumen eingeschlossen.[73] In Batz, einem kleinen Ort an der Atlantikküste, war der Festplatz um den Freiheitsbaum mit „Triumphbögen aus Laub und Blumen" geschmückt; der Altar war indes unmittelbar am Meer aufgestellt worden: „Dieser schlichte Altar war nur mit einer Tafel geschmückt, auf der diese Worte standen: ‚Das französische Volk erkennt das Höchste Wesen und die Unsterblichkeit der Seele an'; und von zwei Statuen: die eine verkörperte die Weisheit, die andere das Glück. In der Mitte befand sich eine Feuerstelle, in der Weihrauch brannte."[74]

Die Plazierung des Altars neben dem Freiheitsbaum (oder, wie in Batz, am Meer) symbolisiert die Wiederherstellung der „religion naturelle", die der Konzeption der republikanischen Moral und des republikanischen

Kults zugrunde lag, die Befreiung des Kultes aus den Händen der Priester. Ihre größten Triumphe feierte die „religion naturelle" in den *künstlichen Bergen*, die während des Jahres II in großer Zahl auf öffentlichen Plätzen, häufig auch in Kirchen aufgeschüttet wurden – zweifellos die erstaunlichsten Monumente der Revolution.[75] Der Berg hat sowohl sakrale als auch politische Bedeutung, genauer: Er steht für den Wunsch nach einer Vereinigung beider Sphären. Als Monument der „Montagne" – der „Bergpartei" – stellt er vordergründig ein Symbol der Jakobinerherrschaft dar; der tiefere Sinn ist, daß die neue Ordnung sich unmittelbar auf die Natur gründet, im Erdreich verankert ist. Zugleich findet sich die Anspielung auf den Berg Sinai: Wie Moses dort von Gott die Gesetzestafeln empfing, erfährt die republikanische Gemeinde hier die neue Verkündigung von der Göttin der Freiheit, die auf seinem Gipfel Platz nimmt. Es ist aber auch ein Monument der Überwachung und Kontrolle, des revolutionären Blicks von oben, dem nichts entgeht und dem sich niemand entziehen kann. Nicht zufällig waren die Aufschüttungen der Berge oft auch Akte der Selbstkontrolle, die die Sociétés populaires in den eigenen Reihen ausübten: Wer sich nicht daran beteiligte, machte sich verdächtig. Im Berg verbindet sich der Wunsch nach einer höheren, außergesellschaftlichen Legitimation mit dem Streben nach allumfassender Kontrolle. Beides gehört zusammen, denn das Werk der kulturrevolutionären Erneuerung im Zeichen der Rückkehr zu einer geheiligten Natur verlangt eine Reinigung, die vollständig ist, damit nichts vom Boden der Despotie und des „Aberglaubens" übrigbleibt. Sie verlangt eine Selbstreinigung, die nur das einträchtige Kollektiv der wahren Republikaner zurückläßt. In Orange stellte man die Guillotine vor dem heiligen Berg auf: „Man könnte sagen, daß alle Köpfe, die hier fallen, ihm die Ehre erweisen, die man ihm schuldet: kostbare Allegorie für alle wahren Freunde der Freiheit."[76]
Innerhalb des urbanen Raums der Revolution nahmen die Berge einen besonderen, gewiß den bedeutsamsten Platz ein. Sie wurden auf den zentralen Plätzen oder vor der Hauptkirche der Städte aufgeschüttet. Diese Plazierung läßt an eine mythische Bedeutung denken; im Mythos symbolisiert der Berg den Mittelpunkt der Welt, die Stelle, an der Himmel und Erde oder Himmel, Erde und Hölle einander begegnen. Auch die Errichtung eines heiligen Baums – nun in der Gestalt des Freiheitsbaums – auf dem Gipfel ist uns schon aus der Mythologie bekannt; sie verweist auf eine embryologische Bedeutung: der Baum oder der Berg als „Nabel der Erde, der Punkt, an dem die Schöpfung begonnen hat, das Symbol einer unmittelbaren Verbindung mit den regenerativen Kräften der Natur"[77].

Die Berge knüpften in symbolischer Hinsicht auch an die kirchliche Architektur des Mittelalters an, und als Monumente eines erneuerten Glaubens waren sie zugleich Konkurrenzunternehmen zu den Kirchtürmen des „Aberglaubens".

In Amiens, um nur ein Beispiel herauszugreifen, erhob sich ein mächtiger Berg vor der Kathedrale; auf seiner Spitze stand der „Baum der Gleichheit und Freiheit", und an seinem Fuß befand sich der Scheiterhaufen für die Embleme des „Feudalismus und Aberglaubens", Synonyme des Bösen, die jetzt unten vernichtet werden, während sich oben die Erneuerung aus der Natur vollzieht.[78] Konnte man die Kirchtürme schon nicht einreißen, so war es doch leicht möglich, durch Monumente einer schlichten und erhabenen Natur ihren anmaßenden Charakter zu enthüllen. Hier wird die Verbindungslinie Himmel–Erde–Hölle deutlich erkennbar. Noch eindrucksvoller zeigt sie sich am Beispiel eines Berges, der auf der Place Martroy – dem Hauptplatz der Stadt Orléans – aufgeschüttet wurde. In seinem Innern barg er die Gebeine der hingerichteten Feinde der Republik.[79] Der Berg war 20 Meter hoch und ruhte auf einem Massengrab von 8 mal 4 Metern; auf seinem Gipfel wollte man ein Monument der Freiheitsstatue auf einem Vaterlandsaltar errichten, flankiert von den Büsten der Märtyrer der Freiheit: ein Monument der Befreiung und der Erneuerung, vor dem sich das republikanische Kollektiv als neue Kultgemeinschaft zusammenfindet, aber auch ein Monument des Schreckens, das das Reich des Bösen unter seinen Erdmassen begräbt. Die Kommune sah sich noch genötigt, das Grab heimlich ausheben zu lassen – sie fürchtete wohl, diese Arbeiten könnten Unruhen auslösen. Erschien ihr der Berg als eine Chance, die Leichen heimlich beiseite zu schaffen? Oder brachte hier eine verschworene Kultgemeinschaft ihrem Gott, dem Höchsten Wesen, ein Menschenopfer dar, um ihn gnädig zu stimmen und seinen schützenden Beistand zu gewinnen? Die Natur selbst, das Höchste Wesen wird zum Vollstrecker des Terrors; dies war es, das den Akteuren jedes Gefühl der Schuld und der Angst nahm. Gab es denn einen sichereren Weg der Vernichtung? Die heiligen Berge sind triumphale Gräber. Sie begraben nicht nur die Gegenstände des alten „Götzendienstes" unter sich (das Autodafé zu ihren Füßen; in den Kirchen wurden die Berge zumeist über dem alten Altar im Kirchenchor aufgeschüttet), sondern, wie in Orléans, auch die Feinde der Freiheit selbst; die Natur wird sie konsumieren und zu Staub verwandeln. Kein Zeichen bleibt zurück, das von ihrer Existenz künden könnte, während über der Erde, mit Freiheitsbaum und Freiheitsstatue auf dem Gipfel, das neue Reich heranwächst. So symbolisieren die heiligen Berge in den Städten der Revolution genau jene Leerstelle, jene Tabula rasa der Vernichtung durch die Kräfte einer unerbittlichen Natur, die zugleich die Kräfte der Erneuerung sind – Monumente der Wiedergeburt aus einem Reinigungsopfer.

Die Berge wurden – als „Monumente der Terreur" – nach einem Gesetz vom 2. Ventôse III wieder beseitigt, ebenso wie alle anderen Monumente, die an die Herrschaft der Jakobiner und die Volksdemokratie der Sanskulotten erinnerten. Die Marat-Büsten fielen der Zerstörung anheim, die Vase, die das Herz des Ami du Peuple barg, verschwand, und der Sarkophag Marats, den man noch im September 1794 ins Panthéon getragen hatte, wurde wieder aus dem Allerheiligsten der Revolution entfernt. In Paris wurde die Statue des Herkules auf dem Marsfeld zerstört, am Sockel des Monuments für Lepeletier auf der Place des Victoires beseitigte man die Tafel der Menschenrechtserklärung von 1793, um sie durch die neue von 1795 zu ersetzen. Auch der Triumphbogen der „Heroinen des 5./6. Oktobers" fiel der politischen Wende nach dem Thermidor zum Opfer, das Material wurde zum Verkauf angeboten. Auf die erste kulturrevolutionäre Zerstörungswelle, die sich gegen das Ancien Régime richtete, folgte eine zweite, der jetzt ein Teil der revolutionären Ästhetik des Jahres II zum Opfer fiel. Zurück blieben Monumente wie die Altäre des Vaterlandes, Freiheitsstatuen oder Rousseau-Büsten, deren Ende erst in der napoleonischen Ära kam. Diese rasche Abfolge von Zerstörungen und Transformationen verweist auf die Dynamik und die Dialektik des kulturrevolutionären Prozesses. Jedesmal war das Vorgehen radikal und von blindwütigem Haß gezeichnet, jedesmal ging es um die vollständige Vernichtung einer historischen Dimension, um den kulturellen Raum in desto größerer Reinheit neu zu konstruieren.

Das Territorium des Schreckens

Diese Dialektik eines Erneuerungswunsches, der mit einem radikalen Vernichtungswillen einhergeht, trieb dort ihrem Höhepunkt entgegen, wo die Vernichtung ganzer Städte im Zuge von Strafmaßnahmen ins Auge gefaßt wurde. Als die Stadt Toulon, die 1793 von den Engländern besetzt, bald darauf aber von der Republik zurückerobert worden war, Ende 1793 des Verrats angeklagt wurde, beschloß der Konvent, die Stadt zu zerstören. Die „Sanskulotten von Digne" rieten in einem Schreiben, alle Gebäude mit Ausnahme der Wohnhäuser der Sanskulotten und der öffentlichen Einrichtungen in Trümmer zu legen und darüber ein Mahnmal mit der Inschrift zu errichten: „Toulon verkaufte sich einst an England; Völker, die Freiheit ist gerächt, Toulon ist nicht mehr."[80] 12 000 Arbeiter waren schon für das Zerstörungswerk requiriert worden, doch im letzten Moment besann man sich noch und beschied sich mit einigen exemplarischen Maßnahmen. In Marseille begnügte man sich mit einer symbolischen Auslöschung der Stadt, indem man ihr den Namen „Sans nom" verlieh. Aber auch hier ordnete der Représentant du Peuple *Fréron* die Zerstörung aller Häuser an, die den Föderalisten als Zufluchtsstätte gedient hatten.[81]

In Armeville (vormals St. Étienne) erließ der Représentant du Peuple *Javogues* folgende Anordnung: „In Erwägung, daß der Form der Gesetze des Nationalkonvents entsprechend jede Stadt, die die Interessen der Republik verraten und die Waffen gegen sie erhoben hat, verdient, vom Boden der Freiheit ausgelöscht zu werden, wird folgendes verfügt: Art. 1. Alle Stadtmauern und Befestigungen, die die Stadt Montbrisée umgeben, werden dem Erdboden gleichgemacht. Art. 2. Über ihren Trümmern wird eine Säule errichtet, die diese Inschrift trägt: ‚Die Stadt Monbrisée führte Krieg gegen die Revolution: Sie ist nicht mehr.'"[82] Im Departement Aveyron erging der Beschluß, nicht nur alle Häuser dem Erdboden gleichzumachen, in denen bewaffnete Feinde der Republik Unterschlupf fanden, sondern auch jene, die eidverweigernden Priestern als Asyl dienten.[83]

Am ärgsten sollte es Lyon ergehen, nachdem die Regierungstruppen die Rebellion der Stadt gegen den Konvent niedergeschlagen hatten. „Die Stadt Lyon wird zerstört", dekretierte der Konvent am 21. Oktober 1793: „Alles, was von den vermögenden Leuten bewohnt war, ist zu vernichten; es dürfen nur übrigbleiben die Häuser der Armen, die Wohnungen der ermordeten oder proskribierten Patrioten, die industriellen Gebäude und die, die wohltätigen und erzieherischen Zwecken dienen [...]. Auf den Ruinen von Lyon wird eine Säule errichtet, die der Nachwelt die Verbrechen und die Bestrafung der royalistischen Stadt verkündigt, mit der Inschrift ‚Lyon führte Krieg gegen die Freiheit – Lyon ist nicht mehr.'"[84] Das revolutionäre Strafgericht zeigt sich hier in seiner apokalyptischen Gestalt. *Fouché* schrieb am 26. Brumaire II: „Die Zerstörungen sind zu langsam, die republikanische Ungeduld bedarf rascherer Mittel. Die Minenexplosion etc., das verschlingende Werk der Flamme allein können die Allmacht des Volkes zum Ausdruck bringen: Sein Wille kann nicht wie der der Tyrannen aufgehalten werden; er muß die Wirkung des Donnerschlages haben."[85] Würde dieses Gewitter die widerspenstige Bevölkerung in gute Patrioten verwandeln? *Collot d'Herbois* bezweifelte das. Er faßte eine weit radikalere Lösung ins Auge: Etwa die Hälfte der Einwohner, schrieb er, werden niemals Republikaner werden, solange sie an diesem Ort zusammenleben; man muß sie deshalb vertreiben und über die ganze Republik verstreuen.[86] Eine andere Alternative kam *Couthon* in den Sinn; er gab zugleich eine plausible Erklärung für den Widerstand der Lyoneser gegen die Segnungen der Montagne: „Ich glaube, daß man hier vom Temperament her beschränkt ist und daß die Nebel der Rhône und der Saône Dämpfe in die Atmosphäre tragen, die ebenso den Geist schwerfällig machen. Wir haben eine Kolonie von Jakobinern angefordert, deren Anstrengungen, vereint mit den unseren, der Bevölkerung von Ville-Affranchie eine neue Erziehung geben werden, die, so hoffe ich, die Einflüsse des Klimas aufheben."[87]

Auch in der Société populaire von Straßburg dachte man im Frimaire II über eine Deportation der widerspenstigen deutschsprachigen Bevölkerung des Elsaß und die Implantation einer „Kolonie von Sanskulotten" nach, und *Saint-Just*, der hier als Représentant du Peuple en mission das Regime der Terreur befestigen sollte, faßte den Plan ins Auge, alle elsässischen Dörfer und Städte nach den Namen von Soldaten der republikanischen Armee umzubenennen, „weil man nicht ohne Freunde regieren kann"[88].

Die Freiheit brachte nicht nur die Öffnung der Geschichte für die Zukunft des menschlichen Geschlechts, sie gebar auch den Schrecken. Der revolutionären Apokalypse der Zeit korrespondierte eine des Raumes: Hinter der Transformation des Raums stoßen wir auf ein Territorium des Schreckens. In seinem Zentrum wird es von der Guillotine besetzt, die stets, wenigstens bis zum Fest des Höchsten Wesens, einen privilegierten Platz im öffentlichen Raum einnahm, vor der Freiheitsstatue, wie in Paris, vor dem heiligen Berg, wie in Orange.

Doch halten wir uns nicht bei der Guillotine auf. Einer jener Apokalyptiker der Revolution war *Marc-Antoine Jullien*, mit 19 Jahren der Spezialagent Robespierres. In Bordeaux beließ er es nicht dabei, die verfolgten Girondisten auf die Guillotine zu schicken, er ordnete auch an, alle Häuser, in denen sie sich aufgehalten und verborgen hatten, dem Erdboden gleichzumachen und an ihrer Stelle einen Stein mit einer Inschrift zu errichten, „die der Nachwelt ihr Verbrechen und ihren Tod überliefert und die wohl geeignet ist, jeden, der es ihnen gleichtun wollte, mit Schrecken zu erfüllen"[89]. Aber dies wäre erst ein Anfang gewesen. Jullien träumte von einer universalen Befreiungsmission des französischen Volkes; im August 1793 rief er dazu auf, eine „Legion von Tyrannenmördern" aufzustellen, die die Erde von den Tyrannen säubern würde. Im gleichen Atemzug, noch bevor der Konvent das erste Gesetz über die Verdächtigen beschoß, forderte er die Ausführung eines Dekrets zur Verhaftung aller Verdächtigen. Wohin mit diesen Massen von Feinden der Freiheit? Jullien, der sich bald darauf über die Grausamkeit *Carriers*, des „Statthalters" von Nantes, erregte, antizipierte bereits die Konzentrationslager: „mögen sie alle in den Augenblicken, in denen das Vaterland sich in Gefahr befindet, am selben Ort eingeschlossen werden, und auf das Tor dieser Stätte möge man Kanonen richten, deren entzündete Lunten ihnen verkünden, daß sie in einem Gewittersturm festgehalten werden und daß die Rache des Volkes furchtbar sein kann, wenn es auch durch die Grausamkeit seiner Feinde dazu gezwungen wird, selber zu Mitteln äußerster Grausamkeit zu greifen."[90] Solche Lager begannen in der Vendée, im Nordwesten, bereits konkrete Gestalt anzunehmen, in Nantes oder in Brest, wohin man die eidverweigernden Priester aus allen Teilen der Republik deportierte und wo nur wenige überlebten, wenn sie nicht vorher schon während des Transports an Entkräftung umgekommen waren.

Doch sollte die Terreur nur den Boden säubern, um ihn für den Einzug der Freiheit zu bereiten. Während man in der Vendée die Operation „Verbrannte Erde" durchführte, war der Vernichtungswille in Lyon oder Toulon gezielter; er richtete sich primär gegen die Reichen, gegen die „Girondisten" und Royalisten, und die intendierte Zerstörung war nicht total, sondern beinhaltete zugleich eine Neukonstruktion, die die Umrisse eines idealen Gemeinwesens erahnen läßt: eine neue Stadt, in der nur noch wahre, arbeitsame Sanskulotten mit ihren Kindern leben, die in den Schulen, die man stehenlassen will, eine republikanische Erziehung empfangen.

Noch in solch wahnhaftem Vernichtungswillen ist die republikanische Utopie wirksam. Die gleiche Ambivalenz wird in der Politik Fouchés deutlich, den der Konvent als „Statthalter" nach Lyon entsandte. Während er unter den Aufständischen ein furchtbares Blutbad anrichtete, führte er den republikanischen Kult mit seinen Festen der Eintracht und Brüderlichkeit ein. Der Berg, den man in Orléans errichtete, war gewiß eines der eindrucksvollsten Monumente dieser Ambivalenz.

Die innere Ausgestaltung des neuen politischen Raums

In die neuen Sitzungssäle der Sociétés populaires und der revolutionären Verwaltung zog der republikanische Dekor ein: Tafeln der Menschenrechte und der Verfassung, Fahnen der Trikolore, Graphiken, Büsten der Märtyrer der Freiheit, revolutionäre Tapeten oder auch nur einfache Inschriften, sprechende Räume voller Symbole und Inschriften, die von den neuen Werten und Prinzipien kündeten. Oft fehlten die Mittel für aufwendige Gestaltungen, und man beschränkte sich auf einen revolutionären Anstrich, wie in Chablis, wo die Société populaire im Thermidor II eine Wand ihres Sitzungssaals in den Farben der Trikolore streichen und in großen Buchstaben die Losungen „Einheit, Unteilbarkeit der Republik" und „Freiheit, Gleichheit, Brüderlichkeit oder der Tod" anbringen ließ; zuvor war bereits die Rednertribüne in den Farben der Trikolore gestrichen worden. Ganz mittellos war man aber auch hier nicht: Über der Tafel der Verfassung hing die Nationalfahne, zu ihrer Rechen und Linken standen die Büsten Marats und Lepelletiers.[91] Dies war die übliche Ausgestaltung politischer Versammlungsräume im Jahr II.

Oft wurden revolutionäre Embleme auf die Wände gemalt, insbesondere Freiheitsmützen und Liktorenbündel – sie bildeten den am meisten verbreiteten Dekor im öffentlichen Raum. Mit Freiheitsmützen waren etwa die Tapeten in den Sälen der Departementverwaltung Côte-d'Or versehen. Stets waren es rote Mützen; da dies die Farbe des Blutes sei, die an die Zeit der Terreur erinnerte, ließ das Departement sie im Jahr III in den Farben der Trikolore übermalen.[92] Neben solch schlichten dekorativen Elementen der revolutionären Symbolsprache waren es vor allem Darstellungen und Büsten von Märtyrern der Freiheit, die im Jahr II die Räume der republikanischen Öffentlichkeit schmückten. Die Société républicaine von Tonnerre forderte im Juni 1793, alle Departements, Distrikte und Volksgesellschaften mit Büsten Marats zu versorgen[93] – war seine Präsenz nicht die sicherste Gewähr für eine überall dem Volke verpflichtete Politik? Stiche nach den Lepeletier- und Marat-Gemälden Davids sollten, so beschloß es der Konvent, in jeder Distrikt- und Departementverwaltung, Reproduktionen von Davids geplanter Barra-Darstellung in allen Primarschulen der Republik hängen.[94] Mehrere Sociétés populaires von Paris richteten im Brumaire II eine Petition an den Konvent, Reproduktionen der Märtyrerbilder Davids in den Räumen der Revolutionsgerichte anzubringen; dies sei ein sicheres Mittel, so die Sektion Gardes-Françaises, die Feinde der Republik zu überzeugen „und ihnen ihre Verbrechen vor Augen zu führen, schon wenn sie das Gericht betreten [...]. Die Verschwörer, die ihr Werk erblicken, werden ebenso die Strafe sehen, die sie verdient haben, sie werden ihre Blicke nicht erheben können, ohne ihr geschriebenes Urteil zu sehen, und der durch diesen Anblick aufgeklärte Geschworene würde zu festeren Überzeugungen gelangen."[95] Die Märtyrerbilder ersetzen hier das Kreuz oder die Christusbildnisse, sie zeigen eine neue, wenn auch kaum minder sakrale Legitimationsgrundlage an, auf die die Rechtsprechung verpflichtet wird.

In Einzelfällen, vor allem in den größeren Städten, konnte sich eine Administration auch anspruchsvolle Auftragswerke leisten; diese Aufträge trugen wesentlich zur Entstehung einer revolutionären Historienmalerei bei. Viele dieser Werke fielen jedoch dem „Kunstvandalismus" des Thermidors zum Opfer und sind uns nur aus Beschreibungen überliefert. In Rouen etwa gab die Departementverwaltung 1792 für ihren Sitzungssaal ein Gemälde bei dem Maler *Lemonnier* in Auftrag: „Der Mensch, der seine Ketten zerbricht und seine Freiheit zurückerobert, die Tyrannen ihm geraubt hatten." Unterdessen schmückte der Stadtrat von Rouen seinen Sitzungssaal zu Beginn des Jahres 1793 mit Gemälden, die Ansichten von Rouen darstellten, darunter zwei Arbeiten *Hubert Roberts*; sie dienten dazu, „die Lilien [...] des Wandbehangs zu verbergen."[96] In Lyon erhielt der Malle *Hennequin* 1792 von der Stadtverwaltung den Auftrag zu einem Gemälde „Der Triumph des französischen Volkes am 10. August". Das Werk war noch kaum begonnen, da schlug er im Prairial II ein anderes Thema vor, dem die Stadtverwaltung im Messidor II zustimmte: „Die Rebellion von Lyon, niedergeworfen durch den Genius der Freiheit", für den Sitzungssaal des Stadtrates bestimmt.[97] Für die Anfertigung des Gemäldes, das die ungewöhnlichen Ausmaße von 22 mal 14 Fuß haben sollte und für das Hennequin 25000 L. veranschlagte, stellte man ihm das Refektorium der ehemaligen Jakobiner als Atelier zur Verfügung.[98] Doch nach einer ersten Rate wird die Bezahlung im Germinal III eingestellt, das Refektorium wird einer anderen Nutzung zugeführt: „in Erwägung, daß bei dem Unglück und bei den dringenden Bedürfnissen dieser Stadt die reklamierte Summe besser genutzt werden kann als für überflüssige Luxusgegenstände."[99] Hennequin, der übrigens auch Mitglied des „Comité de démolition" war, das nach der Niederwerfung der Rebellion in Lyon gebildet worden war, sandte noch einen Entwurf für das Gemälde zum Kunstwettbewerb des Jahres II ein, gab das Vorhaben aber wieder auf und wandte sich erneut dem Thema des „10. August" zu.

Mit finanzieller Unterstützung des Direktoriums konnte er das Werk im Jahr VII fertigstellen; es ist aber nur in Fragmenten erhalten geblieben. In Rennes schuf der Maler *Colin* ein „revolutionäres Gemälde" für die Distriktverwaltung; es ersetzte ein Bild des gekreuzigten Christus im Sitzungssaal. Colins Werk stellte „die Freiheit" dar, wie sie „die gefesselten Gestalten des Despotismus und Fanatismus zu Boden tritt", während ein Kind die Menschenrechte auf eine Marmortafel graviert; „über der Freiheit schwebt ein Genius, der die auf die Freiheit und Gleichheit gegründeten Gesetze mit einer Trompete weithin verkündet."[100] Ähnliche Vorhaben gab es für Reliefs und Statuen. In Marseille beschloß die Stadtverwaltung im Thermidor II einen Wettbewerb für ein revolutionsgeschichtliches Relief, bestimmt für den Saal des Stadtrates, in Bordeaux brachte man im Jahr VI ein Relief, das die Proklamation der Verfassung des Jahres III darstellte, angefertigt von dem Bildhauer *Renaud*, im Sitzungssaal der Departementverwaltung an.[101] Die Sektion Halle-aux-blés von Paris ließ im Jahr II Pläne für den Ausbau ihres Versammlungssaals erstellen; man wollte Zwischenwände herausnehmen und durch zwei Reihen von Säulen in Form von Fasces ersetzen. Den Tragbalken, der auf den Säulen ruhte, sollten Piken und Freiheitsmützen schmücken. Über dem Deckengewölbe oberhalb der Säulenreihe erhob sich eine Statue der Freiheit vor einem antiken Vorhang.[102] Für den Jakobinerklub von Brüssel erarbeitete der renommierte Architekt *De Wailly* den Plan für einen reichhaltig mit revolutionärem Dekor ausgestalteten Versammlungsraum in der ehemaligen Jesuitenkirche; der Altar wird zur Tribüne des Präsidenten, der von hier aus die Sitzungen unter dem wachsamen Auge der Statuen der Freiheit und Gleichheit, die republikanischen Gesetzestafeln vor sich, leitet.[103]

Umfangreiche Dokumente sind über die Innenausstattung der *École de Mars* erhalten, mit der der Konvent sich eine Schule zur militärischen „Kaderausbildung" junger Sanskulotten schaffen wollte. Sie bieten uns das Bild einer idealtypischen, aber auch schon recht aufwendigen Innendekoration für ein öffentliches Gebäude. Unter den Rechnungen für Tapezierarbeiten befinden sich folgende Posten: 1898 Fuß Trikolorenbänder, 680 Fuß Eichenblätter, 632 Fuß „von Bronzestäben, um die Griffe der Piken und Speere zu bilden", 944 Fuß „fasces in Bronzefarbe" etc. – dies waren die Grundmuster der Tapeten, dazu kamen diverse Augen (des Höchsten Wesens, der revolutionären Wachsamkeit), Freiheitsmützen, „couronnes civiques", Piken sowie zwei „große Hähne von 6 Fuß Höhe, umgeben von einer gemalten Krone aus Eichenblättern von 8 Fuß Durchmesser für die Ecken des Saals". Den weiteren Dekor bildeten Gipsbüsten „von kolossalen Ausmaßen" von Barra und Viala, die die Bildhauer *Lemot* und *Pasquier* nach Weisungen *Poyets* herstellten, eine Tonbüste Lepeletiers, 3 Fuß 6 Zoll hoch, ausgeführt von *Cartellier*, sowie eine monumentale, 12 Fuß hohe Freiheitsstatue des Bildhauers *Daujon*, die sich an das Modell des republikanischen Herkules anlehnte: „Diese Statue hat die Haltung, als würde sie neuen Eroberungen entgegenschreiten. Ihr Kopf ist von einer Mütze bedeckt. In der Rechten hält sie eine Keule, in der Linken eine Kette, an der ein zerbrochenes Joch befestigt ist und die sie mit Abscheu zieht. Sie ist mit einem einfachen Löwenfell bekleidet, um anzuzeigen, daß sie allein durch ihre Arbeit und die Waffen der Natur das Joch des Despotismus zerbrochen und die Tyrannei umgestürzt hat." Eine „Kolossalbüste" Marats, angefertigt von dem Bildhauer *Beauvallet*, und sieben eiserne Freiheitsmützen von 2 Fuß 6 Zoll Höhe für das Übungsfeld der Schule vervollständigten das Arrangement. Das Gebäude der École de Mars selbst war nach Plänen *Poyets* in der Form eines großen Armeezeltes auf dem Marsfeld errichtet worden, das den entsprechenden Raum für militärische Übungen bot; in seinem Inneren war ein halbkreisförmiges Amphitheater für die theoretischen Kurse konstruiert worden. Nach Beschluß des Direktoriums vom 14. Messidor IV wurde der Bau – eine der wenigen architektonischen Realisierungen des Jahres II – wieder zerstört.[104]

Die aufwendigste Gestaltung erhielten die Räume der *Nationalversammlung*, die seit dem Mai 1793 im ehemaligen Schloß der Tuilerien untergebracht war. Hier hatte man nach Plänen *Gisors* ein halbelliptisches Amphitheater für die Abgeordneten hergerichtet; der Raum bot Platz für 700 Abgeordnete und 1400 Zuschauer. An der Galerie der Eingangshalle wurden Stuckarbeiten mit Emblemen der Freiheit und Gleichheit sowie Medaillons mit den Köpfen von Brutus und Solon angebracht. Im Salon de la Liberté stellte man eine 11 Fuß hohe Statue auf: eine sitzende Gestalt der Freiheit, „die eine Kugel in ihrer Rechten, die Mütze in der Linken und das zerbrochene Joch zu ihren Füßen hatte". *Dupasquier* hatte dieses Monument nach Entwürfen Gisors angefertigt, der Maler *Belleville* hatte ihr einen Bronzeanstrich gegeben.[105] Später kamen Statuen der Freiheit und der Republik von *Masson* hinzu.

Der Konvent plante vorübergehend, den Salon de la Liberté zu einer Art Museum für die Kunst der Revolution auszugestalten. Nach einem Gesetz vom 21. Juli 1793 sollten sämtliche Werke, die seit 1789 der Nationalversammlung von Künstlern dargebracht worden waren – inzwischen

hatte sich einiges angehäuft –, hier ausgestellt werden. Doch kam das Projekt nicht zur Ausführung; nach einem Dekret vom 2. September 1793 wurde ein großer Teil dieser Werke zerstört, weil sie noch der konstitutionellen Monarchie gewidmet waren. Insgesamt fielen 21 Bilder und vier Skulpturen diesem Gesetz zum Opfer, überwiegend Arbeiten, die Ludwig XVI. und Mirabeau darstellten und köngliche Embleme trugen.[106]
Für den Sitzungssaal des Konvents hatte der Maler *Strasbaux*, ein Schüler *Regnaults*, acht Gestalten antiker Gesetzgeber gemalt, jeweils in Lebensgröße: „Diese in Bronze imitierten Statuen stellten Demosthenes, Lykurg, Solon und Platon auf der Seite des Präsidenten dar; gegenüber, an der Mauer zum Park, waren Camillus, Publicola, Brutus und Cincinnatus."[107] Eine Statue Rousseaus wurde im Brumaire II unterhalb der Rednertribüne aufgestellt, auf einer Säule die Büste Marats von *Deseine*; weiterhin war der Saal im Jahr II mit Büsten von Brutus, Lepeletier, Dampierre und Chalier sowie *Davids* Marat- und Lepeletier-Gemälden ausgestattet, die zur Linken und Rechten des Präsidentensitzes hingen und dem Saal eine sakrale Weihe verliehen. Die Märtyrerbilder gemahnten die Abgeordneten an die „Verletzlichkeit" des Souveräns, brachten aber auch den Willen zum Ausdruck, jedem Anschlag auf den „Volkskörper" mit Entschlossenheit zu begegnen und notfalls das eigene Leben für die Verteidigung der Freiheit hinzugeben. Im Winter 1795, nach einem Gesetz vom 20. Pluviôse III, wurden die „Märtyrer der Freiheit" wieder aus den Räumen entfernt; der Rekurs auf die antiken Redner und Gesetzesväter dominierte nun die politische Ästhetik des Saals.[108]
Für die Inneneinrichtung hatte sich der Konvent Mobiliar nach antiken Mustern von dem Kunsttischler *Jacob* anfertigen lassen; den Sessel und das Büro des Präsidenten sowie die Rednertribüne hatte Jacob nach Zeichnungen *Perciers* und *Fontaines* gestaltet, die Idee hatte *David* geliefert. Die Wände waren in gelbem Marmorimitat gestrichen, der Sims in Bronzefarbe; der Saal bildete, wie *Hautecœur* schreibt, das beispielhafte Ensemble eines republikanisch-klassizistischen Dekors für einen parlamentarischen Raum; er wurde 1800 zerstört.[109]
War dieser Raum aus einer pragmatischen Umnutzung entstanden, so strebte das Direktorium Gestaltungen an, die ein höheres Maß an Dauer und Größe verhießen. Der Historienmaler *Gibelin* schlug im Jahr VI vor, den Saal des Conseil des Cinq-Cents (im ehemaligen Palais Bourbon) mit einem umlaufenden Relief auszustatten, das die Geschichte der Revolution abbilden sollte.[110] Im Jahr VII plante der Conseil, eine Serie republikanischer Historiengemälde bei französischen Künstlern in Auftrag zu

geben und sie in seinen Sälen aufzuhängen; an ihrem Anblick sollten sich die Besucher, die als Bittsteller kamen oder als Zuschauer den Sitzungen beiwohnten, patriotisch erheben und bilden: „Die nationale Erziehung besteht in allem, was den Citoyen ans Vaterland erinnert..."[111] Größeres war auch für den Palais du Luxembourg, den Sitz des Directoire exécutif, vorgesehen. Im Jahr VII wurden 31 Statuen und mehrere Reliefs in Auftrag gegeben, die den Palais nach dem Vorbild des Panthéon in eine monumentale Enzyklopädie der Tugend verwandeln würden – eine Enzyklopädie freilich, deren Werte und Bedeutungen eher unverbindlich waren und kaum noch einen Bezug zur Revolution hatten.[112]

2. Zerstörung und Neuschöpfung des sakralen Raums

Der anti-kirchliche Vandalismus

Zunächst galt es den Boden zu bereiten, auf dem der neue Kult seine Heimstätte und seine Tempel finden konnte. Nach der Beseitigung der Königsstatuen ging man zum Angriff auf die Kirchen über. Hatten die Kathedralen einst den heiligen Mittelpunkt der Städte gebildet, so wurden sie jetzt von allem Bösen, von der „idôlatrie" gereinigt. Dies war durchaus auch ein Werk der kulturellen Entzauberung, das befreiende Wirkung haben konnte: In den Akten der Zerstörung artikulierte sich nicht nur Haß und Wut, sie befreiten auch von der magischen Macht der Dinge des einst sakralen Raumes. Darin lag die besondere Bedeutung der Autodafés; erst wenn auch die Heiligenstatuen und die Reliquien vollständig von den Flammen verzehrt waren, war diese Macht des Sakralen gebrochen. In Condom, Departement Gers, feierte man am 10. Frimaire II ein „autodafé philosophique", zu dem die „Société montagnarde" einlud: „Man verbrannte hier alle Zeichen des Aberglaubens und des Fanatismus, die man zusammentragen konnte, insbesondere die vier sogenannten Evangelisten der ehemaligen Kathedrale und die vorgebliche Jungfrau des Mililtärhospitals ..."[1] Zur Einweihung des Temple de la Morale der Sektion Guillaume Tell in Paris am 30. Brumaire II wurden sämtliche „Gegenstände des Aberglaubens" aus der Kirche geschafft: „Man entzündete außerhalb des Tempels einen Scheiterhaufen, der aus einem alten Beichtstuhl bestand und in den man einige Fetzen von Meßbüchern, Reliquien und wertlosen Ornamenten hineinwarf, um durch diese Zerstörung den Wert des christlichen Kults zu bezeichnen ..."[2]

Dies waren demonstrative Akte der „Entzauberung", die als eine innere Befreiung erlebt wurden. Mit klopfendem Herzen, so muß man nach der Lektüre der Sitzungsprotokolle vermuten, brachen die Kommissare der Société populaire der Sektion Réunion in Paris den Reliquienschrein der

Kirche St. Merry auf, um die Mysterien des Katholizismus zu lüften. In einer Mischung von Enttäuschung und Verblüffung wird der Inhalt registriert: „ein kleiner Knochen von einem Kaninchen, ein Stück Lumpen von einer alten Frau, ein Stück [... (unlesbar)], geeignet als Stoffgrund einer Hose, zwei Zahnstümpfe, einige Kohlenstücke und ein Stück altes Tuch." Die Société beschloß, den Inhalt während der nächsten Vollversammlung öffentlich auszustellen, „um diejenigen, die der Irrtum in dieser Hinsicht irreführen könnte, davon zu überzeugen, bis zu welchem Grad man die Leichtgläubigkeit des Volkes ausgenutzt hat ..."[3] Entzauberung, aber auch Entladung sadistischer Impulse. „In Quimper drang der Agent national des Departements, *Dagorn*, in die Kathedrale ein; unter seinem Säbelschlag zersprang die Tür des Tabernakels, er ergriff den Abendmahlskelch und das Ziborium, knöpfte die Hose auf und urinierte vor den Umstehenden in die heiligen Vasen." In Clermont-Ferrand nutzte man einen Sarkophag der Kirche als Trog, um die Pferde zu tränken; gelegentlich schaffte man eine Heiligenstatue auf einen öffentlichen Platz, um sie dort zu guillotinieren.[4] Vor allem die Dechristianisierer, die mit der Revolutionsarmee kamen, suchten die Landbevölkerung durch rasche und wirksame Akte demonstrativer Blasphemie zu schockieren. Dabei spielte das psychologische Moment eigener Angstüberwindung eine wichtige Rolle: Für die Revolutionsarmeen, die sich auf unbekanntem, von ihnen als feindlich empfundenem Terrain bewegten, war es von größter Bedeutung, so schnell wie möglich die Situation zu definieren und das Terrain auch symbolisch zu besetzen. Die Zerstörung und Entweihung der Kultgegenstände war die geeignete Methode eines „Unterrichts des Schocks"[5], um die Bevölkerung zu lähmen und jeden Widerstand von vornherein zu brechen. Daher gingen die Dechristianisierer fast immer in Gruppen vor, und in der Gruppe löste die Angst, die der eigenen Unsicherheit entsprang, Prozesse eines wechselseitigen Sichüberbietens in der Rhetorik und in den Akten der Profanierung und der Zerstörung aus.[6] Mit der Vernichtung der Reliquen wurde die Grenze eines Tabus überschritten – danach gab es kein Halten mehr. In einem Rausch, der in der Geschichte ohne Beispiel ist, wurde ein Zerstörungswerk entfesselt, das sich gegen alle Monumente und Symbole der Kirche richtete. Werke, die in einer sich über viele Jahrhunderte erstreckenden Kulturgeschichte geschaffen worden waren, Gegenstände, denen man eben noch sakrale Verehrung entgegengebracht hatte, wurden über Nacht entweiht und zerstört. Die Vernichtung des sakralen Raums übertraf noch diejenige der Zerstörung des repräsentativen politischen Raums. Denn mehr noch als die Monumente der Monarchie und des Feudalismus hatte die Kirche die alltägliche Wahrnehmung und das Alltagsbewußutsein des Volkes bestimmt. Die Kirchen waren Versammlungsorte, die im Unterschied zu den Schlössern allen Bürgern zu jeder Zeit offenstanden und von allen sozialen Gruppen aufgesucht wurden; der Katholizismus hatte im Ancien Régime am nachhaltigsten das kulturelle Leben geprägt. Für die Akteure der Revolution war die Kirche der gefährlichste Komplize des Feudalismus und der „Tyrannei" gewesen; gefährlich vor allem deshalb, weil sie über mächtige und höchst wirksame Mittel zu verfügen schien, das Volk in ihren Bann zu ziehen und an das Ancien Régime zu binden: durch religiöse Rituale und eine rituelle kultische Ästhetik, deren tiefe Wirkungen auf das Alltagsbewußtsein von den Kulturpolitikern und Moralpädagogen der Revolution nicht ohne Neid registriert und von den Wissenschaftlern des Institut national bald intensiv analysiert wurden.

Der Haß auf die Kirche entlud sich besonders an den Heiligenfiguren, die vor der Vernunft jetzt zu Götzenbildern wurden. Am stärksten waren die Kirchenportale betroffen; quer durch ganz Frankreich zog sich eine noch heute vielfach sichtbare Spur der Zerstörung. Ebenso verschwanden die Heiligenstatuen an Häusern und Straßen.

Die Legislative hatte zwar schon im September 1792 angeordnet, alles vor der Zerstörung zu bewahren, was für die künstlerische und wissenschaftliche Bildung wertvoll und nützlich sei; als Devotionalien, als Objekte kultischer Anbetung und Verehrung hingegen hatten die Gegenstände des kirchlichen Raums kein Existenzrecht mehr. Die meisten Zerstörungen waren freilich spontane Akte, die die Verwaltungen, wenn sie es denn überhaupt wollten, nur schwer unter Kontrolle bringen konnten; oft waren sie auch überfordert, zwischen dem, was als erhaltenswert oder als „unnütz" anzusehen war, zu unterscheiden. Gesetzlich eindeutig geregelt war dagegen die Abnahme der *Kirchenglocken*. Ein Dekret vom 23. Juli 1793 ließ jeder Gemeinde nur noch eine Glocke, alle anderen sollten für die Waffenproduktion eingeschmolzen werden. Waren die spontanen Zerstörungen Akte einer kollektiven Wut und eines Befreiungswunsches, so ließ der Konvent sich in seinen Beschlüssen mehr von nüchternen Zweckmäßigkeitserwägungen leiten. Ein weiteres Gesetz reservierte die in den Kirchen befindlichen Tücher und Leinen für den Bedarf der Militärhospitäler.

Wir wissen nicht, in welchem Umfang die Einschmelzung der Kirchenglocken tatsächlich erfolgte; doch sind zahllose Glockenabnahmen dokumentiert. In Versailles etwa wurden 1793 in allen Kirchen der Stadt die Glocken abgenommen; Gesamtgewicht: 24100 Pfund. Man ging gründlich zu Werk: In der Kathedrale etwa wurden sieben Glocken des großen Glockenturms, eine Meßglocke des Seitenturms und drei kleine Glocken der „horloge des Missionaires ci-devant" abgenommen.[7] In Amiens schaffte man allein in den ersten fünf Monaten des Jahres 1793 insgesamt 102 Glocken des Distrikts zur Gießerei.[8] Die verbliebene Glocke, die das Gesetz den Gemeinden zugestand, diente im Jahr II in vielen Orten dazu, Dekadenversammlungen und Feste anzukündigen; in Festprotokollen heißen sie jetzt „cloches civiques". In einigen Briefen an den Konvent bitten Sektionen oder Gemeinden um die Erhaltung ihrer Glocke; die Sektion Faubourg du Nord etwa wünschte, ihre Glocke als „Uhr zur Bequemlichkeit der Sanskulotten" und „als Sturmglocke" zu behalten.[9] Noch im Germinal IV erließ der Conseil des Cinq-Cents ein Gesetz, das es untersagte, Glocken für kultische Zeremonien zu läuten; Strafen von einem bis zu sechs Monaten Gefängnis, im Wiederholungsfall von einem ganzen Jahr, wurden angedroht.

Dem Exodus der Glocken folgte derjenige der *Orgeln*. Am 16. Ventôse III ordnete das Comité des Finances des Konvents den Verkauf der Kirchenorgeln an, doch sollten nach einer Intervention der Commission temporaire des arts Orgeln von besonderer künstlerischer Qualität davon ausgenommen sein. Während des Jahres II hatten die Orgeln noch oft zur Begleitung der republikanischen Hymnen und Gesänge gedient; im Jahr III schien es dafür keinen Bedarf mehr zu geben, doch das Direktorium nahm sich nach dem Fructidor V, als der Versuch einer Wiederbelebung des republikanischen Kults von oben unternommen wurde, erneut der Orgeln an und ordnete ihre Reinstallation und Reparatur für die Dekadenzeremonien an.

Das Ausmaß der Zerstörungen hing von verschiedenen Faktoren ab: von der Politik der Departementverwaltungen, von Initiativen lokaler Sociétés populaires und Verwaltungen, vom Vorgehen der Revolutionsarmeen, die durchs Land zogen und oft eine Spur der kulturellen Verwüstung hinter sich ließen sowie von den Représentants du Peuples, die als „Quasi-Statthalter" in die Departements entstandt wurden, um für die Durchsetzung der Dekrete des Konvents zu sorgen, oft aber eine recht eigenmächtige Politik in den Regionen betrieben. Auf eine radikale Zerstörung zielten zum Beispiel die Anordnungen der Représentants du Peuple Albitte und Faure ab. *Albitte* verfügte in den Departements Ain und Mont-Blanc, sämtliche Objekte des Kults aus den Kirchen zu schaffen; was nicht auf irgendeine Weise einer für die Republik „nützlichen" Bestimmung zugeführt werden konnte, sollte zugunsten der Ärmsten der Gemeinden verkauft werden.[10] Im Zeichen eines hart geführten Religionskrieges stand die Anordnung *Faures* für die Departements Moselle, Meurthe und Vosges vom 27. Nivôse II: „Alle Zeichen, die an einen religiösen Kult erinnern, wie Kreuze, Bilder und Statuen, und die noch nicht von den Stellen, an denen sie öffentlich in Erscheinung treten, entfernt worden sind, haben innerhalb von drei Tagen zu verschwinden, vom Tag der Veröffentlichung dieser Anordnung an, und dies so, daß keine Spuren von ihnen zurückbleiben." Wo danach noch Zeichen des traditionellen Kults gefunden werden, würden die Mitglieder der Gemeindeverwaltungen persönlich zur Rechenschaft gezogen und mit 500 Livres „par chaque signe" bestraft werden; Priester, die gegen die Entfernung der Kultgegenstände Widerstand leisten, würde man inhaftieren und deportieren.[11]

All dies war nicht durch Gesetze gedeckt; der Konvent hatte, nach einer Intervention Robespierres, schon im Frimaire II alle Maßnahmen, die dem Prinzip der Freiheit der Kulte widersprachen, untersagt. Die Garantie der religiösen Freiheit stand nur auf dem Papier. Man beließ es nicht einmal dabei, die Zeichen des alten Kults aus dem öffentlichen Raum zu verbannen. In Nevers ermahnte der Stadtrat „alle Familienväter, dafür zu sorgen, daß sich in Zukunft kein Individuum erlaubt, irgendein Zeichen mit nach Hause zu nehmen, das an den zerstörten Aberglauben und den religiösen Despotismus erinnert; andernfalls laufen sie Gefahr, für verdächtig erklärt zu werden und ihren Namen auf einer Tafel aufgezeichnet zu finden, die im Sitzungssaal der Gemeinde ausgehängt wird."[12]

Das Jahr 1791 brachte eine erste Welle von Zerstörungen an kirchlichen Gebäuden; die weitaus meisten Zerstörungen fanden freilich 1793 statt. Eine Liste, die *L. Réau* zusammengestellt hat, weist für die gesamte Zeit von 1789 bis 1799 eine Zahl von 175 Fällen der Zerstörung an kirchlichen Gebäuden, Schlössern etc. auf.[13] Diese Liste erfaßt sicher nur einen Bruchteil der realen Destruktionen, gibt aber doch einen ersten Anhaltspunkt über Umfang und Struktur des „revolutionären Vandalismus". Knapp 40 Prozent sämtlicher dort verzeichneten Zerstörungen entfallen auf das Jahr 1793, und hier sind wiederum zu zwei Dritteln religiöse Gebäude betroffen. Réaus Zahlen beziehen sich auf Gebäude, geben daher keinen Eindruck vom ganzen Ausmaß der registrierten Zerstörungen. Allein in der Kathedrale von Straßburg zum Beispiel wurden 235 Statuen entfernt, in der Kathedrale von Albi beseitigte man 70 Figuren des Lettners, vom Portal der Kathedrale Notre-Dame in Paris wurden sämtliche Königsstatuen abgenommen. Ein großer Teil dieser Monumente fiel der Zerstörung anheim, einige kamen ins Depot der Petits Augustins (aus dem später das Musée des Monuments français hervorging), andere in die diversen lokalen Depots, wo sie als Grundstock für die Skulpturensammlungen der Museen vorgesehen waren, die in den meisten Departements geplant waren; oder sie wurden einfach in der Sakristei und anderen Nebenräumen der Kirche provisorisch gelagert.

In einigen wenigen Fällen wurden die Gebäude vollständig zerstört, häufiger litten sie unter Zweckentfremdungen, die Beschädigungen mit sich brachten. So wurde zum Beispiel in der Kirche St. Germain des Prés in Paris eine Salpeterraffinerie eingerichtet; am 3. Fructidor II brach ein Feuer aus, das große Teile der Bibliothek und der Antikensammlung, die Montfaucon hier angelegt hatte, vernichtete.[14] In Notre-Dame wurden Kapellen an einen Weinhändler als Lagerräume vermietet, in St. Germain-d'Auxerrois richtete man ein Lager für Futtermittel ein, die Sainte Chapelle des Justizpalastes diente bereits seit 1790 als Getreidespeicher. In der Abtei von Clairvaux befand sich jetzt eine Glasbläserei; zahlreiche Kirchen wurden als Reitstall genutzt, in anderen wurden Soldaten einquartiert, Getreidelager, Markthallen oder ähnliches eingerichtet.[15]

Nicht alles fiel der Vernichtung anheim. Manches, vor allem die Gebäude, ließ sich zweckmäßiger nutzen, anderes erschien ökonomisch verwertbar. Vor allem das Kircheninventar wurde zu einer Ressource für die Waffenproduktion. Doch lag darin eine tiefere Bedeutung als nur die einer nützlichen Verwertung; es handelte sich zugleich um eine Transformation von großem Symbolgehalt. Schon die Abnahme der Kirchenglocken erfolgte ja nicht bloß mit dem Ziel, Material für die Kanonengießerei zu erhalten, sie beinhaltete auch einen Angriff gegen die katholische Kirche, die ihre Gläubigen nun nicht mehr wie bisher zum Gottesdienst rufen konnte. Aber mehr noch, die Gegenstände des Kultes, die dem „Despotismus" einst als Mittel zur Unterdrückung des Volkes gedient hatten, verwandelten sich jetzt in Waffen gegen die Tyrannei; als Werkzeuge des Freiheitskampfes konnten sie wiedergutmachen, was sie dem Volk angetan hatten. Selbst die Kirchenbücher konnten sich noch für die Verteidigung der Republik nützlich machen; der Krieg gegen die verbündeten Tyrannen Europas, schrieb die Distriktverwaltung von St. Omer am 14. Pluviôse II an den Konvent, erfordere eine außerordentliche Fabrikation von Patronen: „wir werden ihnen all diese kindischen Bücher des Fanatismus und Aberglaubens zur Verfügung stellen [...]. Eine Anordnung von euch, Volksvertreter, und alle theologischen Verrücktheiten, zu

Patronen umgeformt, werden das Herz der Betrüger durchbohren, die sie erzeugt haben."[16] Im Brumaire II schickte die Sektion Bonne-Nouvelle ihr Kircheninventar zum Konvent: „die Schätze des Aberglaubens, die die Scheinheiligkeit aufgehäuft hat. Sie werden besser dazu dienen, die Republik zu festigen, als die Lüge zu verzieren."[17] Sogar die Monumentenkommission, deren Aufgabe doch die Bewahrung des Kulturgutes war, machte sich diese Logik der Inversion zu eigen. Während sie nach einer Inspektion der Kathedrale Notre-Dame die Gemälde ins Museum und ins Depot der Petits Augustins schaffen ließ, sonderte sie acht Bronzefiguren aus: „mit Passionswerkzeugen bewaffnete Engel sind nicht im Sinne der Revolution [...], in Kanonen verwandelt wären diese Bronzefiguren nützlicher."[18]
Zweifellos würde die Umwandlung der Kultobjekte in Waffen die Reinigung des Bodens der Freiheit von den Despoten und ihren Helfershelfern, den Priestern, beschleunigen; je gründlicher und nachhaltiger dies gelang, desto rascher konnte man auch darangehen, den neuen Kultraum aufzubauen. Denn die „Entzauberung" war ja nur die eine Seite des kulturrevolutionären Vandalismus; sie mündete nicht in den Versuch, ein rationales Verhältnis zur Religion zu entwickeln, sondern in einen Reinigungszwang, um den Boden für den neuen republikanischen Kult zu bereiten. Die Zerstörungen zielten auch weniger auf die Vernichtung des Religiösen schlechthin ab als auf dessen Transformation; überall finden wir sie daher von Umwandlungen und Umgestaltungen begleitet, die neue Kultbedeutungen schaffen. Beispielhaft läßt sich dies an den Arbeiten zeigen, die die Commission des Travaux publics an religiösen Gebäuden in Paris vornehmen ließ. In ihrem Auftrag beseitigte der Bildhauer *Daujon* in der Kirche St. Roch sämtliche Skulpturen und Ornamente von religiöser Bedeutung: Über den Eingangsportalen verschwanden die Köpfe und Figuren von Engeln sowie ein großes, 4 Meter hohes Kreuz; Statuen von Päpsten und Bischöfen zerstörte Daujon „samt den Symbolen, die sich auf ihren Beruf beziehen." Im Kirchenschiff beseitigte er 28 „mit feudalen und religiösen Symbolen angefüllte Trophäen" an den Arkaden und „häßliche Figuren" am Gewölbe – alles „sehr schwierige und gefährliche Arbeiten", wie er in seinem Mémoire festhält. Sämtliche Stukkaturen und Skulpturenornamente fielen seiner Arbeit zum Opfer, sofern sie religiöse Bedeutungen transportierten. Im Gewölbe des Chores hingegen gab Daujon einer großen Gloriole, „angefüllt mit Wolken, Engelsköpfen, Strahlen etc.", eine neue, republikanische Gestalt: „die Strahlen Jehovas bestehen gelassen und daraus ein Niveau gebildet."[19] In der Kir-

che St. Louis ersetzte er die Krone des Heiligen Ludwig durch eine Freiheitsmütze, kratzte die Lilien vom Mantel der Figur und wandelte die Dornenkrone Christi in eine „couronne civique" aus Eichenblättern um. In St. Sulpice gestaltete er die Tafel der zehn Gebote Moses' in eine Tafel der Menschenrechte um und ersetzte das Evangelium durch ein neues Buch, auf dem jetzt der Titel „Histoire de la Révolution Française" prangte.[20]

Unter den äußerlich sichtbaren Veränderungen von hoher symbolischer Bedeutung, die an den Kirchen vorgenommen wurden, war wohl die Abnahme der *Kreuze* 1793/1794 von den Kirchtürmen am spektakulärsten; dies waren zugleich Transformationen, die zumeist geringen Aufwand erforderten und auch in kleinen Gemeinden durchgeführt werden konnten. Beschränkte man sich zunächst darauf, von den Kreuzen nur die Insignien der Monarchie (vor allem Lilien) zu entfernen, so ging man bald dazu über, sie ganz zu entfernen und durch die Trikolore zu ersetzen oder ihnen eine Freiheitsmütze überzustülpen. Nach den Kreuzen zogen aber die *Kirchtürme* selber den Haß der Revolutionäre auf sich. *Albitte* ordnete im Pluviôse II in den Departements Ain und Mont-Blanc an, alle Glockentürme zu zerstören; die Commune von Paris hatte bereits im November 1793 die Departementverwaltung Seine aufgefordert, die Kirchtürme niederreißen zu lassen, „weil sie durch ihr Emporragen über die anderen Gebäude den Grundsätzen der Gleichheit zu widersprechen scheinen"[21]. Für die Société populaire von Rodez waren die Glockentürme nach der Abnahme der Glocken – 35396 Pfund „Glockenmaterial" überbrachte sie dem Konvent – überflüssig, zu Monumenten des Wahns und der Ungleichheit geworden: „Da der Lärm der Kanonen und Trommeln die einzigen Signale zum Sammeln für die Republikaner sind, werden wir uns daran machen, die Glockentürme zu zerstören, die von heute an die Gleichheit unnötigerweise beleidigen würden, da sie Erinnerungen wachhalten, die längst hinter uns sind."[22] Einen einzigen Turm, den Hauptturm der Kathedrale, wollte man wegen seiner architektonischen Schönheit erhalten, allerdings nur nach einer gründlichen und imposanten Metamorphose: Die Statuen der vier Evangelisten und die „statue colossale" der Maria, die auf der Spitze des Turms standen, sollten durch Märtyrer der Republik und die Statue der Freiheit ersetzt werden: „Die Freiheit wird von ihren Anbetern nicht einen Weihrauch entgegennehmen, den der Republikaner nicht anerkennt oder verschmäht: Sie wird Palmen an die vier Märtyrer austeilen, deren Blut ihren Triumph gefestigt hat; einen weiten Horizont beherrschend, wird sie täglich von mehr als 100 000

Citoyens gesehen werden, die, ihre Augen auf das wohltätige Bild gerichtet, sich bald daran gewöhnen werden, es in ihrem Herzen zu tragen."[23]

Von solch kühnen Projekten blieb aber zumeist nur die symbolische „Krönung" der Kirchturmspitze durch die Freiheitsmütze oder die Umwandlung des Glockenturms in ein Sprachrohr der Revolution, wie in Nevers, wo man an den Türmen Inschriften mit revolutionären Devisen anbrachte; den Glockenturm der Abtei St. Martin wandelte man in eine „Pyramide" um, die die Inschrift „Den Manen der Märtyrer der Freiheit" trug.[24] Die Zerstörung der Kirchtürme blieb in der Regel in der Projektphase stecken, schon weil es recht aufwendige Unternehmen gewesen wären. *Réau* hat acht Fälle registriert: In Clermont-Ferrand wurden mehrere Glockentürme zerstört, in Châlons-sur-Marne und in Toulouse einige Kirchturmspitzen. Projekte für die Nivellierung von Kirchtürmen gab es dafür reichlich. In Verdun beschloß die Distriktverwaltung im Messidor II die Zerstörung aller Glocken- und Kirchtürme einschließlich derer der Kathedrale[25]; in Orléans trug der Unternehmer Cusson am 19. Pluviôse II im Stadtrat einen Bericht für ein umfangreiches Werk urbaner Zerstörung vor, unter anderem „über die Beseitigung und Zerstörung der Glockentürme, Türme, Turmspitzen, Kirchenportale und generell aller Gegenstände, die die Erinnerung an Aberglauben, Fanatismus und Dummheit wachhalten können"[26]. Die Société populaire von Mouth (Vienne) bat im Floréal II, ihre Glockentürme zerstören zu dürfen, „von denen man die Zeichen des Katholizismus, die so gebieterisch auf den öffentlichen Geist wirken, ohne diese Operation nicht entfernen könnte". Offenbar waren schon vergebliche Anstrengungen, die Kreuze zu beseitigen, unternommen worden: „es gibt mehrere dieser Türme, die wegen ihrer ungewöhnlichen Höhe [...] nach verschiedenen Anstrengungen den unerschrockensten Arbeitern unüberwindbare Hindernisse gewesen sind [...], gebt uns daher ein Zeichen, Citoyens, und sogleich werden wir unsere Brüder lehren, daß es kein Kapitol mehr gibt, das auf dem Berg Platz finden darf."[27]

Die Vernunft gebietet die Beseitigung der Monumente, die das Auge der Gleichheit beleidigen; aber die Genehmigung wird in der Regel verweigert. Die zuständigen Einrichtungen des Konvents – der Unterrichtsausschuß und die ihm unterstehende Commission temporaire des arts – waren bald energisch bemüht, weitere Zerstörungen kultureller Objekte und Monumente zu verhindern. Doch war man – zumindestens im Jahr II – auch in der Commission temporaire des arts architektonischen Destruktionen gegenüber nicht völlig abgeneigt, wenn es darum ging, die ästhetischen Normen des Klassizismus zur Geltung zu bringen. Die Künstler, die in der Kommission saßen, waren durchweg Vertreter des Neoklassizismus, und für sie hatte die „Gothik" bestenfalls historischen Wert. Nur aus praktischen Gründen rät *David Le Roy* davon ab, die Glockentürme der Abtei von St. Denis einzureißen. Im Ventôse II verfaßte er einen Bericht für die Kommission über das Vorhaben der Société populaire von „Franciade" (wie St. Denis während der Revolution hieß), die Türme zu beseitigen: Einer der Türme sei 60 Fuß hoch, ein Abriß wäre kostspielig und zudem gefährlich; statt dessen könne man den Turm durchaus sinnvoll nutzen: „für geodätische, geographische und astronomische Arbeiten, die zur Vervollkommnung der Beschreibung des französischen Territoriums notwendig sind, für barometrische und meteorologische Beobachtungen." Im übrigen könne man es dabei bewenden lassen, die Zeichen des „Feudalismus und Fanatismus" auszulöschen, „indem man das Kreuz und die Reste der Lilien beseitigt, die die Augen und den Eifer der Patrioten beleidigen, und auf der Turmspitze eine Fahne der Trikolore [...] mit der Freiheitsmütze und einem Blitzableiter darüber errichtet". Auf dem zweiten, niedrigeren Turm thronte bereits die Freiheitsmütze.[28]

David Le Roy und *Lannoy* erarbeiten im Prairial II einen Bericht für die Commission temporaire des arts über die Kirchen von Paris, die sie auf ihre Erhaltenswürdigkeit für die Republik hin inspizierten. Die meisten Kirchen möchten sie nur erhalten, weil sie für die Dekadenfeste geeignet wären, die der Konvent im Floréal beschlossen hatte; aber unter ästhetischen Gesichtspunkten müßte man sie eigentlich fast alle abreißen: „denn wenn wir nur die Schönheit der architektonischen Form in Betracht ziehen, wären unendlich wenige von diesen Tempeln erhaltenswert ..." Doch der Bericht fällt im einzelnen gemäßigter aus, als der Vorspann erwarten läßt: Von insgesamt 30 aufgelisteten Kirchen sollen 16 aus ästhetischen Gründen erhalten, drei vollendet und eine – Notre-Dame – als historisches, „für Geschichte und Bau der gotischen Architektur interessantes Monument" erhalten werden. Viele dieser Bauten tragen bereits einen klassizistischen Charakter oder enthalten klassizistische Elemente. Lediglich für zwei Kirchen sehen die Verfasser keine Verwendungsmöglichkeit: St. Joseph wäre für die Dekadenfeste zu klein, und St. Germainl'Auxerrois erscheint ihnen als ein hoffnungslos häßlicher und mißratener Bau (ein „Bastard"), den man nur abreißen könne; damit eröffne sich zugleich die Möglichkeit einer repräsentativen Gestaltung des Vorplatzes vor dem Musée des Arts des Louvre. Weitere acht Kirchen könnten für die Feste erhalten werden, sofern man nur einige architektonische Veränderungen vornäme. Das Portal von St. Roch zum Beispiel solle ebenso wie das von St. Martin-des-champs ein klassizistisches Peristil erhalten; das Oratoire der Sektion Gardes Françaises sei zwar von einer „Architektur unterhalb der Mittelmäßigkeit", aber „durch leichte Veränderungen im Detail könnte St. Roch ein Monument werden, das für die Dekadenfeste interessant wäre". Auch St. Thomas d'Aquin finden Le Roy und Lannoy „sehr dürftig", durch einen „neuen Dekor" aber sei diese Kirche wie die übrigen zu retten.[29]

Die Konstruktion des neuen Kultraums

Als die Société populaire von Bonchain die Heiligenfiguren aus ihrer Kirche entfernte, schrieb sie dem Konvent: „Wir haben der Niederlegung des Priesteramtes durch diese tugendhaften Citoyens Beifall gespendet, und wir ergreifen die Gelegenheit, an eure Gerechtigkeit und Wohltätigkeit gegenüber ihrem Schicksal [...] zu appellieren. Ihr Beispiel wird nicht ohne Frucht sein, bald schon werden wir euch die glückliche Reise der Heiligen dieser Stadt zur Münze ankündigen. Wir haben die Gemeinde veranlaßt, ihnen diese staatsbürgerliche und nützliche Pilgerfahrt möglich zu machen. Unterdessen ist unsere Kirche das Lyzeum des Bürgersinns (,Civisme') geworden, von seiner Kanzel erklingt nur noch die heilige Moral der natürlichen Religion und der Wahrheit. Damit sein Allerheiligstes durch Abgötter geschmückt werde, die der Verehrung würdiger sind, schickt uns die Portraits Pelletiers, Marats, dieser beiden berühmten Märtyrer der Freiheit; unter Anteilnahme und Begeisterung des Volkes, dessen Freunde sie wurden, werden wir sie auf den Altar des unnützen Christus stellen."[30]

Der Zerstörung folgte eine Rekonstitution. Die Revolution bemächtigte sich der Kirchen; dies bedeutete zunächst deren Inbesitznahme durch die neue politische Öffentlichkeit – bis 1792 hatten sich in Paris die meisten Vollversammlungen der Sektionen in den Kirchen eingerichtet, und im ganzen Land hielten hier bald die Sociétés populaires ihre Sitzungen ab. Aber die Kirchen wurden nicht nur Stätten der politischen Öffentlichkeit, sie wurden auch zu Tempeln eines neuen Kults, in denen man die Dekadenfeste und die republikanischen Zeremonien beging. Der republikanische Tempel diente beidem, ein Zeichen dafür, daß Politik und Kult nicht deutlich voneinander geschieden waren, daß die Konstitution der Volkssouveränität mit der Errichtung eines neuen Kults und eines neuen sakralen Raums einherging. Die Altäre des „Aberglaubens" und die alten „Götzenbilder" mußten verschwinden, um der Verkündigung der Freiheit und der Vernunft Platz zu machen; aber *ihnen* würde man neue Altäre errichten, auf die sich künftighin das geläuterte Gemeinwesen gründen wird.

Gerade diese Verknüpfung von Kultischem und Politischem, der wir in den kulturrevolutionären Bestrebungen des Jahres II begegnen, ist für die politische Eschatologie der Revolution kennzeichnend. In der Umwandlung der Kirchen zu republikanischen Tempeln fand sie ihre eindrucksvollste Manifestation. In Mericourt, Departement Somme, brachte der konstitutionelle Geistliche *Cauet* über dem Eingang zum Tempel der Vernunft eine Tafel mit der Inschrift an: „Die Montagne wird durch ihre Arbeit die Sklaverei abschütteln. Sie verkündet die Gleichheit und bringt die eine und unteilbare Republik hervor. Es lebe die Freiheit!"[31] Die Eschatologie der Freiheit geht mit der Utopie des Glücks einher. In Versailles weihte man eine Kirche zum „Tempel des Überflusses"; ein Gemälde über dem Portal kündigte die Morgenröte eines neuen, irdischen Glücks an: „Ein Bauer, auf Korngaben sitzend und auf eine Pflugschar gestützt, zeigte seinem Sohn eine aufgehende Sonne und schien ihm zu sagen ‚solis vertus que advertassum' etc. [...], über dem Pflug war die Freiheitsmütze angebracht." Unter solchen Verheißungen schritt man in einen neuen Kultraum hinein.[32]

Unzählige Kirchen wurden in den Jahren 1793/1794 gründlich von den Gegenständen des katholischen Kultes gereinigt. Vom Kircheninventar wurde oft nur der Altar für die neuen Zeremonien beibehalten, nachdem man zuvor alle Devotionalien von ihm entfernt hatte. Er bildete weiterhin das symbolische Zentrum der zeremoniellen Handlungen und wurde für die verschiedenen Feste jeweils unterschiedlich gestaltet. Oft beschied man sich mit einem schlichten natürlichen Dekor aus Blättern, Blumen und Zweigen, geschmückt mit den Bändern der Trikolore – ein Dekor, der leicht zu beschaffen war und nichts kostete, aber auch den Einzug der „Natur" in den Kultraum signalisierte. Dieser Raum einer natürlichen Schlichtheit erweiterte sich durch Tafeln und Spruchbänder zu einem sprechenden Raum der republikanischen Moral. So war der Tempel der Vernunft in Péronne folgendermaßen ausgestaltet: „Im Tempelinnern las man: ‚Der Fanatismus ist zerstört, die Wahrheit triumphiert, Feudalität und Privilegien sind ausgelöscht, die Gleichheit regiert.' Auf dem Pfeiler

des Kirchenvorplatzes: ‚Der Betrug ist verschwunden, die Gleichheit bleibt.' Auf dem Hauptaltar las man: ‚Die Wahrheit und die Vernunft.' Darunter: ‚Die eine und unteilbare Republik, Gleichheit, Brüderlichkeit, Freiheit oder der Tod.' Eine Vase auf dem Hauptaltar trug die Inschrift: ‚Linderung für die Not der Armen.' Auf jedem Seitenaltar befanden sich Inschriften. Auf dem ersten: ‚Lepelletier und Marat gewidmet, die starben, weil sie für den Tod des Tyrannen stimmten und das Volk verteidigten, das dankbare Vaterland.' Auf dem zweiten las man: ‚Der unsterbliche Beaurepaire zog es vor, sich selbst zu töten, statt seine Pflichten zu verraten.'" Auf einer Pyramide, die die Büste Rousseaus trug, war schließlich zu lesen: „Dem Vorläufer der Wahrheit und der Vernunft, Heil."³³
Die Inschriften erfüllten die Funktion einer politisch-moralischen Pädagogik. Die bevorzugte Ausstattung eines republikanischen Kultraums mit Inschriften entsprach auch einem gelegentlich anzutreffenden republikanischen Bilderverbot, wie es sich in der Scheu vor der Repräsentation des „Ewigen" und des „Höchsten Wesens" sowie in der Vorliebe für abstrakte Allegorien äußerte.³⁴ Gleichwohl war die Revolution nicht bilderfeindlich, darin unterschied sich ihr Ikonoklasmus von vorangegangenen Bilderstürmen des Puritanismus. Büsten und Statuen bildeten einen weitverbreiteten Dekor der republikanischen Tempel.
Ein Beispiel hierfür liefert der „Temple de la Morale" der Sektion Guillaume Tell in Paris; hier fanden im Jahr II regelmäßige Dekadenversammlungen statt (in der ehemaligen Kirche der Petits Pères, von Le Roy und Lannoy als architektonisch „dürftig", doch für Feste gut geeignet bezeichnet). Zur Einweihung des Tempels am 30. Brumaire II wurden alle Gegenstände des „Aberglaubens" entfernt. „Der Hauptaltar, auf die größte Schlichtheit zurückgeführt, bot in der Mitte eines Straußes von Lorbeer- und Orangenzweigen wie am Busen der Natur eine Statue der Freiheit von 6 Fuß Ausmaßen dar, auf einem Sockel sitzend." Das entfernte Inventar wurde während des Festes vor der Kirche verbrannt. In der Folgezeit gestaltete man den Tempel weiter aus. Zwei Dekaden später waren offenbar schon mehrere Büsten aufgestellt: „Man erblickte nicht mehr jene den Betrügern geweihten Altäre [...]. Ihre umgeworfenen Statuen machten den fesselnden Büsten Marats, Lepeletiers, Rousseaus und Voltaires Platz. Dieser massive Klotz, den man ehedem als Hauptaltar bezeichnete, diente der Vernunft als Sockel [...]. Die Bürgerkronen, die Eichen- und Lorbeergirlanden, die Embleme, die das Auge des Republikaners durch ihre Kraft und Einfachheit erfreuen, schmückten jene Wände, die früher von allen Zeichen der Lüge und des Aberglaubens

überladen waren." Später, im Floréal, wurde ein mit Trikolorebändern und Eichenblättern geschmücktes Bild Wilhelm Tells zu Füßen der Freiheitsstatue auf dem Altar plaziert, im Messidor kam dann die Büste Tells hinzu.[35]
Die Umwandlung der Kirchen in „Tempel der Vernunft" erforderte neben dekorativen vielfach auch umfangreiche bauliche Maßnahmen. In Dijon etwa plante die Société populaire nicht nur die Beseitigung des Reliefs am Altar, an der Kanzel und der Balustrade vor dem Altar, sondern auch den Bau einer Tribüne für ein Orchester und eines Amphitheaters in der Kirche. Da Hymnus, Gesang und Musik eine wichtige Rolle im republikanischen Kult spielten, sind in größeren Städten oft Tribünen für Orchester in den Kirchen errichtet worden; so zum Beispiel in Rouen, wo die Dekadenfeste des Jahres II regelmäßig mit musikalischen, oft konzertanten Darbietungen verknüpft waren. Der Musiker *Thiémé* entwarf hier einen Plan für ein Orchester, vermutlich für den Kirchenchor des Tempels der Vernunft bestimmt. Der Entwurf zeigt die pädagogische Absicht der Dekadenfeiern: Im Raum des Orchesters sind zur Rechten und Linken Tribünen für Lehrer und Schüler vorgesehen.[36]
Daß der Kult der Vernunft sich dem Anspruch nach auf Bildung und Aufklärung statt auf Sakramente und Predigten der Priester stützt, veranschaulicht der Plan für die Umwandlung der Kathedrale von Straßburg in einen Tempel der Vernunft, vermutlich von dem deutschen Architekten *Weinbrenner* erstellt: Im Kirchenschiff war ein Amphitheater für 3000 Personen geplant, in der Mitte der Vaterlandsaltar und die Rednertribüne – eine am Vorbild des parlamentarischen Raums orientierte Anordnung. Der Chor ist jetzt zum Versammlungsraum der Société populaire geworden, die umliegenden Kapellen dienen als öffentliche Lesesäle und als Archiv der Société, in der Sakristei wollte man eine Polizeiwache installieren.[37]
Die Umgestaltung der Kirchen blieb weitgehend der Initiative der Volksgesellschaften überlassen, die aber häufig auf die Unterstützung der lokalen Verwaltung rechnen konnten. Da größere finanzielle Mittel nur selten zur Verfügung standen, mußte man improvisieren und pragmatische Lösungen finden. Nicht nur konnte der Altar nach einigen Modifikationen zumeist übernommen werden; auch eine Heiligenstatue konnte sich nach entsprechenden Änderungen für eine Statue der Freiheit eignen, und aus Fragmenten religiöser Statuen ließ sich sogar, wie man es im Brumaire II in Vernon machte, eine Pyramide zu Ehren Marats und Lepeletiers herstellen.[38] In den Depots und Magazinen der Museen fanden

sich notfalls Fragmente von Skulpturen und Monumenten, die sich für die Konstruktion eines runden Altars eigneten – der Form, die die Revolution bevorzugte.

Die Gestaltung des republikanischen Kults litt freilich nicht nur am Mangel an finanziellen Mitteln, sondern auch an der relativen Monotonie und Begrenztheit des Dekors. Was in jahrhundertelanger Arbeit in den Kirchen zusammengetragen worden war, konnte zwar über Nacht beiseite geschafft, aber kaum in kürzester Zeit durch einen wirkungsvollen republikanischen Dekor ersetzt werden; und während der Katholizismus im Laufe seiner Geschichte komplexe Bilder und Bedeutungssysteme geschaffen hatte, ließ sich die Zahl der „Märtyrer der Freiheit" etwa noch an einer Hand abzählen, beschränkten sich die Allegorien und Symbole noch auf einige wenige Grundmuster.

Vielfach suchte man den Mangel an Kultgegenständen und elaborierten Symbolen durch schlichte Monumentalität auszugleichen. Ein Beispiel dafür sind die „Heiligen Berge", die im Jahr II in großer Zahl auch in Kirchen aufgeschüttet wurden. Insbesondere zu den Festen der Vernunft legte man oft Berge im Kirchenchor an, während die Berge des Festes des „Höchsten Wesens" häufiger im Freien errichtet wurden. Wir begegnen diesen Monumenten ebenso in größeren Städten wie in kleinen Gemeinden; auch hier liegt eine besondere Bedeutung darin, daß sie wenig Kunstfertigkeit erforderten und in wenigen Tagen von den Mitgliedern der Volksgesellschaft selber aufgeschüttet werden konnten. Doch waren auch kleinere Gemeinden manchmal in der Lage, ihren Berg mit aufwendigem republikanischem Dekor auszustatten. Im Tempel der Vernunft zu Chateaudun etwa erhob sich im Chor der Berg, flankiert von Pyramiden für Marat, Lepeletier, Chalier und Gasparin; auf dem Gipfel stand die Statue der Freiheit: „Sie trat die Symbole des Ancien Régime zu Boden."[39] In größeren Kathedralen wurden die Berge manchmal sehr kunstvoll ausgestaltet, mit Bäumen, Monumenten, allegorischen Gruppen und einem Serpentinenweg für die Prozessionszüge der Vernunft.[40]

Im Jahr III verschwanden mit der Wiederzulassung des katholischen Kults die Berge und der republikanische Dekor wieder aus den Kirchen, während die alten Statuen und Requisiten, sofern sie noch in den Nebenräumen lagerten, vielfach an ihren alten Platz zurückkehrten. Republikanischer und christlicher Kult konkurrierten jetzt noch lange Zeit miteinander, und zumindest für die republikanischen Feste mußten die Kirchen oft wieder entsprechend umdekoriert werden.

Intensivierte Anstrengungen zur Gestaltung der kirchlichen Innenräume, die aus dem Stadium der Improvisation herausführen sollten, gab es erst wieder gegen Ende der Revolution, nachdem das Direktorium die Dekadenfeste wieder zur Pflicht gemacht hatte. Dem Gesetz war ein regional sehr unterschiedlicher, generell aber nur mäßiger Erfolg beschieden. Die Konstruktion der Dekadentempel wurde jetzt zu einer staatsoffiziellen Angelegenheit; das Jahr VII war daher ein Jahr, in dem Projekte und Vorhaben für republikanische Tempelbauten wieder Hochkonjunktur hatten.

Da das Direktorium unter anderem die Anwesenheit aller Schüler der Kantone bei den Festen angeordnet (und sich damit einer großen Teilnehmerschaft versichert) hatte, kam in der Regel auch nur die Kirche als Versammlungsraum in Frage, da sie in den meisten Orten als einziges Gebäude den erforderlichen Platz bot.

Wo es im Kircheninneren zu Neukonstruktionen größeren Umfangs kam, lehnte man sich zumeist an klassische Vorbilder an; wie im parlamentarischen Raum hielt auch in die Kirche das Amphitheater seinen Einzug. Es entsprach der Idee der Gleichheit, auch wenn weiterhin feste Sitzordnungen im inneren Kreis bestanden (für die Administration und die „herausgehobenen Gruppen"), hatte aber auch den Vorzug, daß das liturgische Geschehen von allen Anwesenden verfolgt werden konnte.[41] In Bordeaux beauftragte die Departementverwaltung den Ingenieur und Architekten *Combes* im Jahr VI mit der Konstruktion eines Amphitheaters aus Holz in der Kirche St. André. Oberhalb der Rednertribüne war ein Boden für das Orchester vorgesehen, in der Mitte des Amphitheaters ein runder Altar, zu dem drei Stufen hinaufführten.[42] Eine ähnliche Anlage, entworfen von dem Ingenieur *Rigollot*, beschloß die Departementverwaltung Loiret für Orléans; ein runder Altar auf einem dreistufigen Podest in der Mitte der Vierung bildete das Zentrum eines Amphitheaters. Die Konstruktion war so angelegt, „daß alle Citoyens, die durch das Gesetz zu den Dekadenzeremonien und Nationalfesten gerufen werden, von jedem Punkt im Innern des Gebäudes aus gesehen werden können". Als besonderer Dekor waren Holzkonsolen für acht Büsten „großer Männer, die der Republik teuer sind", vorgesehen. „Zwei Gesetzestafeln sollen in Rahmen gefaßt und an den beiden Pfeilern zur Linken und Rechten des Vaterlandsaltars befestigt werden."[43] Hier wie in Bordeaux war das Amphitheater nur für die Administration und herausgehobene gesellschaftliche Gruppen bestimmt: „Vaterlandsverteidiger, Brautpaare, Lehrer und Schüler." Die übrigen Bürger versammelten sich wohl als Zuschauer stehend im übrigen Raum der Kirche.

Die Dekadenzeremonien warfen kommunikationstechnische Probleme auf, die man durch die amphitheatralische Anordnung zu beheben suchte; schließlich hing der Erfolg des neuen Kults davon ab, daß die Bürger die Reden und zeremoniellen Handlungen auch miterlebten. Der Lehrer *Michelan* klagte im Brumaire VII über Vermittlungsprobleme im Dekadentempel der Kirche St. Nicolas von Paris, weil die herausgehobenen Gruppen für die meisten Bürger schwer sichtbar im Kirchenchor agierten: „Wir haben im Tempel Nicolas vor allem bemerkt, daß die teilnehmenden Citoyens und Citoyennes sich massenhaft um den Chor versammeln und auf Bänke und Stühle steigen, um alles sehen und hören zu können; wenn man sie veranlaßt herabzusteigen, verursacht dies einen solchen Lärm, daß man kaum noch die Reden hören kann." Er schlug deshalb vor, den Platz der Hauptpersonen in die Mitte zwischen Chor und ersten Pfeilern des Kirchenschiffes zu verlagern; hier solle die Administration sitzen, sollten die Reden gehalten und Zeremonien durchgeführt werden; der Chor konnte dann für Lehrer und Schüler als eine Art Ehrenloge reserviert bleiben.[44]
Die Entwürfe für die Innengestaltung der Dekadentempel trugen solchen Überlegungen Rechnung. Für die Stadt Versailles legte der Exbürgermeister und Architekt *Huvé* im Vendémaire VII einen Bericht über die Umgestaltung der Kirche Notre-Dame in einen Dekadentempel vor. Damit die Vertreter der Administration für die Öffentlichkeit gut hörbar und sichtbar wären, sollten sie auf einem neu anzulegenden, halbkreisförmigen Boden in Höhe des Sockels der Säulen Platz nehmen; der Präsident würde am Vaterlandsaltar, „auf dem das Buch der Verfassung stets aufgeschlagen liegt", zur Versammlung sprechen. In der Mitte unter der Kuppel des Domes wollte Huvé eine Freiheitsstatue auf einer Triumphsäule plazieren, in den beiden Seitenarmen des kreuzförmigen Grundrisses waren weitere Amphitheater für Lehrer, Schüler und Alte geplant, weitere Bänke unter der Kuppel des Domes für Vaterlandsverteidiger, Administratoren und Brautpaare. „Fahnen der Trikolore, Dreifüße, man wird wohlriechende Essenzen abbrennen; und, über die Plätze verteilt, passende patriotische Inschriften."[45]
Das Beispiel Versailles zeigt übrigens, wie sich die Vorgänge des Jahres II teilweise wiederholten: Für die Umgestaltung der Kirche Notre-Dame in einen Dekadentempel wurden alle Gegenstände des katholischen Kults erneut hinausgeschafft, Beichtstühle, Altäre und andere „signes du culte catholique" (die Sprache hatte sich gemäßigt) wurden zerstört, über der Kuppel des Domes ersetzte die Trikolore mit der Freiheitsmütze wieder

den Wetterhahn. Ein Gerüst für die Tribüne des Orchesters befand sich noch im Magazin der Oper, es war für die Feste des Jahres II konstruiert worden und wurde jetzt in die Kirche geschafft.[46]
Daß ein Amphitheater sich notfalls auch im Hauptschiff der Kirche errichten ließ, um einen größeren Kreis von Zuschauern einzubeziehen, zeigen die Pläne für den Dekadentempel von Le Mans. Im Auftrag der Departementverwaltung legten die Architekten *Chaubry* und *Thomas* Entwürfe für entsprechende Umbauarbeiten vor. Schon im Thermidor V beschloß die Verwaltung die Annahme des Projekts, doch scheiterte dessen Realisierung am Einspruch des Innenministeriums, obwohl ein kostenreduzierender Plan nachgeliefert wurde; der gesamte Chor mit den anliegenden Kapellen sollte abgerissen, das Material verkauft werden. Das Amphitheater sollte in zwei Etagen im Mittelschiff der Kirche konstruiert werden. Der Entwurf Chaubrys sah einen von dorischen Säulen getragenen Fries mit revolutionären Allegorien und Emblemen vor. Das Querschiff wollte man durch eine Mauer von dem zum Abbruch bestimmten Chor trennen; in seiner Mitte sollte sich auf einer Empore die Statue der Freiheit erheben.
Die Departementverwaltung wollte dem Innenraum einen Eindruck von Erhabenheit geben, der dem des katholischen Kultraums nicht nachstehen würde, um das Volk für die Dekadenfeste und -zeremonien zu gewinnen: „Bis heute haben unsere Nationalfeste nicht jenen machtvollen Ausdruck gehabt, der das Volk anzieht, wiederkehren läßt und an sich bindet. Ebenso sind sie monoton, ohne Prunk und mehr gemieden als befolgt. Möge man dem Volk den Eindruck der Größe vermitteln und es auf eine vorteilhafte Weise plazieren, mögen die zivilen und militärischen Autoritäten hier mit Würde auftreten, möge alles hier den Anblick und den Geist einer großen Nation erkennen lassen. Bald würde die Masse zunächst durch die Neugier, dann durch das Interesse angezogen sein, und die [Zeremonien] würden unmerklich einen öffentlichen Geist schaffen, der der Beweggrund der großen Tugenden und der mächtige Hebel für die Praktizierung der Gesetze ist."[47]
Diese Entwürfe dokumentieren, am Ende der Revolution, den Willen zu einer dauerhaften Transformation. Behielten die Maßnahmen der Jahre 1793/1794 noch einen pragmatischen und provisorischen Charakter, so galt es jetzt, endgültige Lösungen zu finden und vollendete Tatsachen zu schaffen, die die Rückkehr zum Katholizismus für immer ausschlossen; eine friedliche Koexistenz von republikanischem und christlichem Kult war in diesen Räumen nicht mehr denkbar. In dem Maße, wie der Ka-

tholizismus real wieder an Boden gewann und die Legitimationsbasis der Republik zugleich dahinschwand, mußte, so scheint es, diese regressive Entwicklung durch um so größere Anstrengungen auf der Ebene einer ästhetisch-kultischen Überhöhung dementiert werden. Aber die Kirche hatte Kulträume geschaffen, mit denen die Republik nur schwer konkurrieren konnte; um das Volk nachhaltig und endgültig von der Bindung an die alte Religion zu lösen und für den republikanischen Kult zu gewinnen, mußte mindestens etwas Gleichwertiges entstehen. Nachdem eine Rückkehr zum Märtyrerkult und anderen Kultelementen des Jahres II, die an die Revolution der Sanskulotten erinnerten, aus politischen Gründen ausgeschlossen war, rückten Gestaltungsprinzipien des Neoklassizismus und die Ästhetik einer sehr allgemein gehaltenen republikanischen Pädagogik ins Zentrum der Bemühungen um eine entsprechende Umgestaltung. Das Problem dieser ästhetischen Konzeptionen war ein Verlust an Historizität und eine Abstraktheit der Formen, die sich nur schwer zu konkreten Erfahrungen des Volkes vermitteln ließ. In dieser Abstraktheit der republikanischen Ästhetik drückt sich der fortschreitende Legitimationsverlust des Direktoriums aus. Die Pädagogisierung der Ästhetik des Kultraums sollte den Mangel an symbolhaltigen Bildern kompensieren.

Das Innenministerium gab im Direktorium eine Instruktion für die Dekadenfeste heraus, die provisorische Richtlinien für die innere Gestaltung der Tempel enthielt; sie trugen den praktischen und pädagogischen Erfordernissen des neuen Kultraums Rechnung: In der Mitte des Tempels solle ein Amphitheater für die herausgehobenen Gruppen konstruiert werden – Beamte, Alte, „défenseurs" und Jugendliche, die den Chor bilden, im Zentrum würde sich der Altar mit dem Buch der Verfassung befinden. Außerhalb dieses engeren Zirkels schlössen sich Bänke für Lehrer und Schüler sowie Brautpaare an. Rednertribünen und Orchester waren in dieses „republikanische Sanktuarium" einbezogen. Als Dekor werden vorgeschlagen: Büsten großer Männer, Embleme und Gemälde, „die sich auf die Freiheit und die Revolution beziehen"; Tafeln mit der Erklärung der Menschenrechte und philosophische Maximen an den Wänden etc.[48]

J.B. Leclerc, ein führender Theoretiker des republikanischen Kults und Repräsentant der „Theophilanthropie", legte im Direktorium einen Gesetzesentwurf für ein einheitliches und bürokratisch geregeltes Arrangement des Dekadentempels vor: „Seine innere Anordnung ist in der ganzen Republik einheitlich [...]. Er wird von einem Altar geschmückt sein, auf

dem Vasen mit Blumen und die Tafeln mit den Formeln stehen, die während der staatsbürgerlichen Zeremonien gesprochen werden sollen." Leclercs Règlement sieht weiter vor:
„3. Hinter dem Altar befindet sich ein genügend erhobener Satz, damit der öffentliche Beamte, der den Zeremonien vorsteht, von allen Anwesenden gesehen werden kann.
4. Über dem Platz dieses Magistrats ist eine Tafel angebracht, auf der in großen Buchstaben zu lesen ist: ‚Die Akte, die den Zivilstand der französischen Bürger betreffen, erfolgen im Namen der Republik, in Gegenwart und unter der Schirmherrschaft des Höchsten Wesens.'
5. Zur Rechten des Altars befinden sich die Tische der Schreiber; sie stehen auf einer Estrade.
6. Zur Linken, ebenfalls auf einer Estrade, sind die Plätze der Sänger und Instrumentalisten.
7. Gegenüber dem Altar befinden sich die Bänke für jene Personen, die Gegenstand der Zeremonie sind.
8. Das Ganze bildet einen zum Publikum hin abgeschlossenen Raum; aber so, daß es mühelos den Vorgängen folgen kann."[49]
In der inneren Anordnung der Dekadentempel bildete der Altar weiterhin das räumliche Zentrum des Kults. Der zumeist rechteckige Altar der christlichen Kirchen entsprach der Entgegensetzung und Trennung von Priester und Gemeinde; Rundaltar und Amphitheater dagegen gaben der republikanischen Idee der Gleichheit Ausdruck, aber auch einer Idee der rationalen Transparenz: Der Altar war von allen Seiten sichtbar, hinter ihm konnte sich nichts Mysteriöses, den Blicken der Anwesenden Verborgenes ereignen. In diesem Zusammenhang ist auch die Verlagerung des Altars vom Chor in die Mitte der Kirche bedeutsam. Der ideale Platz wurde die Vierung. Beispielhaft hierfür ein Plan für die Gestaltung der Kirche St. Quen in Rouen, die im Jahr VII als Museum eingerichtet, aber zugleich für die Feste genutzt wurde: in der Mitte der Vierung der runde Altar auf einem runden, mehrstufigen Podest, flankiert von den Statuen des Apollon, der Freiheit und der Republik an den gegenüberliegenden Enden der Kirchenschiffe.[50]
Die neue Position des Altars ist von hoher symbolischer Bedeutung. Sie vernichtet den spezifischen Sinngehalt der innenarchitektonischen Anordnung im christlichen Kirchenraum, in dem der Altar für das Haupt Christi steht; die Dechristianisierung des Jahres II hatte diesem privilegierten Platz eine neue Bedeutung gegeben, indem sie hier die heiligen Berge aufschüttete und die Statue der Freiheit, die Märtyrerbüsten und

den republikanischen Dekalog aufstellte. Die neue Stellung des Altars signalisiert darüber hinaus die pädagogische Rationalisierung des Kults, die das Direktorium anstrebte: Es ging um Transparenz, aber auch um eine kommunikative Funktion von pädagogischer Bedeutung. Dies gilt insbesondere hinsichtlich der Jugend, die stets in den engeren Kreis einbezogen ist und an die sich die Zeremonien und Reden zuallererst richten. Der Kult des Direktoriums rückt die Sprache in den Mittelpunkt: die belehrende und die informierende Rede (Morallektionen, Mitteilungen von „actes civiles", Gesetzen etc.). Während die Symbolsprache des Kults sich entleert und zu einem stereotypen, klassizistisch stilisierten Dekor gerät, das für spontane Schöpfungen und Umwandlungen keinen Raum mehr gibt, tritt die pädagogische Funktion eines neuen, administrativen Priestertums hervor. Der Kult ist nun nicht mehr der gestaltete Ausdruck kollektiver Wünsche, sondern eine belehrende Predigt durch den Verwaltungspräsidenten, die vom ästhetischen Dekor unterstützt wird. Gleichwohl lebt auch in den räumlichen Arrangements der Dekadentempel die Utopie von einem neuen Zentrum fort, das in der „Mitte" eines Kreises liegt, der die Schönheit und Harmonie des Universums abbildet, in dessen Zentrum sich die natürliche, reine Vernunft erhebt und angebetet wird. Diese Mitte soll zwar im Prinzip allen gehören und sich nicht mehr durch eine privilegierte Stimme offenbaren, die sich mit Mysterien umgibt – die pädagogische Rede und die administrative Regelung des Kults beinhalten jedoch eine neue Mittlerschaft und eine neue Trennung zwischen dem Volk und der „Stimme seines Herzens".

3. Die Monumente und das Ensemble des neuen Raums

Die neuen Monumente

Die Monumente der Revolution blieben zwar ephemere Gebilde; für dauerhafte Werke fehlte es an Zeit und Mitteln: Statuen und Büsten waren zumeist aus Gips, Obelisken und Triumphbögen aus Holz mit einem Bronze, Marmor oder Porphyr vortäuschenden Anstrich, und sie boten oft schon bald einen beklagenswerten Anblick des Zerfalls, vor allem, wenn sie im Freien standen. Diese ephemeren Gebilde existierten allerdings in überraschend großer Zahl. Einen Anhaltspunkt, um ihre Verbreitung abzuschätzen, liefern die Festprotokolle des Direktoriums, die für einige Departements ziemlich vollständig erhalten sind; darin finden sich oft Beschreibungen von Tempeln und öffentlichen Plätzen, und sofern es besondere revolutionäre Monumente gab, ist dies in der Regel in den Protokollen festgehalten worden.[1] Schwieriger ist es, die Verbreitung der Monumente des Jahres II zu beurteilen, da hierfür ein empirisch-systematischer Zugang fehlt.

In den von mir systematisch untersuchten Departements Seine-et-Oise, Seine inférieure, Loire inférieure und Indre gab es während des Direktoriums zusammen mindestens 75 Monumente in 49 von 230 Kantonalstädten; hinzu kommen einige Pyramiden, Obelisken oder ähnliche Monumente, die zu den Trauerfesten der Jahre VI und VII errichtet wurden. Wären die Verhältnisse in diesen Departements repräsentativ für ganz Frankreich, dann hätte es noch in der Zeit des Direktoriums etwa 2000 Monumente mit revolutionärer Bedeutung geben müssen. In jedem Fall dürfte die Produktion solcher Werke einen beachtlichen Umfang gehabt haben. Während des Direktoriums besaßen danach über 20 Prozent aller Kantonalstädte eine revolutionäre Büste oder Statue; die Präsenz solcher Monumente war also keineswegs auf die großen Städte beschränkt. Die Verteilung zeigt, daß es sich in den meisten Fällen um Freiheitsstatuen handelte; Freiheit und Volkssouveränität bildeten die zentralen Werte im Selbstverständnis der Zeit.

Republikanische Monumente während des Direktoriums[2]

	Seine inf.	Seine-et-Oise	Loire inf.	Indre	zusammen
Statue Liberté u. ä.	13	9	6	1	29
Statue Peuple/Souveraineté	5	2	5	7	19
Statue Égalité	3	1			4
Statue Fraternité	1				1
Statue Loi			1		1
Statue Nature	1				1
Statue Victoire	1				1
Statue Vieillesse	1				1
Statue Brutus	1	1			2
Statue Buonaparte			1		1
Büste Brutus		1	2		3
Büste Rousseau	1	1	1		3
Büste Voltaire	1	1	1		3
Sonstiges	1		4	1	6
Zusammen	29	17	20	9	75
– in Prozent aller Kantonalstädte	24,3	23,3	12,3	20,9	
Pyramide, Obelisken etc.	7	7	5	2	21
Insgesamt	36	24	25	11	96
– in Prozent aller Kantonalstädte	27,1	25,0	14,0	23,2	
Kantonalstädte	70	60	57	43	230

Büsten revolutionärer Heroen[3]

	1793/1794	1795-1799	zusammen	Prozent
Marat	71	–	71	28,4
Lepeletier	59	–	59	23,6
Brutus	22	7	29	11,6
Rousseau	18	11	29	11,6
Chalier	16	–	16	6,4
Voltaire	9	4	13	5,2
Franklin	7	1	8	3,2
Barra/Viala	9	–	9	3,6
Sonstige*	14	2	16	6,4
Zusammen	225	25	250	100

* Tell, Mably u. a.; Lokalhelden
Märtyrer der Revolution 1793/1794: 72,6 %
– mit Brutus : 81,7 %

Im Jahr II hingegen dürften Büsten die Monumente mit der größten Verbreitung gewesen sein; ihre Produktion erreichte zu dieser Zeit ihren Höhepunkt, da sie in engem Zusammenhang mit dem Kult der Märtyrer der Freiheit stand. Vom republikanischen Heroenkult blieb im Direktorium nicht viel übrig; nur ganz selten trifft man noch einmal auf eine Büste Brutus' oder – häufiger – Rousseaus. Eine Auswertung von Dokumenten, die Hinweise auf Büsten im öffentlichen Raum enthalten, ergibt, daß die meisten den Märtyrern der Revolution gewidmet waren, über die Hälfte allein Marat und Lepeletier, den wirklichen Heiligen der Revolution. Die Zahlen weisen darauf hin, daß es offensichtlich nur schwer gelang, neben Marat und Lepeletier andere Heroen zu popularisieren, wie es der montagnardische Konvent beabsichtigte, nicht zuletzt, um den Marat-Kult zurückzudrängen.[4] Eine Ausnahme in dieser Galerie bildet Rousseau als einziger Philosoph, zugleich die einzige Gestalt, der durch die ganze Revolution hindurch in größerem Umfang Büsten und andere Monumente gewidmet wurden. Das Erbe Rousseaus reklamierten alle Gruppen der Revolution für sich; abgeschwächt gilt dies auch für Voltaire, in dem man einen Vorkämpfer für die Idee der „Vernunftreligion" erblickte, der aber, anders als Rousseau, nie die Bedeutung eines „Volkstribuns" erhielt.
90 Prozent aller von uns gezählten Büsten stammen aus den Jahren

1793/1794. Sie standen in der Regel in den Sitzungssälen der Volksgesellschaften und Sektionen oder im Tempel der Vernunft, seltener in Sitzungsräumen der übergeordneten politischen Administration, auch dies ein Zeichen dafür, daß der Marat-Lepeletier-Kult vor allem ein Kult der Sanskulotten war. In der Produktion republikanischer Büsten hofften viele Bildhauer, eine neue Erwerbsquelle zu finden. Dies galt selbst für kleinere Städte; in Alençon etwa bot der Bildhauer *Gosse* gleich eine komplette Serie von Büsten an: Brutus, Voltaire, Rousseau, Pelletier, Franklin, Marat, Thomas Paines und „Vagkinston" hatte er auf seiner Liste, jede Büste sollte zwischen 90 und 100 L. kosten.[5] Einige Künstler hatten ein recht umfangreiches Programm; der Stecher *Simon* etwa verkaufte über den Juwelier *Mazuel* in Clermont-Ferrand neben republikanischem Schmuck Portraits von Marat und Lepeletier sowie Modelle einer Freiheitsstatue.[6]

Während die *personalisierte* Repräsentation weitgehend auf das Jahr II beschränkt blieb, waren die Monumente des Direktoriums eher an Prinzipien orientiert. Die größere Abstraktion enthält ein Moment der Rationalisierung, verweist aber auch auf die größere Entfernung des direktorialen Kults vom Alltagsbewußtsein und revolutionären Potential volkskultureller Traditionen, aus denen sich die religiöse Transformation des Jahres II speiste, indem sie die christlichen Bilder in politische Botschaften umwandelte, die sich am Handeln und an der moralischen Integrität von Personen festmachten.

Von allen Statuen hatte die der *Freiheit* die mit Abstand größte Verbreitung. Ihre Gestalt folgte weitgehend einem identischen Grundmuster: eine Frauengestalt in antikem Gewand, mit einem Stab, auf dem die Freiheitsmütze thront, in der einen Hand, mit der anderen oft auf Fasces und Pike als die grundlegenden Symbole der Republik gestützt. Sie stand am häufigsten auf den Altären im Tempel der Vernunft, in den sie bei seiner Einweihung auch hineingetragen wurde, auf oder neben den Altären des Vaterlandes, die auch im Direktorium während der Feste noch auf den öffentlichen Plätzen standen. Manchmal erhob sie sich auf den heiligen Bergen des Jahres II; in größeren Städten gab es meist eine Freiheitsstatue auf einem zentralen Platz, und zuweilen stand sie auch im Sitzungssaal revolutionärer Verwaltungen und Volksgesellschaften.

Viele dieser Statuen waren das Resultat einer pragmatischen Transformation, zu der die Knappheit der Mittel zwang. In Châlons-sur-Marne etwa wurde 1792 eine Holzstatue der Ste. Cathérine aus der Kirche geholt und in eine Statue de la Liberté umgewandelt, die seitdem auf dem Platz vor dem Maison commune der Stadt stand. Die Statue, die 200 Jahre in der Kirche gestanden hatte, wurde rasch ein Opfer der Witterung: „Seitdem sie draußen steht", schrieb die Stadtverwaltung im Jahr V, „bietet sie ein skandalöses Schauspiel, die Teile, aus denen sie sich zusammensetzt, beginnen sich voneinander zu lösen, der Rest des Körpers und das Gewand [...] sind nicht wiederherzustellen." Doch eine neue Statue stand schon bereit, um die alte zu ersetzen.[7] In Reims wurde gleichfalls 1792 eine heilige Jungfrau aus dem Gebäude der Augustins geholt und leicht verändert als Freiheitsstatue auf einen Sockel gehoben, dem man einen Marmor vortäuschenden Anstrich gab[8]; in Fécamp inthronisierte man eine Ste. Suzanne als Freiheitsstatue auf dem Marktplatz[9], in Paris bat die Société populaire der Sektion Réunion im Frimaire II, eine Statue aus der Kirche St. Merry entwenden zu dürfen, „die mit einigen Modifikationen die Freiheit repräsentieren kann", um damit den neuen „Temple de la Réunion" zu schmücken.[10]

Einige Bildhauer waren auf die Herstellung „echter" revolutionärer Statuen spezialisiert. *Chinard* schuf für Lyon gleich mehrere Freiheitsstatuen; die erste, bereits 1790 für das Fest der Fédération entstanden, entsprach schon weitgehend späteren Modellen: „Aufrecht stehend, mit der phrygischen Mütze auf dem Kopf, in der Linken hält sie einen Olivenzweig, in der Rechten eine Pike."[11] *Masson* offerierte dem Konvent im Floréal II eine 6 Fuß hohe Gipsstatue der Freiheit und Gleichheit, „gestützt auf die Menschenrechte", die im Salon de la Liberté aufgestellt wurde. Er hatte offenbar eine Art Massenproduktion im Auge: „Die Departements, Distrikte und Sektionen werden davon in Kenntnis gesetzt, daß der Künstler sie gegossen hat, um ihre Beschaffung zu erleichtern. Das Monument ist bestimmt, die Tempel und Versammlungsräume zu schmücken." 400 L. verlangte er für den Abguß.[12]

Das Gegenbild zur stets weiblichen Allegorie der Freiheit war die Statue des französischen Volkes in Gestalt eines *Herkules*. Die Präferenz lag eindeutig bei der „Freiheit", Herkules war alles andere als ein gleichwertiger Partner; doch dürfte er den zweiten Rang unter allen Statuen der Revolution eingenommen haben. Berücksichtigt man allerdings, daß auch die meisten anderen Statuen weiblich waren, dann wird die schwache Repräsentanz des Männlichen noch deutlicher; für die Herrscher- und Fürstenstandbilder, die zuvor den öffentlichen Raum wesentlich mitgeprägt hatten, schuf die Revolution keinen wirklichen Ersatz. Repräsentierte die weibliche Gestalt der Freiheit die Idee der Wiedergeburt durch die Unmittelbarkeit einer reinen und natürlichen Tugend, so sollte ihr in

Herkules die physische Kraft zur Seite stehen, diese Wiedergeburt auch durchzusetzen und – im Kampf mit den alten und feindlichen Mächten – durchzustehen. Diese eindeutige Präferenz zeigt zugleich, daß die Idee des Kampfes und der Kampfbereitschaft für das Selbstverständnis der Revolution nicht essentiell, sondern etwas Abgeleitetes war; der männliche Herkules erscheint gewissermaßen nur als ein Werkzeug der weiblichen Gottheit, das ihr zum Sieg verhelfen soll, und auch Sieg und Triumph werden eher durch weibliche Gestalten (Siegesgöttinnen) verkörpert.[13] Herkules war die Geste der kampfbereiten Drohung oder entschlossenen Verteidigung vorbehalten. War die „Liberté" eher eine statische und entrückte Gestalt – schließlich sprach man sie als „Déesse" an –, die geheime Kraftquelle und das eigentliche Ziel aller Anstrengungen, so verkörperte der republikanische Herkules das handelnde Volk. Diese Zweiteilung verweist darauf, daß die Volkssouveränität zwar errungen werden muß, das Volk aber noch nicht als das wirkliche Subjekt der Geschichte begriffen wurde, sondern als ein Akteur, der nur den Willen höherer Mächte vollstreckte.

Das erste Modell dieses Genres scheint die Statue „Das französische Volk, den Föderalismus zu Boden werfend" auf der Place des Invalides gewesen zu sein. Es breitete sich bald darauf über ganz Frankreich aus. Offenbar ein Modell des Bildhauers *Regnaud* für ein ähnliches Monument wurde im Brumaire II bei einem Festzug in Marseille feierlich in einem Wagen mitgeführt.[14] In Lyon schuf *Chinard* zum Fest des „Höchsten Wesens" einen „Herkules, der, auf seine Keule gestützt, die Hydra des Föderalismus zu Boden wirft"[15]. „Fédéralisme" war 1793 ein Synonym für Zwietracht, Parteiengeist, Spaltung und damit Schwächung der revolutionären Einheit geworden. Nach dem Thermidor wurden die Monumente, die ihn anprangerten, selber als Zeichen der (jakobinischen) Spaltung und Entgegensetzung betrachtet, und ein Gesetz vom 2. Ventôse III verbot alle Monumente „relatifs au fédéralisme". Statuen, die das französische Volk als Herkules darstellten, der kühn und unerschrocken allen Feinden entgegentritt, gab es aber weiterhin; andere Gegner rückten an die Stelle des Fédéralisme, meistens war es die Monarchie.

Die Herkules-Tradition reißt daher auch im Direktorium nicht ab. Gelegentlich tauchen solche Monumente beim Fest der Souveraineté du peuple wieder auf; so zum Beispiel in Ancy-le-franc, Departement Yonne, wo es im Jahr VII eine Figur der Volkssouveränität gab, „dargestellt durch einen mit der Keule bewehrten Genius, der die Attribute des Königtums und des Aberglaubens zu Boden trat"[16], oder in Étampes im Jahr VI: Am

Altar des Vaterlandes befand sich dort „ein Herkules, der das französische Volk darstellte; in einer Hand hielt er einen Blitz, um damit die Feinde der Republik zu zerschmettern [...], in der anderen einen Olivenzweig, Symbol des Friedens, den er den Nationen darbot."[17]
Neben der „Freiheit" und dem „Französischen Volk" trifft man noch gelegentlich auf Statuen der Gleichheit, der Republik, der Vernunft oder der Natur, die zumeist nur Abwandlungen der Statue der Freiheit waren, mit etwas anderen Attributen versehen. Im Jahr II bildeten „Freiheit", „Vernunft" oder „Natur" oft noch identische Inhalte, die weibliche Gestalt symbolisierte allgemein die mythische Vorstellung einer Regeneration der Freiheit aus dem Geist einer natürlichen Vernunft, die die republikanische Moral verkündete.

Weitere Statuen waren selten. Für Marseille schuf der Bildhauer *Renaud* eine Statue der Gerechtigkeit (Justitia), in Châlons fertigte der Bildhauer *Chrisment* noch im Jahr VII Statuen der Weisheit und der Tugend für den Salle décadaire der Stadt an.[18] Besonders umfangreich war das Werk *Chinards* in Lyon[19]; zum Fest der Jugend im Jahr IV stellte er eine Statue „Hébée" her, für das Fest der „Victoires" Statuen des Sieges, des Friedens und des Überflusses, für das Fest der Ehegatten zwei Kolossalstatuen, „in einer Haltung, die den ehelichen Eid zum Ausdruck brachte"[20].

Neben Statuen und Büsten, in denen der Bürger Vorbilder der republikanischen Tugenden fand, gab es einen kleinen Fundus an architektonischen Modellen, allen voran die Pyramide bzw. der Obelisk als konventionelle Trauermonumente mit antikem Bezug. In den Jahren 1793/1794 wurden zahlreiche Mahnmale zu Ehren der Märtyrer der Freiheit errichtet, wie der Obelisk für Lepeletier, die Pyramide für Marat in Paris oder die Pyramide, die im „Park zu Ehren der Märtyrer der Freiheit" in Nevers stand.[21] In Marseille beschloß der Stadtrat im Brumaire II, eine Pyramide mit den Namen der „umgebrachten Patrioten", der Opfer der innerstädtischen Kämpfe von 1793, zu errichten; auf der Rückseite standen, einer strengen Moral folgend, die Namen der Täter.[22] Anderswo, wie in Rocher-de-la-Liberté, schrieb man die Namen der gefallenen „défenseurs" auf eine Pyramide im Tempel. Eine große Zahl von Obelisken entstand in den Jahren VI und VII anläßlich der Trauerfeiern für die Generäle Hoche und Joubert und für die Minister Bonnier und Roberjot, patriotische Monumente, die kaum noch eine spezifisch revolutionäre Bedeutung trugen. Sie antizipieren bereits in mancher Hinsicht die militärisch bestimmte offizielle Ästhetik des Konsulats und des Empires. Dies gilt zum Beispiel auch schon für die Pyramiden, die im Jahr VI auf der Place de l'Égalité in Nantes errichtet wurden: Auf jeder Seite der vier dreieckigen Pyramiden waren die Namen der Länder geschrieben, die die Armeen der Republik „heimgeführt" oder erobert hatten; zwölf Fahnen repräsentierten je eine der zwölf Armeen, und Inschriften zeigten an, welche Siege die jeweilige Armee errungen hatte.[23]

In zahlreichen Fällen wurden zu den Festen Triumphbögen aus Holz erbaut. Nach dem Vorbild von Paris konstruierte man zum Beispiel in Brest zum Fest des 10. August im Jahr II einen Triumphbogen nach Entwürfen des Malers *Hué*, der, wie Hué es formulierte, „auf einer der Promenaden dieser interessanten Stadt plaziert, dazu dienen könnte, die Bürger durch glorreiche oder bewegende Erinnerungen zu elektrisieren und die Wiederkehr dieses schönen Tages zu verschönern"[24]. Der Triumphbogen symbolisierte den Sieg des Volkes über die Monarchie, den Beginn der Republik, den der Sturm auf die Tuilerien eingeleitet hatte. Gleichfalls zum Fest des 10. August (1793) erhob sich in Auxerre ein Triumphbogen, der auf den Champ de Mars führte, „überragt von der Statue der Gleichheit mit ihren Attributen". Den Triumphbogen schmückten zwei Medaillons mit den Reliefs der Büsten Catos und Horatius Cocles', darüber die Inschrift: „Alle Menschen sind gleich durch die Natur und vor dem Gesetz."[25] In Nantes führte im Jahr II ein Triumphbogen auf die Place de l'Égalité; durch einen „sehr hohen Triumphbogen, aus Laubwerk errichtet und mit Blumen geschmückt", zog die Festgemeinde beim Fest des Höchsten Wesens in Blois; der Bogen war mit Symbolen der Freiheit und des Überflusses geschmückt, über ihm wehte die Fahne der Trikolore – ein Monument, das den Triumph der Freiheit im Zeichen einer friedlichen und schönen Natur verkündete.[26]

Ein Monument, das die Idee der Pyramide mit der des Triumphbogens verknüpfte, war die Triumph- und Trauersäule, die aber in der Revolution noch selten ist und sich erst während des Konsulats als öffentliches Monument durchsetzt; sie spielte jedoch unter den Projekten der Revolution bereits eine wichtige Rolle.

Zum Trauerfest für die bei Rastatt ermordeten Minister wurden in zahlreichen Dekadentempeln des Departements Seine inférieure „Schandsäulen" aufgestellt, an denen die Namen der Bürger der jeweiligen Orte zu lesen waren, die sich nicht zum militärischen Einsatz für das Vaterland gemeldet hatten. Manchmal gab es zwei Säulen, eine für die „guten", die andere für die „schlechten" Patrioten. Diese Säulen dienten einer strengen öffentlichen Erziehung zu konformem patriotischem Verhalten in den Gemeinden.

Gelegentlich wurde auf Festplätzen ein kleiner Tempel der Freiheit errichtet, meistens in Form eines Monopteros. In Nantes wurde im Nivôse V das „Fest des Friedens" vor einem „Temple de la Paix" begangen, der auf der Place de l'Égalité errichtet worden war.[27] Auf dem Champ de Mars in Rouen stand ein Monument aus weißem Marmor, „aus zwei großen Karyatiden gebildet, die ein Kranz- und ein Hauptgesims mit ihren Ornamenten aus Gold und Bronze trugen"; ein kreisförmiger antiker Säulentempel stand vermutlich auch auf dem Champ de Mars von Bordeaux.[28] Diese Tempel verkündeten die Rückkehr der Heiterkeit und Harmonie einer ursprünglichen, im natürlichen Kult geeinten Gemeinschaft, wie man sie mit der antiken Lebenswelt assoziierte.

Die Inszenierung des Raums als eines republikanischen Ensembles

An drei Beispielen sei gezeigt, wie sich die verschiedenen Ebenen des neuen Raums zu einem Ganzen zusammenfügen; Monumente und Dekor wurden durch die Feste „in Szene gesetzt": Festzüge integrieren sie in das Gesamtkonzept eines erneuerten Raums, fügen ihn in die neue Zeit ein, verlebendigen ihn und verdeutlichen seinen Sinn im Kontext der kulturellen Revolution.
Die Topologie des Festzuges vom Fest der Tugend, das im Floréal II in Sceaux-l'Unité stattfand[29], zeigt die ganze Reichweite, die die Kulturrevolution des Jahres II in der Sphäre des Raums erlangen konnte. Wir treffen hier auf eine Struktur, die eine ganze Reihe von Zentren kennt; man könnte von einer seriellen Konzeption sprechen. In der Serialität kommt der Versuch einer demokratischen Konstruktion der republikanischen Kultur zum Ausdruck.
Die Festgemeinde versammelte sich im Jardin national und zog dann zur Place de la Montagne, der ersten Station. Den Festzug leiteten die Elementarschüler des Distrikts mit ihren Lehrern ein, gefolgt von Eltern und Freunden, städtischen Funktionsträgern und den Mitgliedern der Société populaire; an diesem Tag sollte eine Büste Barras eingeweiht werden, daher spielten Schüler und Jugendliche während des Festes eine besondere Rolle. In einem Wagen, den weißgekleidete Mädchen begleiteten, wurde die „Déesse de la Liberté" mitgeführt, die die Mädchen unter sich für diese Aufgabe ausgewählt hatten. In ihrer Begleitung befand sich ein „Apôtre de la Liberté", ein Schüler des Literaten und „propagateur" *Serieys*, der die Funktion eines republikanischen Lektors, einer Art Conférencier für

die Folge der Stationen, erfüllte. „Der Wagen mit der Göttin wird mit dem Apostel der Freiheit folgen, der an mehreren Stationen heruntersteigt, um die republikanischen Prinzipien zu lehren ..." Die Freiheit umgab sich darüber hinaus mit einer allegorischen Gruppe: „Zur Rechten und Linken der Freiheit stehen die Gleichheit, die Gerechtigkeit; die eine wird eine Waage, die andere ein Niveau tragen; in der Mitte befindet sich ein Füllhorn; weiter unten wird Frankreich stehen, das den Wagen führt und die Hydra des Despotismus erstickt." Ein lebendes Revolutionsmonument, wie man es auf vielen Festzügen findet.

Auf der Place de la Montagne erhob sich ein noch unvollendeter Berg. Hier hatte man ein Modell der Bastille aufgestellt, dazu ein Bild mit ihrem Grundriß, vermutlich von *Palloy* – dessen Sohn war beim Fest dabei und trug ein Banner, auf dem man las: „14 Juillet 1789 – époque de la Liberté, 10 août 1793 – époque de l'égalité". Die Schüler der Gemeinde Égalité (ehemals Bourg-la-Reine) trugen das Modell zu den nächsten Stationen.

Der Festzug bewegte sich jetzt zur Place de la Liberté; hier stand der „Vaterlandsaltar", an dem die Soldaten der Nationalgarde den Eid auf die Republik ablegten. Vor dem mit der Fahne der Trikolore geschmückten Tempel der Vernunft war ein Sarkophag zu Ehren Barras aufgestellt, auf den die Jugendlichen Säbel, Pistolen, eine „couronne civique" u. ä. legten. Danach begab man sich durch die Rue Lepeletier zum „Platz der Vernunft", der aufwendig hergerichtet war: „der Dekor stellt das Pantheon dar. Ein Wandbehang aus Laub und vier Bäume, wo die Sockel aufgestellt waren, die die Büsten Brutus', Franklins, Voltaires und Rousseaus trugen." Der Apôtre de la Liberté rezitierte die Menschenrechte, die Schüler aus Fontenay nahmen die Büsten, und weiter ging es durch die Rue de Marat zur Place de la Réunion, „wo ein Hügel aufgeschüttet ist, versehen mit Kästen von Lorbeeren, Rosen, Orangenbäumen und Nelken, schließlich allen Blumen, die an den Monat Mai erinnern; hier werden die vier Märtyrer der Freiheit, Marat, Lepeletier, Chalier und Barra, aufgestellt. Darunter liest man: Den großen Männern, das dankbare Vaterland." Nachdem der „Apostel" Artikel aus der Verfassung rezitiert hatte, wurden die Büsten von einer anderen Schülergruppe gleichfalls mitgenommen und zu den nächsten Stationen getragen.

Durch die Rue de Sansculottes und die Rue de Voltaire gelangte man zur Place de la Régénération. Hier waren verschiedene landwirtschaftliche Produkte zusammengetragen worden, die die vier Jahreszeiten repräsentierten; auf einem Banner las man die „sechzehn republikanischen Gebote", die der Apostel rezitierte; die Schüler aus Chatenay nahmen das Banner und einige Früchte mit.

Nächste Station war die Place Jacobite, wo der Freiheitsbaum stand, zu seiner Linken ein Banner mit den Worten „Die Freiheit, die Gleichheit, die Tugend und die Gerechtigkeit: dies sind unsere Pflichten und Rechte"; zur Rechten war das „Niveau der Gleichheit" mit mathematischen Instrumenten befestigt. Der Apostel rezitierte die republikanischen Prinzipien, die auf einem weiteren Banner standen, das die nächste Schülergruppe mitnahm. Die Festgemeinde schlug den Weg durch die Rue Chalier und die Rue de la Force-Armée zur Place de la Fraternité ein, wo ein weiterer Berg errichtet worden war; 40 Jugendliche hatten ihn zuvor in einer Arbeit von vier Tagen aufgeschüttet, er war 10 Fuß hoch und hatte einen Durchmesser von 14 Fuß, auf seinem Gipfel standen die Statuen der Freiheit und des Gesetzes. Weitere neun „figures colossales" waren um den Platz herum aufgestellt, „die die staatsbürgerlichen Tugenden dieser jungen Republikaner zu schützen schienen". Neben diesen Statuen stellten sich die Jugendlichen mit den Büsten, Bannern etc. auf. Nach verschiedenen Zeremonien und nachdem die „Liberté" einige „couronnes civiques" verteilt hatte, begab man sich durch die Rue de l'Unité, die Rue du Bonnet Rouge und die Rue de Brutus zurück zur Place de la Liberté und betrat schließlich den Temple de la Raison. „Auf dem Weg gibt die Gottheit Devisen aus, die der Revolution und den Prinzipien der Tugend entsprechen." Im Tempel fand die Abschlußzeremonie statt; der Bürgermeister verteilte Exemplare des „Serment républicain" (republikanischer Eid) und der „Commandements républicains" (republikanische Gebote).

Hier wird der ganze städtische Raum für das Fest genutzt und in einen einzigen Raum der republikanischen Moral umgewandelt; die Sprache der Topologie wird zu einem moralpädagogischen Kursus, dem die Göttin der Freiheit, die ihn mit ihren Aposteln und Beigeordneten durchfährt, ihre Weihe gibt und dessen Bedeutungen durch Reden und zeremonielle Handlungen erläutert werden. Die revolutionären Bedeutungen sind an keinen bestimmten Ort gebunden, sondern überall präsent. Eine mobile, versinnbildlichte Abstraktion: Ein Zentrum der Macht wäre in diesem Raum nicht auszumachen.

Das zweite Beispiel ist das Fest des „Höchsten Wesens" in Rocher-de-la-Liberté im Department Manche.[30] Hier finden wir einen Raum mit einer Folge monumentaler Bedeutungen, die ihren Höhepunkt im Tempel des „Höchsten Wesens" haben. Die erste Station des Festzuges war der

Platz der Revolution, auf den die Festgemeinde durch einen „mit Blättern, Blumen und staatsbürgerlichen Inschriften" geschmückten Triumphbogen gelangte. Von dort ging es weiter über den „Platz des Überflusses" und die Rue de l'Arsenal zum Marsfeld, das auch als „Champ de la Fraternité" bezeichnet wurde. In seiner Mitte erhob sich der Altar des Vaterlandes: „Dieser rechteckige Altar war mit den Gaben des Frühlings bedeckt und erhielt die heilige Arche der Freiheit in Gegenwart der jungen Bürger und Bürgerinnen, die sich dieser wichtigen Aufgabe geweiht hatten." Die Gemeinde versammelte sich um den Altar, um einer Hymne ans „Höchste Wesen" zu lauschen, vorgetragen von einem der Administratoren; es folgte der Wechselgesang zwischen einer Gruppe von Bürgern und dem Chor der Gemeinde: „Amour sacré de la Patrie" etc. Nach einer Runde um den Freiheitsbaum ging es weiter zur Rue de la Convention; ein weiterer Triumphbogen, „von jungen Republikanerinnen errichtet, öffnete den Weg; er enthielt auf vier mit grünen Eichenblättern bedeckten Säulen Losungen, die den Geist des Staatsbürgertums und der Tugend atmeten."

Schließlich erreichte der Zug den Tempel des Höchsten Wesens. In seinem Innern erhob sich auf dem Altar eine dem „Höchsten Wesen" gewidmete Pyramide, die mit Trauben und Ähren geschmückt war. Von der Höhe des Kirchengewölbes herab verbreitete das „Auge der Welt" sein segensspendendes Licht über die republikanische Gemeinde. Zur Rechten und Linken der Pyramide standen die Statuen der Vernunft und der Weisheit mit den Inschriften: „Aller Wahnsinn fällt vor der Vernunft." Auf dem Altar stand zu lesen: „Fanatiker, erhofft nichts von uns", auf der Pyramide: „Ohne Zwang und ohne Verfolgung werden alle Sekten sich von selber in der universellen Religion der Natur aufheben." Die Säulen des Kirchenraums waren mit Girlanden geschmückt.

Dieses Fest zelebriert den Mythos und die Utopie einer wiedergefundenen ursprünglichen Gemeinschaft, die im Zeichen der Einmütigkeit und der friedlichen „Réunion" steht. Die mit Blättern und Blumen geschmückten Triumphbögen symbolisieren den Eintritt in ein Reich natürlicher Harmonie, den Beginn der Regeneration. Im Tempel wirft das Auge Gottes die Strahlen des Lichtes, der Erleuchtung auf alle Mitglieder der Gemeinde; die „Vernunft" begräbt die „Ungeheuer des Aberglaubens und des Atheismus" unter ihren Füßen – aber dieser Vorgang wird nicht als ein Akt der Gewalt gedeutet, sondern als eine Befreiung von den Ketten der Heteronomie durch das „Höchste Wesen" selbst. Die Befreiung verheißt universelle und dauerhafte Harmonie. Eine Inschrift an der

Pyramide verspricht die Aufhebung aller religiösen Trennungen in der „universellen Religion der Natur".

In diesen Festen wird das idealisierte Bild der republikanischen Gemeinschaft umgesetzt. Entwürfe und Imaginationen, die das Selbstverständnis, die Ziele, Erwartungen und Hoffnungen der Revolution artikulieren, ästhetische Formulierungen für eine Situation, die noch kaum in die Begriffe einer rationalen Sprache gefaßt werden können, so hat es den Anschein; zugleich normative Konzepte, in denen ein pädagogischer Anspruch wirksam wird. Der transformierte Raum ist ein pädagogischer Raum, der unablässig Situationen definiert, Normen des sozialen und politischen Verhaltens verkündet, über die Revolution, ihre Geschichte, ihre Prinzipien und Grundlagen instruiert. Er gibt aber nicht unmittelbar Auskunft über das Subjekt, das seine Arrangements inszeniert. Dieses Subjekt erscheint vielmehr als das Procedere des „Höchsten Wesens" oder der Natur, der Vernunft, der Freiheit selbst, nicht als das Handeln interessengeleiteter sozialer Gruppen. Die Utopie ist die idealisierte natürliche Gemeinschaft, in der die Unterschiede und Gegensätze aufgehoben sind, daher ist ihr Medium die Ästhetik der Eintracht und Harmonie, der Raum einer beredten Verkündigung, nicht aber des rationalen Diskurses.

In den Festen scheint diese Utopie für einen Moment Wirklichkeit zu werden: Entwürfe einer kulturellen Praxis, die das neue Zeitbewußtsein und die Vorstellungen einer neuen Ära in die Realität des Raumes übersetzen und damit sinnlich wahrnehmbare Modelle und Repräsentationen schaffen, können sie eine eigene sozialisatorische Kraft entfalten. Raum und Zeit werden durch diese Integration zu Medien der republikanischen Sozialisation. In ihrer Gesamtheit konstituieren sie eine neue Umwelt – die ideelle Umwelt der republikanischen Sozialisation, die, von allen Spuren der verkehrten alten Bedeutungen gereinigt, erst den wahren „neuen Menschen" hervorbringen wird. In ihr gibt es kein Subjekt der Erziehung, keine „Pädagogen": Es ist letztlich die ästhetisch geformte Objektivität der sinnlichen Anschauung selbst, die erzieht. Insofern schafft die kulturelle Transformation von Raum und Zeit die Voraussetzungen dafür, daß der revolutionäre Traum von einer „natürlichen Sozialisation und Erziehung" in Erfüllung gehen kann. Die republikanische Erziehung ist nur das „Apostolat"[31] dieser Objektivität, die als das Abbild der universellen, wahren Ordnung der Natur und des Höchsten Wesens erscheint; die pädagogische Sprache des republikanischen Raumes und Zeremoniells ist das Medium, in dem sich diese Ordnung unmittelbar äußert, der „Apostel der Freiheit", eine Metapher für den republikanischen Lehrer, ist das

Sprachrohr der neuen Gottheiten und der durch sie wiederhergestellten objektiven Ordnung.

Der Thermidor war der große Wendepunkt, die Desillusionierung des utopischen Bildes. Er enthüllte, daß die Republik aus unterschiedlichen Interessengruppen besteht, die sich nicht von selbst in harmonischer Eintracht zusammenfinden und ergänzen. Und im Direktorium beginnt schließlich ein neues Zentrum der Macht hervorzutreten, das zwar die Bilder der Harmonie erneuert, das republikanische Kollektiv jetzt aber einer administrativen Steuerung unterwirft. Damit tritt hinter dem ästhetischen Arrangement der Eintracht erstmals auch ein interessengeleitetes Handlungssubjekt in Erscheinung.

Wir können dies an einem dritten Beispiel, der Entwicklung der zeremoniellen Topologie im Stadtbild von Orléans, veranschaulichen.[32] Eine Topologie, die sicher ein zu verallgemeinerndes Muster für die Städte während der Revolution darstellt: einige herausragende Stationen, an denen die Festzüge für eine zeremonielle, symbolische Handlung, für eine Rede haltmachten, Stationen, die sich um die zentralen Monumente und Gebäude des revolutionären Raums herum organisierten – den Altar des Vaterlandes, den Freiheitsbaum, den Scheiterhaufen für das Autodafé, das Rathaus, den Tempel des „Höchsten Wesens". Doch diese zeremonielle Topologie erfährt im Verlauf der Revolution signifikante Bedeutungsveränderungen. Während der Festzüge des Jahres II waren die am stärksten frequentierten Straßen die Rue de l'Indivisibilité, die Rue de l'Égalité und die Rue de la Liberté, die auf den Platz Martroy, jetzt Place de la République, führten. Er bildete das erste Zentrum des republikanischen Raums: Hier standen ein Freiheitsbaum, der Vaterlandsaltar und der Scheiterhaufen, bald auch der heilige Berg. Es folgten die Rue des Sansculottes, die Rue de la Réunion und die Rue Rousseau, die auf der Place de la Réunion zusammentrafen; dort befanden sich das Rathaus und – als drittes Zentrum – nicht weit davon der Platz vor der Kathedrale, die jetzt als Tempel der Vernunft fungierte, mit einem zweiten Freiheitsbaum. In den Jahren 1793/1794 bezogen die Festzüge noch den größten Teil der Stadt ein; im Jahr IV konzentrieren sie sich auf eine kleine Passage zwischen dem Platz der Republik und dem Platz der Réunion. Der Tempel des „Höchsten Wesens" war offenbar nach der Rückgabe der Kirche an den katholischen Kult aus den republikanischen Zeremonien ausgeklammert worden. Signifikante Straßennamen wie die „Rue de l'Égalité" oder „Rue des Sansculottes" fehlen in der zeremoniellen Topologie des Jahres IV. Ein Platz am Nordrand der Stadt diente für „kriegerische Übungen", auf einem Gelädne nahe der Place de la Réunion wurden die Ackerfurchen gezogen, zu denen der Verwaltungspräsident beim Fest der Landwirtschaft verpflichtet war. Die Topologie des Festzuges bildet den republikanischen Raum nur noch als eine Art Enklave im Gesamtraum der Stadt ab: Die kulturelle Revolution hat sich auf einen engen Raum zwischen Vaterlandsaltar und Rathaus zurückgezogen, einen Raum, der eher durch das politisch-administrative Zentrum als durch eine gesellschaftliche Totalität definiert wird.

Die Festzüge der Jahre VI und VII beziehen wieder den größten Teil der Stadt ein. Doch das Muster des Jahres II, das wieder erkennbar wird, hat jetzt eine charakteristische Veränderung erfahren. Die Struktur des Jahres II bietet ein dezentralisiertes Bild, während die Festzüge des fructidorianischen Direktoriums weiterhin um das Zentrum herum organisiert sind, das nach dem Thermidor herausgearbeitet worden war. Die Administration und die politische Macht bleiben das Zentrum der kulturellen Transformation, das jetzt wieder den weiteren städtischen Raum zurückzuerobern versucht. Es gibt einige weitere charakteristische Veränderungen: Die Kathedrale bleibt ausgeklammert, aber auch die Kirche St. Maclou, die einst der Société populaire als Versammlungsraum diente – die Republik hat sich offenbar mit dem traditionellen Kult so weit arrangiert, daß sie ihn zumindest toleriert. Die Bedeutung des Zentrums hat sich auf eine signifikante Weise verändert: durch den Eintritt des Militärs, symbolisiert durch das Mausoleum für General Hoche und die Umbenennung der Rue des Sansculottes nach seinem Namen. Die Macht des Direktoriums gründet sich zunehmend auf das Militär; der Staat bleibt gleichwohl der Idee der republikanischen Freiheit verpflichtet: Vor dem Rathaus befindet sich jetzt der hierhin transferierte „Vaterlandsaltar" mit einer Freiheitsstatue.

Der Prozeß der kulturellen Transformation hat also in diesen Jahren eine deutlich an der Topologie der Festzüge ablesbare Veränderung durchgemacht: Die Revolution der Jahre 1793/1794, die die Totalität der Kultur erfassen wollte, wird in den Jahren III und IV zurückgenommen, an die Stelle einer dezentralisierten Demokratie (deren Träger Sanskulotten und Jakobiner waren) tritt das Zentrum der politisch-administrativen Macht; dieses Zentrum versucht während des Direktoriums, sich die Gesellschaft durch eine zeremonielle kulturelle Praxis zu unterwerfen, zögert aber noch (oder wagt es nicht mehr), die gesamte Sphäre des Kults einzubeziehen. Zwischen Zentrum und Volk tritt symbolisch das Militär als die Basis, auf die sich dieser Unterwerfungsversuch stützt.

II. Der utopische Raum

1. Die Erziehung des neuen Menschen durch den öffentlichen Raum

Die Umwandlung des öffentlichen Raums in ein Universum der republikanischen Erziehung war vorerst nur ein provisorisches, fragmentarisches und uneinheitliches Werk. Politische Instabilität, Kriegführung und allgemein der Mangel an Mitteln standen der Ausführung größerer Vorhaben entgegen. Konnte man sich jedoch mit pragmatischen Lösungen und Provisorien zufriedengeben? Hinter dem revolutionären Handeln waren tiefere Wünsche und Triebkräfte am Werk, die ihren Ausdruck suchten. Man brauchte eine Anschauung von dem, was kommen sollte, die produktive Einbildungskraft war herausgefordert, antizipatorische Bilder jenes Raums zu entwerfen, in dem die Freiheit und das republikanische Gemeinwesen auf Dauer ihre Heimstatt finden sollten. Man träumte von einem „natürlichen" Raum, der den neuen Menschen von selbst für dieses Gemeinwesen erzieht, von einem Territorium der Freiheit, das von Monumenten bevölkert wäre, die ihre eigene sozialisatorische Kraft entfalten, weil die Prinzipien und Strukturen der neuen Ordnung in ihnen schon sinnlich und anschaulich präsent sind. Wenn erst alle gotischen Kathedralen in Tempel der republikanischen Tugend verwandelt sind, wird die Macht der alten Religion gebrochen sein, und wenn erst die Sprache der republikanischen Monumente den gesamten öffentlichen Raum durchdringt, wird es keine sinnlichen Eindrücke mehr geben, die den Menschen irreleiten und zu den Werten der alten Kultur zurückführen.
Zwei Ideen leiten die Projekte des utopischen Raums: die Konstruktion eines pädagogischen Ensembles, in dem die grundlegenden Prinzipien und Werte der Revolution, der republikanischen Moral ihre allgegenwärtige Repräsentation finden – ein sprechender Raum aus Inschriften, Symbolen und Monumenten –, und die Errichtung von Bauten und Monumenten für die Praxis der republikanischen Öffentlichkeit, ihrer Zeremonien und ihres Kults. Beide sind untrennbar miteinander verbunden,

weil die pädagogische Sprache der Monumente dem „praktischen" Raum erst seine spezifischen Bedeutungen gibt.
Die „Sprache der Monumente" als Medium staatsbürgerlicher Erziehung war keine Erfindung der Revolution. Schon 1775 schlug der Physiokrat *Le Mercier de la Rivière* vor, das ganze staatliche Territorium mit Monumenten zu überziehen, „die geeignet sind, die Lektionen, die man in den Schulen erhielt, festzuhalten. Die großen Straßen, die öffentlichen Plätze, die Dörfer, die Stadttore, die Tempel und alle ähnlichen Gebäude, alles soll mit solchen Monumenten ausgestattet sein; alles soll die Bürger daran erinnern, daß sie für die Freiheit geboren sind und daß sie sich nur unter dem Gesetz des Eigentums in wirklicher Freiheit befinden; aber daß die Erhaltung ihrer individuellen Freiheit untrennbar an die der öffentlichen Freiheit gebunden ist ..."[1] Die Erziehungstheoretiker und Moralpädagogen der Revolution griffen solche Ideen auf. Der schulische Unterricht reiche nicht aus, die moralischen und politischen Grundprinzipien müßten auch eine räumliche Repräsentation haben, denn nur durch stete sinnliche Eindrücke würden sie sich den Individuen einprägen. Daher die Idee, den schulischen Unterricht mit einem sprechenden Raum zu umgeben, der die Lektionen des gesprochenen Wortes verstärkt. „Heilige Bilder der Wohltäter der Menschheit" mögen die Unterrichtsräume schmücken, schrieb der Naturwissenschaftler *Lacépède*.[2] „In den Sälen, in denen sich gewöhnlich die Schüler versammeln, wird man darauf achten, Gemälde aufzuhängen, die die wichtigsten Ereignisse der Revolution darstellen", liest man bei *Estienne*, Collègeprofessor in Arras. Estienne wollte die Schulen mit Parkanlagen umgeben, die die Schüler außerhalb der Stunden durchstreifen. Hier werden sie den Büsten großer Männer begegnen, „deren Schriften auf die Französische Revolution Einfluß nahmen"; in der Mitte des Parks stoßen sie auf eine Säule, „auf die die grundlegenden Prinzipien der Moral und der Politik graviert sind"[3]. Der Abgeordnete *Deleyre* schlug im Konvent vor, in allen Gemeinden „gymnases" für öffentliche Spiele und körperliche Übungen anzulegen, denen patriotische Gärten mit revolutionsgeschichtlichen Monumenten angegliedert wären; sie künden von den Heldentaten der jeweiligen Region, in der sie sich befinden: „So wird man auf der Säule oder einer Art Obelisk, der das Departement Paris kennzeichnet, lesen: ‚Einnahme der Bastille' oder ‚Eroberung der Freiheit', und auf einer anderen Säule ‚Revolution des 10. August 1792; Sturz der Monarchie, es lebe die Republik!'"[4]
Die Revolution strebte danach, das gesamte Territorium der Freiheit in eine republikanische Schule aus sprechenden Monumenten zu verwan-

deln. Bereits 1791 ließ das Departement Paris Pläne für eine umfassende Konzeption der öffentlichen Denkmäler ausarbeiten. Der Kommission, die mit dieser Arbeit beauftragt war, gehörte unter anderem auch *Talleyrand* an, der erst wenige Monate zuvor in der Assemblée Législative das Programm für die Reorganisation des Erziehungs- und Unterrichtswesens vorgelegt hatte. In diesem Programm werden Feste und Monumente als integrale Bestandteile der öffentlichen Erziehung behandelt: Patriotische Spiele, Wettkämpfe und Ehrungen sollen im Mittelpunkt der Feste stehen und die Jugend zu patriotischen Leistungen anspornen; Statuen großer Männer sollen zu patriotischer Moral erziehen. Für Talleyrand gilt es, die tiefen „impressions physiques", die die Künste auf die „affections de l'ame" ausüben, für die öffentliche und nationale Erziehung zu nutzen.[5]

Dies war der theoretische und erziehungspolitische Ausgangspunkt für die Konzeption, die der Administrator *Kersaint* dann im Februar 1792 im Namen der Kommission dem Conseil des Departements vorlegte: „Vollenden wir die Freiheit, und alles wird leicht sein. Um dorthin zu gelangen, fügen wir dem Unterricht durch das Wort die Sprache der Monumente hinzu [...]. Beginnen wir das Werk der öffentlichen Erziehung; nutzen wir diese große Bewegung des Geistes, die die Revolution bewirkt, um das französische Volk zum Ruhm der größten Nationen der Antike zu rufen."[6] Kersaint ließ keinen Zweifel daran, worin für ihn die politisch-pädagogische Funktion der öffentlichen Monumente besteht: Sie sollen, wie in der Antike, zu patriotischer Tugend erziehen, und sie sollen eine innere Übereinstimmung zwischen den Intentionen des Gesetzgebers und dem Handeln der Bürger herstellen. Die Künste sind für diese Aufgaben besonders geeignet, weil sie unmittelbar auf die Gefühle und Empfindungen wirken. Die Sprache der Monumente schafft eine gleichsam instinktive Folgebereitschaft, indem sie dem Geist der Gesetze eine sinnliche und dauerhaft wirksame Präsenz im öffentlichen Raum geben: „Das Vertrauen auf die Stabilität unserer neuen Gesetze, das zu vermitteln so notwendig ist, wird sich auf eine instinktive Weise auf die Solidität der Bauwerke gründen..." Kersaint formulierte damit ein Leitmotiv der pädagogischen Ästhetik der Revolution. Den gleichen Gedanken sprach *Mirabeau* 1791 aus: „Es handelt sich also weniger darum, ihn [den Menschen] zu überzeugen, als ihn innerlich zu bewegen; weniger darum, ihm zu beweisen, wie ausgezeichnet die Gesetze sind, von denen er regiert wird, als ihn dazu zu bringen, sie durch gefühlsmäßige und lebhafte Sinne zu lieben, deren Spuren er nicht mehr auszulöschen vermag, die ihn an

jeden Ort begleiten und ihm so unaufhörlich das teure und ehrwürdige Bild des Vaterlandes vergegenwärtigen."⁷
Wir stoßen hier auf die Kehrseite des Sensualismus: Sind es zuallererst die sinnlichen Eindrücke, die den Menschen prägen, dann ist es ein leichtes, ihn mit den neuen Gesetzen und der neuen Moral „in Übereinstimmung" zu bringen, indem man ihm eine Umwelt schafft, die ihm beständig nur die richtigen Eindrücke vermittelt – nicht die rationale Prüfung und die diskursive Auseinandersetzung bilden das Fundament, auf dem der neue Mensch geschaffen wird. Dies beinhaltet bei Kersaint freilich noch kein sozialtechnologisches Programm; denn die Gesetze, an die es den Menschen anzupassen gilt, haben als Ausdruck der „volonté générale" immer schon einen sakralen Charakter, wie ja auch für *Robespierre* die wahre gesellschaftliche Moral auf einem „religiösen Gefühl" ruht, das den Menschen instinktiv das Gute und Richtige tun läßt. Nichts ist besser als die Sprache der Zeremonien und der Monumente geeignet, diesen Instinkt zu auszubilden und zu festigen. Sie sollen, so Kersaint, dem Volk den „heiligen Respekt" vor dem Gesetz und dem Gesetzgeber eingeben. Die einzige Religion, auf die ein verfassungsmäßiges Staatswesen gegründet werden könne, sei der „Kult der Gesetze", der Kult der „volonté générale"; ihm haben die öffentlichen Monumente zu dienen.
Kersaint entwarf mehrere Ebenen für eine solche Sprache der Monumente, die im Kern bereits das gesamte Programm der revolutionären Ästhetik enthalten. Zunächst plante er, das Territorium der Freiheit mit Inschriften und Tempeln zu überziehen, die die Gesetze, ihre moralischen und kultischen Grundlagen sowie ihre Inhalte vermitteln. An allen öffentlichen Gebäuden möge man die Inschrift anbringen: „Wir wurden in der Knechtschaft geboren; der Tod hat uns frei gefunden." Sodann sollen in allen Sektionen und Kantonen „prytanées patriotiques" errichtet werden: Denkmäler und – in größeren Städten – Tempel einer konstitutionellen Öffentlichkeit, in denen Tafeln mit dem Text der Verfassung, in Bronze graviert, und den laufenden Gesetzen zur Instruktion der Bürger aufgehängt werden; in größeren Städten wird dieser Raum auch Statuen großer Männer aufnehmen. Dies sind nicht nur Orte des politischen Unterrichts, sondern auch der moralischen Erziehung – wer sie als schlechter Bürger betrat, wird sie als guter Patriot verlassen – und der einträchtigen Zusammenkunft.⁸
Dem Ort der „konstitutionellen Öffentlichkeit" steht auf einer zweiten Ebene der Raum der Massenversammlung gegenüber. Handelt es sich im ersten Fall um eine Stätte der politischen Bildung und der Besinnung,

freilich noch im Rahmen einer kultisch ausgerichteten Moralpädagogik, so ist der „Champ de la Fédération" für die großen Nationalfeste bestimmt, wie sie nach dem Unterrichtsplan Talleyrands institutionalisiert werden sollten. Insbesondere das Fest der Fédération vom 14. Juli 1790, auf dem die nationale Einheit zum erstenmal sinnlich manifest und allgemein erfahrbar wurde, wollte Talleyrand alljährlich aufs neue zelebrieren. Hierfür plante Kersaint ein gigantisches Amphitheater auf dem Marsfeld, das in seinen Ausmaßen noch den römischen Circus Maximus übertreffen würde, und hier sollte der Ort der Fédération „geheiligt" werden. In seiner Mitte sah Kersaint einen Granitblock als Vaterlandsaltar vor, auf dem jeder Bürger mindestens einmal in seinem Leben einen Eid auf den Tod der Tyrannen schwört. Der Vorhof dieses Sanktuariums, „das man nur am 14. Juli jedes Jahres betreten könnte, bildet die Karte Frankreichs in seiner astronomischen Lage und den verfassungsmäßigen Untergliederungen ab" – auch hier wieder das Bemühen, die Revolution in kosmischen Dimensionen zu verankern. In einer Weihehalle im Innern des Altars sollen die Namen großer Patrioten angebracht werden; auf den Sockel soll die Menschenrechtserklärung in Granit gemeißelt werden, eine Statue Rousseaus wird an den wahren Gesetzgeber des konstitutionellen Staates erinnern. Alle freien Teile des Monuments möchte Kersaint aus Granit errichten, dauerhaftes, unzerstörbares Material; denn: „Dieses außerordentliche Monument soll ewig bestehen."

Die Architektur wird zu Hilfe gerufen, um nationale Einheit und gesellschaftliche Eintracht für immer sicherzustellen. Die Einheit ist allumfassend – das Amphitheater ist ein totaler Entwurf; seine pädagogische Bedeutung liegt darin, daß es zur Einmütigkeit erzieht, denn in seiner Weite, die zugleich die Masse als einen homogenen Block erscheinen läßt, kann sich keine individuelle Stimme gegen das Ganze entfalten. Das Amphitheater schwört den einzelnen auf den Kult des Gesetzes ein, den sakralen Allgemeinwillen des konstitutionellen Staates; das Fest des 14. Juli wäre der periodisch wiederkehrende Höhepunkt dieses Kultes. Die dritte Ebene, auf der der Kult des Gesetzes sich in die Sprache des monumentalen Raumes übersetzt, ist der Palast der Nationalversammlung selbst, den Kersaint als einen „temple majeur" entwirft. Sollen die „prytanées" und der „Champ de la Fédération" als nationale Wallfahrtsstätte den heiligen Respekt vor dem Gesetz und der „volonté générale" vermitteln, so gilt der Tempel der Nationalversammlung dem Respekt vor den Abgeordneten, den „législateurs du peuple". Kersaints Raum der öffentlichen Monumente ist der Raum einer zentralistischen Macht; seine

Pädagogik zielt auf eine ästhetisch vermittelte Sozialisation zum Respekt vor dieser Macht, die sich mit sakraler Weihe und unantastbarer Größe umgibt, ihr Ziel ist die Sicherstellung kollektiver Folgebereitschaft. Kersaint entwirft keinen Raum der kommunikativen Vermittlung und des Diskurses; Bauten für die Primärversammlungen der Bürger etwa oder Schulen tauchen in seinem Programm nicht auf. Der zentralistische Aspekt seiner Konzeption wird auch daran deutlich, daß er nicht nur den Anspruch der Hauptstadt auf den Tempel der Nationalversammlung betont, sondern überhaupt aus Paris die monumentale Repräsentation des staatlich-gesellschaftlichen Allgemeinen machen möche, von dem die kulturelle Erneuerung ihren Ausgang nehmen wird. Auch das Zentrum des kulturellen Wissens wird hier seinen Platz haben, der „Tempel der Natur und des Genius", der Talleyrands „Nationalinstitut der Wissenschaften und Künste" aufnehmen soll: „möge Paris das moderne Athen werden; und möge die Hauptstadt des Machtmißbrauchs, jetzt von einer Rasse durch die Freiheit wiedergeborener Menschen bevölkert, dank eurer Umsicht die Hauptstadt der Künste werden."[9]

Bei Talleyrand schwebt das „Institut national", das die alten Akademien ersetzen und zusammenfassen soll, über allen Institutionen der Bildung, Kunst, Wissenschaft und Erziehung; seiner Aufsicht unterstehen die schulischen Einrichtungen ebenso wie Bibliotheken und Museen. Das Institut verwaltet sich selbst: eine autonome Gelehrtenrepublik, die neben der Nationalversammlung als dem Zentrum der politischen Macht das geistig-kulturelle Machtzentrum der Gesellschaft bildet. Beide Stätten, der Tempel des Gesetzes und der des Wissens, konstituieren, auch in der räumlichen Lokalisierung eng aufeinander bezogen, ein gemeinsames politisch-kulturelles Zentrum: Die Nationalversammlung wird in die ausgebaute Madeleine einziehen – die Wahl dieses Ortes symbolisiert sowohl die Inbesitznahme des Kultes durch den neuen Staat als auch den kultischen Aspekt der Politik, während das Institut National (Kersaint spricht noch von einer „Académie centrale d'instruction") im Louvre residieren wird; die größten Werke und Hervorbringungen der Künste, der Wissenschaft und der Natur sollen hier ihre Galerien erhalten.

Sieht man einmal von den „prytanées" ab, so beschränkt sich diese Konzeption im wesentlichen auf die Gestaltung des politisch-kulturellen Machtzentrums in Paris; insofern gibt sie noch dem Zentralismus des späten Absolutismus und der Konstituante Ausdruck. Die Projekte des Wohlfahrtsausschusses und des Konvents aus dem Jahr II konzentrieren sich zwar gleichfalls auf die Gestaltung der Hauptstadt, beziehen aber einen sehr viel weiteren urbanen Raum ein und enthalten ein wesentlich vielfältigeres Konzept öffentlicher Monumente; darüber hinaus sehen sie eine Reihe von Bauten und Monumenten für die gesamte Republik vor. In ihnen wird die Idee einer repräsentativen Selbstdarstellung der Revolution und der Prinzipien der republikanischen Moral mit der Idee der sozialen Demokratie zu einem ästhetischen Ganzen verknüpft, das nicht mehr bloß einer Pädagogik des Respekts Ausdruck verleiht.

Ein Novum war, daß der weitaus größte Teil der Projekte des Jahres II nicht nur zum öffentlichen Wettbewerb ausgeschrieben wurde, sondern daß auch die Beurteilung der eingesandten Entwürfe einer Jury überlassen blieb, deren Mitglieder die Teilnehmer selber benennen konnten: ein demokratisches Verfahren, das sich radikal von der kunstpolitischen Praxis des Ancien Régime und noch der konstitutionellen Monarchie unterschied.[10] Die Konzeption der Wettbewerbe geht in wesentlichen Teilen auf Initiativen und Petitionen der Société populaire des arts zurück, in der wohl die meisten Künstler der Zeit 1793/1794 organisiert waren.[11] Die Société, die sich nicht bloß als eine Interessenorganisation der Künstler verstand, sondern ihre Aufgabe auch darin sah, sich mit dem Beitrag der Kunst zur allgemeinen „Regeneration" und für die Verbreitung der republikanischen Moral zu befassen, richtete im Nivôse II eine Petition an den Konvent, in der sie forderte, republikanische Bauten, Kunstwerke und Monumente in Auftrag zu geben.[12] Nicht länger würden die Künste sich für die Tyrannen prostituieren, erklärt daraufhin *David*, zu diesem Zeitpunkt Präsident des Konvents: „Die Leinwand, der Marmor, die Bronze werden miteinander wetteifern, um der Nachwelt den unermüdlichen Mut unserer republikanischen Phalanxen zu überliefern. An der Seite der republikanischen Tugenden und der denkwürdigen Taten glänzte in der Antike der Genius der Künste; diese Tugenden kehren zurück; das erstaunte Europa blickt auf sie."[13]

Der Konvent beauftragte daraufhin den Unterrichtsausschuß, ein Programm für einen Wettbewerb auszuarbeiten. Dieser gab den Auftrag zunächst an die Société des arts zurück; deren Mitglieder *Bienaimé* und *Balzac* legten im Pluviôse II einen Bericht vor, in dem die Grundlinien einer revolutionären Kunst skizziert werden.[14] Zum einen sollen die Künste eine sozialpolitische Aufgabe erfüllen; der Bericht zählt eine Reihe von architektonischen Vorhaben auf, die der Verbesserung der „Lebensqualität" dienen: „Hospitäler, Arsenale, Nahrungsmittelspeicher und die Notwendigkeit, rasch Wasser in alle Gemeinden zu führen; dann können Brunnen für die Sauberkeit, Bäder für die Gesundheit und Sicherheit,

Schwimmbecken für die körperliche Erziehung und Einrichtungen rascher Hilfe bei Bränden geschaffen werden." Die andere Aufgabe ist der unmittelbare Beitrag zur republikanischen Erziehung. Mit Hilfe der Kunst soll der Alltag von den neuen politischen und moralischen Vorstellungen durchdrungen werden; auch die Feste sind Teil dieser Erziehung: „In der Tat, alles soll bei einem republikanischen Volk ein moralisches Ziel haben: noch in seinen Vergnügungen soll es Lektionen finden." Bienaimé und Balzac entwarfen ein weitgespanntes Feld künstlerischer Arbeiten für diese Erziehungsaufgabe: die Vollendung des Louvre für ein nationales Museum als herausragende Stätte ästhetischer Bildung; den Bau von Tempeln der Freiheit und des öffentlichen Glücks in allen Kommunen – die Tempel sollen mit Darstellungen heroischer Taten ausgeschmückt werden; die Errichtung von Exedren, Foren und Propyläen nach antikem Vorbild, also Räume öffentlicher Kommunikation, „um den Bürgern einen Schutz zu bieten, die sich offen über die Interessen des Vaterlandes auseinandersetzen wollen"; eine revolutionspädagogische Ausgestaltung der Primarschulen; den Bau von Amphitheatern, in denen die „Künste der Deklamation und der Pantomime" die Zuschauer begeistern und zu großen Taten aufrufen, von Triumphbögen, Siegestempeln und eines großen „cirque" für die Nationalfeste, „ebenso dauerhaft wie die Freiheit selbst errichtet", eines Monument auf den Ruinen der Bastille usw.

Ähnlich diskutierte der Club révolutionnaire des arts, zu dem sich die Jury des Salons von 1793 konstituiert hatte, im Jahr II die gesellschaftliche und moralpädagogische Funktionsbestimmung der Künste. Die Feste, erklärte man dort, dauern nur einen Augenblick; die Kunst könne diesen Augenblick festhalten und seine Botschaft dauerhaft machen, durch graphische Darstellungen könnten die großen Ereignisse und die heroischen Aktionen als Modelle tugendhaften Handelns in alle Häuser und Hütten gelangen: Die Architekten sollen die gotischen Kathedralen, „barbarische und wahnhafte Werke", durch Tempel der Vernunft ersetzen, die der Freiheit würdig seien.[15]

Die Künstler werden aufgerufen, das Bild der Märtyrer der Freiheit und die Ereignisse der Revolutionsgeschichte festzuhalten; an den Landstraßen mögen Brunnen errichtet werden, die nicht nur den Reisenden eine Erfrischung bieten, sondern auch eine republikanische Lektion erteilen, indem man sie mit moralischen und patriotischen Inschriften versieht. Schließlich solle im städtischen Raum jede Tugend einen eigenen Tempel erhalten, der mit entsprechenden Werken ausgestattet ist: „in jedem wird

man in Skulpturen und Gemälden alle entsprechenden Taten dargestellt sehen. So wären im Tempel des Sieges die Taten des militärischen Heroismus dargestellt, der Tod des jungen Barra, Viala, Duplessis, Langlois und so vieler anderer [...]; im Tempel der Gesetze der Tod der Märtyrer der Freiheit, Lepeletier und Marat, die Porträts der Gesetzgeber, die Merkmale der Befähigungen, die für sie unabdingbar sind [...]; in jenem der Tugend die Taten der Hingabe ans Vaterland, der kindlichen Liebe, der beständigen Freundschaft, der Achtung vor den Sitten ..."[16]
Über die Gestaltung des Tempels wird der republikanische Kult seine eigene moralpädagogische Sprache im öffentlichen Raum entfalten. Diese Sprache scheidet unzweideutig zwischen Gut und Böse: „Vielleicht sollten selbst die Untaten der großen Schurken in Farben dargestellt werden, die geeignet sind, den Schrecken ihres Namens zu vermitteln, und diese mit männlicher Kraft angefertigten Gemälde würden in einem Tempel von einer wilden Architektur aufgehängt, der der nationalen Rache gewidmet wäre."[17] In diesem Programm, das schon den Manichäismus der Terreur erkennen läßt, steht nicht mehr wie bei Kersaint der Respekt vor den Gesetzgebern und der politischen Macht, sondern vor der republikanischen Moral als des metaphysischen Allgemeinen, dem auch der Staat unterworfen ist, im Mittelpunkt.

Im Floréal und Messidor II beschloß der Wohlfahrtsausschuß eine Serie von Wettbewerben, die die Anregungen der Société populaire des arts und des Club révolutionnaire aufgreifen und in ein zusammenhängendes Programm der Transformation des monumentalen öffentlichen Raums integrieren. Nicht zufällig fallen diese Anordnungen in die gleiche Zeit, in der die Grundlagen des republikanischen Kults formuliert und in eine erste gesetzliche Form gebracht werden: Die Kunst soll der Moralpädagogik, den Festen und dem Kult der Republik die korrespondierende Umwelt eines Ensembles sprechender Monumente zu Seite stellen. Die Konzeption des Wohlfahrtsausschusses verknüpft das sozialpolitische Projekt eines Raums der Wohlfahrt und des öffentlichen Glücks mit dem einer monumentalen Repräsentation der republikanischen Moralpädagogik.

Die Serie der Projekte wird im 5. Floréal mit einem Wettbewerb für Bronze- und Marmormonumente eröffnet, die den provisorisch zum Fest des 10. August 1793 errichteten Werken Dauer verleihen und so die Idee dieses Festes, die republikanische Einmütigkeit, für alle Zeiten festhalten sollen: „Die Gegenstände des Wettbewerbs sind: 1. die Statue der wiedergeborenen Natur auf den Ruinen der Bastille; 2. der Triumphbogen des 6. Oktobers auf dem Boulevard des Italiens; 3. die Statue der Freiheit

auf der Place de la Révolution; 4. die Statue des Volkes, das den Föderalismus zu Boden wirft (auf der Place des Invalides)."[18] Darüber hinaus wird ein Wettbewerb für eine weitere „Kolossalstatue des französischen Volkes" ausgeschrieben, die der Konvent bereits im Brumaire II nach einer Vorlage *Davids* beschlossen hatte.
Davids Koloß war dem Sieg über „Despotie und Aberglauben", den beiden „grausamsten Feinden des Menschengeschlechts" gewidmet. Auf den Trümmern der Königsstatuen, die die Pariser Commune vom Portal von Notre-Dame hatte entfernen lassen, sollte das Volk, „die Trümmer der Tyrannenherrschaft mit Füßen tretend", in Bronze verewigt werden. Das Material – Bronze war knapp, weil es für die Verteidigung benötigt wurde – würden die Armeen von den „verbündeten Despoten" erobern: „Jede Armee unserer Republik, jeder Soldat in den Armeen muß durch echte Anstrengungen beitragen und mitwirken [...]; es wird ein Beitrag aller Siege sein." David entwarf die Statue, deren Höhe auf 15 Meter projektiert war, als einen sprechenden Körper: „In der einen Hand wird sie die Gestalten der Freiheit und der Gleichheit tragen; mit der anderen stützt sie sich auf eine Keule. Auf ihrer Stirn steht das Wort ‚Licht', auf der Brust finden sich die Worte ‚Natur', ‚Wahrheit'; auf den Armen das Wort ‚Kraft'; auf den Händen das Wort ‚Arbeit'." In die Keule dieses republikanischen Herkules wollte David die Menschenrechtserklärung, die in Erz gravierte Verfassung, die Erinnerungsmedaille an den 10. August und seinen eigenen Gesetzestext einmauern lassen.[19] Ein bedrohliches und monströses „sprechendes Monument"[20] des neuen Souveräns, vorgesehen für die Spitze der Île de la Cité am Pont neuf, wo es allen einfahrenden Schiffen einen grimmigen Gruß entrichten würde.[21]
Weiterhin wird ein Wettbewerb für „arènes couvertes" auf dem Gelände des ehemaligen Théâtre St. Martin ausgeschrieben, damit auch im Winter und bei schlechter Witterung Nationalfeste durchgeführt werden können. Für das Panthéon plante man eine Säule zu Ehren der „Märtyrer des 10. August", im Jardin national (Tuilerien) ein Monument für Rousseau, im Park des Maison Beaujon (des heutigen Elysée-Palasts) einen Tempel der Gleichheit. Die Künstler waren aufgerufen, die „glorreichsten Epochen der Revolution" auf Leinwand zu verewigen. Zugleich beauftragte der Wohlfahrtsausschuß *David* und seinen Schwager *Hubert* mit der Umgestaltung des Jardin national – unter anderem war ein Tor aus antiken Fragmenten geplant, der Pont de la Révolution sollte repräsentative Statuen erhalten, am Eingang der Champs-Elysées wollte man die Pferde von Marly plazieren. Das umfangreichste Programm folgte am 25. Floréal mit

30 Anordnungen zur Umgestaltung des Jardin national. Für diesen Komplex – auch der Konvent strebte eine repräsentative Gestaltung des politischen Zentrums an – hatte man schon im Vorjahr einen Wettbewerb beschlossen. Vorgesehen war eine öffentliche „salle de spectacle", vor allem aber sollte der Palais national von allen angrenzenden Gebäuden „befreit" werden und eine eigene Einfassung erhalten: „man möge alles vermeiden, was der Reinheit Abbruch tun und dem Auge eine beleidigende Unordnung darbieten könnte..." Eine neue, breite Straße längs der Terrasse der Feuillants sollte Palais und Jardin national von ihrer Umgebung isolieren. Die „Reinigung" der öffentlichen Gebäude, symbolisch des politischen Allgemeinen von allem Partikularen der Gesellschaft, insbesondere der Sphäre des bürgerlichen Geschäftes, war ein Anliegen, das 1793 auch die Commune des arts (die Vorläuferorganisation der Société populaire des arts) beschäftigte: „Die Kommune möge sich damit befassen, jenen Übelstand bei den öffentlichen Gebäuden abzustellen wie die Einrichtung von Buden und kleinen Läden, die die Gesamtheit der Monumente stören und dadurch auch ihrer Würde Abbruch tun."[22]
Später kamen zu diesem Aspekt einer politischen Symbolik andere Überlegungen hinzu: Nachdem die Aufständischen des Prairial III in die Nationalversammlung eingedrungen waren und die Abgeordneten bedroht hatten, diskutierte der Konvent erneut über die Notwendigkeit einer Abschließung des Komplexes nach außen.[23] Erst nach den traumatischen Erfahrungen der Prairial-Aufstände begann man damit, systematisch das Gelände von allen Kleinhändlern zu „reinigen" und mit einer Einfassung zu versehen.
Ein regulärer Wettbewerb scheint 1793 nicht zustande gekommen zu sein, nachdem es einen Protest der Künstler wegen seiner zu kurzfristigen Ansetzung gegeben hatte, doch lagen bis zum Frühjahr des Jahres II bereits einige Projekte vor. Der Wohlfahrtsausschuß entschied sich für einen Entwurf *Huberts*, der die Grundlage für die Anordnungen vom 25. Floréal II bildete. In diesen Anordnungen wird auf eindrucksvolle Weise der Wille sichtbar, dem politischen Zentrum eine markante politische Gestaltung zu geben, die die wesentlichen Ideen und Wertvorstellungen der Republik in einem kohärenten Ensemble von Monumenten zusammenfaßt. Dieses Zentrum ist von der Ästhetik des Neoklassizismus beherrscht, aber verknüpft mit einer spezifisch revolutionären Symbolsprache. Hubert plante, den Hof des Palais national mit einer kreisförmigen Kolonnade abzuschließen; allegorische Figuren auf einem fortlaufenden Piedestal sollten die Departements der Republik verkörpern: „Jedes De-

partement bringt der Nation die Reichtümer dar, mit denen die Natur es begünstigt hat."[24] „Étoiles flamboyantes" an den Sockeln der Statuen würden den Palast in der Nacht anstrahlen und dem Volk signalisieren, „daß der Konvent sein Licht aus allen Teilen der Republik bezieht"[25]. Im Projekt Huberts erhebt sich auf der Kuppel des Pavillon de l'Unité eine Bronzestatue der Freiheit, in einer Hand die Menschenrechtserklärung, in der anderen die Trikolore; Menschenrechtserklärung und Verfassung sind auf das Fundament der Kolonnade graviert. Am Eingang des Hofes stehen die Statuen der Gerechtigkeit und des öffentlichen Glücks.

Im Park war unter anderem eine „Palestra" für gymnastische Spiele der Jugend vorgesehen, mit Monumenten Barras und Vialas; sie wird nach Süden durch einen Säulenrundgang abgegrenzt, „so, daß die Alten hier den Spielen der Jungen vorsitzen können und gegen die Unbill des Wetters geschützt sind". Die Pädagogik des republikanischen Patriotismus darf auch hier nicht fehlen: „das Innere dieser Säulenhalle wäre mit Bildern ausgeschmückt, die imstande sind, die großen Leidenschaften der Jugend zu entfalten und zu leiten". Lafontaine und Rousseau gewidmete Haine schließen sich an, ein Monument, das Rousseau darstellt: „gestützt auf die Natur, tritt er die Laster und Vorurteile zu Boden, während er den Sonnenuntergang betrachtet." Weiterhin plante man ein beheiztes Schwimmbecken, das als Schwimmschule dienen soll, verschiedene weitere Gartenanlagen, Springbrunnen, der Freiheit und Gleichheit gewidmet, „hexaèdres" „gleich jenen, wo die griechischen Philosophen ihren Unterricht erteilt haben"[26], mehrere Triumphbögen, eine Esplanade für öffentliche Feste ...

Huberts Anlage sollte das Volk und die Staatsvertreter zu einer großen Einheit zusammenführen; die Funktionen des öffentlichen Festes und der politischen Repräsentation werden in ein architektonisches Ensemble integriert. In diese Konzeption wurde auch der weitere Raum um den Palais und Jardin national einbezogen. Die Place de la Révolution mit der Freiheitsstatue sollte als „une espèce de cirque" für die Nationalfeste gestaltet werden. Von hier würde ein Triumphbogen zur Madeleine führen, die nach Plänen Huberts in einen Tempel der Revolution, in eine Art Revolutionsmuseum, in dem Künstler die Geschichte des Jakobinerklubs verewigen, umgewandelt werden sollte. Ein weiterer Triumphbogen sollte zum Pont de la Révolution führen, auf dem man die Statuen großer Franzosen aus dem Antikensaal des Louvre aufstellen wollte.

Für die Innenausstattung der Räume des Palais national formulierte Hubert in seinem Plan Prinzipien einer republikanischen Ästhetik, die ein

politisches Bildungsprogramm umsetzen: „Bis zum heutigen Tage waren die öffentlichen Gebäude so eingerichtet, daß die Bürger, wenn sie mit den Beauftragten des Volkes zu tun hatten, gezwungen waren, bevor sie mit ihnen reden konnten, in Vorzimmern zu warten, wo sie sich langweilten und erniedrigt fühlten. Man kann diesem Übelstand ein Ende machen, indem man anordnet, daß es in den nationalen Einrichtungen einen Salon des Volkes gibt, wo man ihm nur Dinge darbietet, die geeignet sind, seine Seele zu erheben und es zu unterrichten. Jedes dieser Gebäude sollte einen seiner Bestimmung entsprechenden, unterschiedlichen Charakter erhalten: Bei der Waffenkommission beispielsweise sollten die Militärs im Salon Pläne von Kriegsschauplätzen vorfinden und alles, was ihr Metier betrifft; im Salon der Landwirtschaftskommission stünden die achtbaren Geräte der Kunst, die die Menschen ernährt, ebenso die Entdeckungen, die sie verbessern können. Der Verbündete der Franzosen würde mit einem Vergnügen, in das sich Erstaunen mischt, die Erzeugnisse seiner Heimat im Salon der auswärtigen Beziehungen wiederfinden."
Ein Teil der Monumente und Anlagen des Projektes wurde gleichfalls zum Wettbewerb ausgeschrieben, während man die unmittelbare Gestaltung des Jardin national einem Komitee übertrug, dem unter anderem *David*, *Hubert* und *Fourcroy* angehörten.[27] Weitere Gesetze und Anordnungen vom Messidor II komplettieren diese Konzeption eines neuen politischen Raums. Am 13. Messidor beschloß der Konvent nach Vorlage *Barères* einen Wettbewerb zur Umgestaltung der Zollhäuser von Paris in Monumente der Revolution. Die im Auftrag der Ferme générale nach Entwürfen *Ledoux'* entstandenen Zollhäuser waren Sinnbilder für die Einschränkung der wirtschaftlichen Freiheit im Ancien Régime; die Kunst wird sie in Monumente der republikanischen Erziehung umwandeln – „neuartige Monumente für den öffentlichen Unterricht", wie *Barère* formulierte, Museen der Revolution, ausgestattet mit Gemälden und Schrifttafeln, die die Siege über die Tyrannen festhalten: „Auf diese Weise wird der nationale Unterricht selbst aus den Steinen, die die Tyrannei aufhäufte, hervorgehen, und der Sieg wird eine neue Eroberung machen, indem er die schrecklichen Monumente der Steuerlast rehabilitiert. Den Künsten kommt es zu, ihre Verbrechen gegen das Volk zu sühnen ..." Die Stadt selbst würde sich in eine Art revolutionärer Festung verwandeln; kein Reisender wird sie mehr betreten können, ohne vom Triumph der Republik über das Ancien Régime Kenntnis zu nehmen: „der Bauer, der Reisende, der Fremde, die nach Paris kommen, sollen nur durch die Monumente des Sieges in die Stadt gelangen ... Die Bürger der Mittelmeer-

departements der Republik werden sich unserer Triumphe erinnern, wenn sie zum Sitzungssaal der Gesetzgeber kommen."[28]
Geht es in diesen Projekten darum, eine monumentale Metropole für die Tugendrepublik zu schaffen, so zielen andere Vorhaben auf einen generalisierten Raum der republikanischen Öffentlichkeit und des allgemeinen Wohls. Am 10. Messidor II ergeht eine Anordnung des Wohlfahrtsausschusses „bezüglich der Erstellung eines Gesamtplans für die Sanierung und Verschönerung von Paris und des weiteren für alle anderen Gemeinden der Republik". Die Anordnung formuliert die globalen Ziele einer urbanen Utopie[29]: „Die Jury soll einen allgemeinen Plan für die Sanierung und Verschönerung von Paris erstellen, für alles, was das Los der Bürger verbessern kann, durch Wasserleitungen, durch den Bau weiter Plätze, Brunnen und Märkte, durch Plätze für körperliche Übungen, öffentliche Bäder, Theater, breite Straßen mit Bürgersteigen, Kanalisationssysteme, Latrinen, Friedhöfe und allgemein alles, was zur Sauberkeit und Bequemlichkeit der Öffentlichkeit beitragen kann." Vorausgegangen war am 28. Floréal ein Wettbewerb für Gebäude der republikanischen Öffentlichkeit: für Volks- und Dekadenversammlungen, Gemeindehäuser, Gerichte, Theater, öffentliche Bäder und Brunnen.
Diese Vorhaben waren nicht mehr allein auf die Metropole bezogen, sondern auf die gesamte Republik. In den gleichen Kontext einer globalen Transformation des Raumes gehört eine weitere Anordnung vom 13. Floréal, die die Künstler aufrief, bessere Wohnungen für die Landbevölkerung zu entwerfen; dabei sollten Baumaterialien aus der Zerstörung von Festungen, „feudalen" und nationalisierten Gebäuden verwendet werden, „deren Erhaltung unnütz geworden ist". In einer Instruktion des Unterrichtsausschusses zum Programm der „architecture rurale"[30] werden zwei Aspekte hervorgehoben: Die Bauernhütten müßten gesund, solide, komfortabel, nützlich und kostengünstig sein, sie sollen aber auch den Prinzipien einer republikanischen Moralpädagogik entsprechen, für die das allgemeine Glück in der Harmonie des familiären Lebens auf dem Land gründet. In den Hütten der bäuerlichen Familien soll die Idee der Tugend, der häuslichen wie der öffentlichen, präsent sein, und der „architecture rurale" werden daher im Rahmen der republikanischen Sozialisation besondere Funktionen einer allgemeinen Volkserziehung zugewiesen: „Der Unterricht ist in einer Republik für das Volk ein tägliches Bedürfnis [...]. Die Häuser des Landes sollen den Kindern Lektionen, dem Alter Erinnerungen bieten. Möge der öffentliche Geist die Luft sein, in der man atmet. Mögen sie allein in ihrer Anordnung den Augen die Republik, d. h.

die Tugend, darbieten." Die Alten der Familie werden ein eigenes, bequemes Zimmer haben: „ein Platz, an dem man ihnen mit Achtung begegnet, an dem ihre wohlverdiente Ruhe den Eifer der Jugend weckt ..."; die Mädchen werden in von den Jungen getrennten Zimmern schlafen, unmittelbar unter Kontrolle der Mütter: „Die Mädchen sollen ihre Mütter nur verlassen, um in die Arme eines Gatten hinüberzuwechseln." Inschriften erläutern die Funktion der Raumaufteilung und bieten als Ensemble einen Kurs über die Einheit von Familie, Staat und Gesellschaft. Über dem Zimmer der Alten steht beispielsweise „Wohlverdiente Ruhe nach der Arbeit", über der Tür zum Eßzimmer „Gleichheit. Mäßigung" – hier wird sich die Familie am Dekadi versammeln, um unter der Tafel der Menschenrechte eigene häusliche Zeremonien abzuhalten, hier würde das Familientribunal tagen, gute Taten würden mit einem Ehrenplatz neben dem Familienoberhaupt belohnt... „Das ganze Haus wäre schließlich das Bild der praktizierten Moral, der Gesetze und des Vaterlandes" – hochgesteckte Ziele eines Programms moralischer Regeneration des Alltagslebens, der wir hier in Gestalt des Idealbilds einer republikanischen Gemeinschaft patriarchalischer Kleinfamilien begegnen, wie es *Dupont de Nemours* in seinem Entwurf eines häuslichen Kults gedacht haben mag.[31]

Die Wettbewerbe des Jahres II fanden eine für die Verhältnisse des späten 18. Jahrhunderts außerordentliche Resonanz. Insgesamt gingen mindestens 444 Arbeiten ein, davon 290 für Skulpturen und architektonische Vorhaben und 136 Entwürfe für Gemälde (hinzu kommen zwei Entwürfe für Medaillen und 16 für eine Pendeluhr, die im Louvre aufgestellt werden sollte).[32] Unter den architektonischen Projekten steht die Idee des republikanischen Kults im Vordergrund: Tempel für Dekadenzeremonien, Tempel der Gleichheit und der Freiheit machen zusammen über ein Drittel aller Entwürfe aus. Faßt man Assemblées primaires, Tempel, Arenen und Theater als Orte einer *republikanischen Öffentlichkeit* zusammen, dann galten dem allein über die Hälfte aller Projekte. Die Idee der republikanischen Öffentlichkeit wird aber deutlich vom *kultischen* Aspekt beherrscht – die *politische* Demokratie spielt mit lediglich sechs Entwürfen für Assemblées primaires keine nennenswerte Rolle; es gab gerade so viel Entwürfe für Primärversammlungen wie für Gefängnisbauten. Eine zweite Gruppe unter den architektonischen Projekten bilden Verwaltungs- und Justizgebäude, die aber ebenfalls von untergeordneter Bedeutung blieben. Etwas mehr Entwürfe entfallen auf soziale Projekte im engeren Sinn: öffentliche Bäder, Brunnen und „architecture rurale".

Zu den Wettbewerben des Jahres II eingesandte Projekte für architektonische Vorhaben und Monumente

	Anzahl	%*	%**
1. Orte der „Réunion"			
Assemblées primaires	6	2,1	5,1
Temples décadaires	11	3,8	9,4
Temples à l'Égalité***	27/30	10,3	25,6
Arènes couvertes***	9/11	3,8	9,4
Theater	3	1,0	2,6
zusammen	61	21,0	52,1
2. Verwaltungs- und Justizgebäude			
Maisons communes	5	1,7	4,3
Tribunaux	3	1,0	2,6
Justices de Paix	8	2,8	6,8
Gefängnisse	6	2,1	5,1
zusammen	22	7,6	18,8
3. Soziale Vorhaben			
öffentliche Bäder	7	2,4	6,0
Brunnen	8	2,8	6,8
architecture rurale	11	4,1	10,3
zusammen	27	9,3	23,1
4. Sonstige „embellissements"***	8	2,4	6,0
5. Revolutionsmonumente***			
Triumphbogen	29	10,0	16,8
Monument en l'honneur des citoyens morts le 10 août (Pl. Victoires)	29	10,0	16,8
Figure colossale du Peuple	26	9,0	15,0
Figure du peuple terrassant le fédéralisme	12	4,1	6,9
Statue de la Liberté	23	7,9	13,3
Statue de la Nature régénerée	8	2,8	4,6
Säule für das Panthéon	20	6,9	11,6
zusammen	147	50,7	85,0
6. Monument für Rousseau***	25/26	9,0	15,0

Insgesamt	290	
– architektonische Projekte	117	40,3
– Monumente	173	59,7

* auf 1–6 bezogen
** nur auf architekt. Projekte bzw. nur auf Monumente bezogen
*** für Paris bestimmt

Eingesandte Zeichnungen und Entwürfe für Gemälde

	Anzahl	%
1. Revolutionsgeschichtliche Darstellungen		
Ereignisse der politischen Geschichte	36	28,1
Heroische Einzeltaten	31	24,2
Märtyrerdarstellungen	16	12,5
zusammen	83	64,8
2. Revolutionäre Allegorien und moralpädagogische Darstellungen		
Konkrete poltische Allegorien	15	11,7
allgemeine politisch-moralische Allegorien	21	16,4
Darstellungen zum republikanischen Kult und Unterricht	9	7,8
zusammen	45	35,2
1 und 2 zusammen	128	100
Sujet unbekannt	8	
Insgesamt	136	

Beträchtlich war auch die Zahl der Entwürfe für Gemälde, die für die Ausstattung der neuen Bauten und öffentlichen Räume gedacht waren. Der Wettbewerb brachte eine wahre Revolutionsmalerei hervor: Knapp zwei Drittel aller Entwürfe behandelten Themen aus der realen Geschichte der Revolution – politische Ereignisse, heroische Einzeltaten (überwiegend dem „Recueil des actions héroiques" entnommen) und das republikanische Märtyrertum; die übrigen Bilder waren im wesentlichen revolutionäre Allegorien. Von den meisten dieser Werke wissen wir nur aus Archivdokumenten. Viele Gemälde und Entwürfe wurden später vernichtet, andere sind verschollen, einige lagern aber sicher noch in den Magazinen der Museen; eine Geschichte der Revolutionsmalerei bleibt noch zu schreiben. Was die Projekte für Monumente und architektonische Vorhaben betrifft, so dürften mittlerweile rund 30 Prozent der zum Wettbewerb des Jahres II eingereichten Entwürfe wieder aufgefunden sein. Dies ist immer noch eine geringe Zahl, so daß eine Bewertung der Revolutionskunst schwierig bleibt. Man kann aber feststellen, daß unter den Projekten solche dominieren, die auf die Konstruktion einer *monumentalen Metropole des republikanischen Kults* abzielen: Monumente und Bauvorhaben für Paris, die auf die großen Feste, auf die kollektive Praxis des republikanischen Kults (Monumente als Stationen, Tempel und Arenen als Endpunkte der Festzüge) und auf eine eindrucksvolle Repräsentation des republikanischen Gemeinwesens bezogen sind. Die Architekten und Bildhauer interessierten sich vor allem für repräsentative Kolossalstatuen, Triumphbögen und Tempelbauten. Darin schlägt sich das Erbe des monumentalen Neoklassizismus des späten Ancien Régime nieder. Die meisten Architekten waren an dieser Formensprache ausgebildet und träumten davon, die französischen Städte und vor allem Paris nach griechisch-römischem Vorbild umzugestalten. Nicht zuletzt die Museumsvorhaben der Revolution hatten zum Ziel, den Sinn für das Klassisch-Schöne zu bilden. Aber vielleicht mußte zunächst an die Umgestaltung des kulturellen Zentrums gegangen werden, ehe man sich an die Konstruktion einer dezentralen „architektonischen Infrastruktur" der republikanischen Öffentlichkeit machen konnte. Gleichwohl entstand neben einem monumentalen revolutionären Neoklassizismus auch eine Kunst, die nach neuen Wegen suchte, auf lokale Bedürfnisse bezogen war, dem Selbstverständnis der Sanskulotten Ausdruck gab und die Geschichte und Symbolsprache der Revolution in den Mittelpunkt der ästhetischen Gestaltung stellte.

Freilich blieben die Wettbewerbe des Jahres II praktisch folgenlos. Sie wurden zwar nach dem Thermidor noch zu Ende geführt, zur Ausführung gelangte aber so gut wie kein Projekt. Wegen der großen Zahl der eingesandten Entwürfe war der Bericht der Jury, die die Werke begutachten sollte, erst am Ende des Jahres III abgeschlossen. Im Hinblick auf die Beurteilung der architektonischen Vorhaben dominierten in der Jury die Repräsentanten des Neoklassizismus; Präsident war *Quatremère*, der führende Theoretiker der neoklassizistischen Ästhetik in Frankreich, Sekretär war der Architekt *Dufourny*. Eine maßgebliche Rolle spielte

Boullée, wie aus einer Notiz *Lequeus* hervorgeht.[33] Tatsächlich zeigt sich in den von der Jury ausgezeichneten architektonischen Projekten eine deutliche Bevorzugung der Werke, die den ästhetischen Prinzipien jenes monumentalen Klassizismus entsprachen, den man bereits aus dem späten Ancien Régime kannte. Einen konkreten und unmittelbaren Bezug zur Revolution und zur Revolutionsgeschichte wiesen diese Entwürfe nur bedingt auf.

Der Thermidor war an der Bewertung der Kunstwerke nicht spurlos vorübergegangen. Die Jury übte in ihrem Abschlußbericht heftige Kritik an zentralen Elementen der Konzeption des Wohlfahrtsausschusses.[34] Die Kritik traf insbesondere jene Vorhaben, die eine besonders konkrete politische Bedeutung hatten, sie zielte auf eine ästhetische „Neutralisierung" der Inhalte ab, auf jene Dimension einer kühlen Abstraktion und rationalen Monumentalität, die den Neoklassizismus kennzeichnet. *Davids* Projekt einer „Kolossalstatue des Volkes" verwarf die Jury als eine „riesenhafte Kinderei", besonders mißfiel ihr die Konzeption des Sockels aus Trümmern der „gothischen Königsstatuen". Die Statue der Freiheit war ihr eine „idée bizarre et extraordinaire", da sie gleichfalls auf den Ruinen eines Monuments der Monarchie errichtet werden sollte. Die Jury lehnte die Unreinheit der Form ab, die noch die Erinnerung an die Vergangenheit, an Entgegensetzung und Entzweiung wachhielt. Das Monument der „Nature régénérée" auf den Trümmern der Bastille kritisierte sie als „abstrakt und metaphysisch"; das Projekt der Statue „Das französische Volk, den Föderalismus zu Boden werfend", war bereits durch ein Gesetz vom 2. Ventôse III hinfällig geworden, das die Zerstörung aller Monumente „relatifs au fédéralisme" anordnete. Die eingereichten Entwürfe wurden zwar beurteilt, jedoch nur nach „rein künstlerischen" Gesichtspunkten; den Künstlern, die eine Auszeichnung erhielten, wurde eine neue Themenwahl für die Ausführung freigestellt.

Unter sämtlichen Projekten für Bauten und Monumente hielt die Jury überhaupt nur zwei für würdig, vollständig realisiert zu werden: den Tempel der Gleichheit von *Durand* und *Thibault* und die Bronze-Statue Rousseaus von *Moitte*.[35] Trotzdem wurden insgesamt 64 Preise vergeben, für die der Konvent Mittel in Höhe von zusammen 231 800 L. bereitstellte.[36] Für die meisten Künstler, die ein Projekt für eine Statue eingereicht hatten, war die Zuwendung mit der Auflage verbunden, ein Modell anzufertigen, doch waren sie dabei (außer Moitte) nicht mehr thematisch gebunden; für die architektonischen Entwürfe wurden dagegen unmittelbar Geldpreise vergeben.

23 Projekte für Statuen waren ausgezeichnet worden, aber nur in zehn Fällen wissen wir, daß zumindest mit der Ausführung als Modell begonnen wurde, und in den meisten dieser Fälle wählten die Künstler ein Thema aus der Antike. Nur wenige der Werke ließen die ursprüngliche Idee noch im Ansatz erkennen. *Michallon* etwa schuf eine Statue „Der heroische Mut des französischen Volks verjagt die Zwietracht von seinem Territorium, nachdem es sie besiegt hat", die ursprünglich als „La peuple terrasssant le fédéralisme" vorgesehen war; *Morgan* und *Susanne* stellten eine Freiheitsstatue her, die offenbar während des Direktoriums den Temple décadaire des Faubourg Antoine schmückte. Von 43 architektonischen Projekten, die ausgezeichnet wurden, gelangte keines zur Ausführung. Ähnliches gilt für die Entwürfe revolutionärer Gemälde. Auch hier machte sich bei die Preisverteilung der Jury der politische Wandel bemerkbar: So fand sich unter 40 mit Preisen bedachten Entwürfen zum Beispiel nur einer, der einem „Märtyrer der Freiheit" gewidmet war (eine Barra-Darstellung von *Chéry*). Lediglich zwei Werke waren zur Ausführung bestimmt: ein Entwurf *Gérards* für ein Histoirengemälde des 10. August und einer *Vincents*, der eine heroische Aktion in der Vendée zum Thema hatte; Vincent wandelte sein Sujet jedoch in ein Historiengemälde über Wilhelm Tell um. Alle anderen Preisträger waren in der Themenwahl frei. Nur vier Maler[37] dürften ihre ursprüngliche Vorlage realisiert haben – in allen Fällen handelte es sich um Themen, die bereits einen unverfänglichen politischen Inhalt hatten. Die meisten Künstler wählten auch hier ein Thema aus der Antike, das politische Bedeutungen nur noch vermittelt und verschlüsselt wiedergab und nur für eine gebildete Elite nachvollziehbar war. Das Ziel einer republikanischen Volksbildung konnte diese Kunst nicht mehr erfüllen.

Die Wettbewerbe des Jahres II waren gescheitert, vorwiegend aus politischen Gründen; auch die Vorhaben für den Jardin national wurden aufgegeben. Nach dem Thermidor begann eine Redefinition zentraler Werte und Normen; sie betraf vor allem das revolutionsgeschichtliche, aber auch das allgemeine kulturelle und politische Selbstverständnis. So wurden nicht nur „Monumentalstatuen des Volkes" obsolet, nachdem sich das thermidorianische Bürgertum zunehmend von diesem Volk bedroht fühlte, ebenso gerieten beispielsweise Projekte für die allgemeine Wohlfahrt, die politischen Versammlungen oder – bis zum Fructidor V – für den Dekadenkult „außer Kurs". Mit dem Direktorium gewann statt dessen die monumentale Repräsentation vor allem der militärischen Macht immer mehr an Bedeutung. Wie in der Realität stützte sich auch in der ästhetischen Repräsentation die politische Macht immer deutlicher auf die militärische, immer weniger auf die Demokratie und die Souveränität des Volkes. Zunächst gab es zu Beginn des Direktoriums einen neuen Anlauf für ein Konzept zur Gestaltung der zentralen Plätze von Paris, auf denen die Zerstörung der Monumente der Monarchie ein Vakuum hinterlassen hatte, das weiterhin nur provisorisch ausgefüllt war. Das Innenministerium schrieb im Floréal IV einen neuen Wettbewerb aus: „unsere öffentlichen Plätze, die von der Präsenz der Könige befreit sind, warten auf die Monumente des Genies und der Freiheit." Nach wie vor werden die öffentlichen Monumente als Mittel der republikanischen Erziehung definiert; aber das Programm enthielt keine klare Orientierung auf politische Inhalte oder die Praxis des republikanischen Kults mehr. Zwar war für das Pariser Marsfeld ein neuer und dauerhafter „Vaterlandsaltar" vorgesehen, im übrigen aber war nur allgemein von Projekten der „Verschönerung" die Rede.[38] Anders als im Jahr II waren die Architekten und Bildhauer nicht mehr auf spezielle Inhalte einer revolutionären Sprache der Ästhetik festgelegt, sondern in der Wahl des Sujets und der Konzeption frei. Zugleich fand eine „Re-Akademisierung" statt: Es wurde keine demokratisch zusammengesetzte Jury gebildet, sondern die Beurteilung oblag der Abteilung der Schönen Künste des Institut national.

Der Wettbewerb blieb ebenso folgenlos wie alle weiteren. Im Jahr V rief das Institut national zu Projekten für die Vollendung des Louvre (die Verbindung von Louvre und Tuilerien durch eine zweite Galerie) auf, im Jahr VII folgte das Innenministerium mit einem Wettbewerb für die „Verschönerung" der Champs-Elysées. Das Programm, das noch einmal den Versuch einer Gestaltung des Zentrums von Paris aufnahm, sah Monumente einer politischen Pädagogik nicht mehr vor, sondern war auf das gehobene ästhetische Interesse des wohlhabenden Bürgertums an einem repräsentativen Flanier- und Wohnboulevard zugeschnitten: „Alle Künstler sind aufgerufen, Entwürfe für alleinstehende Häuser einzureichen, die von leichtem Bau, eleganter Form, unterschiedlichen Ausmaßen und jedes einzelne bemerkenswert durch einen besonderen architektonischen Stil sind. Die Wahl des Genres der Baulichkeiten ist ihren Talenten und ihrem Geschmack überlassen; sie haben lediglich darauf zu achten, daß es sich um Gebäude handeln soll, die im Innern als Erfrischungsorte, Cafés, Milchläden etc. dienen können." An die Stelle der revolutionären Moral tritt die Weltoffenheit eines liberalen Bürgertums: „eine Idee von den zahlreichen Formen von Wohngebäuden der verschiedenen Völker

vermitteln oder irgendeine Allegorie wachrufen und den Augen aller Bürger einfallsreiche Modelle der Architektur bieten ..."[39]
Die große Öffentlichkeitswirkung der Wettbewerbe des Jahres II war vorbei: Nur noch 13 Pläne gingen ein. In einem Bericht des Bureau des Bâtiments civils vom Pluviôse VII ans Innenministerium wird das Programm wegen seiner Inhaltslosigkeit kritisiert; der Bericht hebt erneut den „Erziehungsauftrag" des Staates bei der Planung eines repräsentativen öffentlichen Raums hervor: „Die Institution der Monumente [institution monumentaire] – man muß diesen Ausdruck verwenden – muß das Ergebnis tiefer und philosophischer Meditationen sein, sie ist an das System der allgemeinen Institutionen gebunden."[40]
Das fructidorianische Direktorium machte noch einmal einen Anlauf, eine Konzeption für die politische und pädagogische Sprache der Monumente im öffentlichen Raum zu entwickeln; man suchte nach neuen Wegen, das Volk mit ästhetischen Mitteln an die bürgerliche Republik zu binden. Im Jahr VI schrieb das Institut national einen Wettbewerb über die Frage aus: „Was war und was kann in Zukunft der Einfluß der Malerei auf die Sitten und die Regierung eines freien Volkes sein?" Antworten hoffte man vor allem im Studium der Antike zu finden, wie die verstärkte Beschäftigung mit den antiken Republiken für die Zeit überhaupt charakteristisch war; zwei weitere Wettbewerbe des Institut waren dem gewidmet. Kersaints Traum, Paris zu einem neuen Rom zu machen, sollte endlich Wirklichkeit werden; die Gelegenheit dafür war niemals günstiger – im Jahr VI waren die Truppen unter Führung des Generals Bonaparte bis Rom vorgerückt, und am 9. Thermidor VI konnte man auf dem Champs de Mars mit großem Pomp die triumphale „Rückkehr" von Kunstwerken aus Italien „auf den Boden der Freiheit" feiern, wie *François de Neufchâteau* diesen Kunstraub rechtfertigte, denn in Italien seien diese Werke längst heimatlos geworden: Sie „werden nur den Platz einnehmen, der ihnen zukommt, indem sie hier die Wiege der Freiheit so vieler Völker verschönern." Endlich hatte man auch die Originalstatue des Junius Brutus „heimführen" können; sie schloß den Triumphzug ab, versehen mit der Inschrift des Tacitus: „Rom wurde zunächst von Königen regiert; Junius Brutus gab ihm die Freiheit und die Republik."[41]
Chaussard, der in der Abteilung für Schöne Künste des Innenministeriums arbeitete – er war schon im Jahr II Abteilungsleiter bei der Unterrichtsverwaltung –, lieferte den wohl gewichtigsten Beitrag zur theoretischen Begründung einer republikanischen Kunst im Direktorium. Er erhob die soziale Funktion der Kunst in der Antike zum Vorbild für das

„système monumentaire" in der Republik. Bei den Griechen erfüllten die öffentlichen Monumente als „Monumente des Ruhms" die Aufgabe einer allgegenwärtigen Tugenderziehung: „die Straßen, die Tempel, die Galerien, die Säulenhallen, alles vermittelte den Bürgern Lektionen."[42] Und *Jean-Baptiste Say* ergänzte: „Es war nicht nur im Innern der Städte, daß die Monumente zu den Menschen sprachen, es war auch an anderen frequentierten Orten, bei Ausflügen, entlang den großen Landstraßen. Der Stein, die Bronze berichteten überall von ehrenvollen Taten oder verkündeten nützliche Lehren. Statuen, Grabmäler unterrichteten das Volk über das, was es nachahmen sollte, was seinen Schmerz erregen sollte und was seinen Beifall verdiente. Auf eben diese Weise konnte man – nach dem Bericht des Platon – einen Moralkursus absolvieren, wenn man Attika durchquerte." Diese Sprache würde man zu neuem Leben erwecken. Say, der bald einer der führenden Theoretiker der bürgerlichen Ökonomie werden sollte, dachte dabei übrigens nicht nur an eine allgegenwärtige Präsenz der heroischen Tugend in Tempeln und Statuen, sondern auch an in Stein gehauene Lehrgänge der politischen Ökonomie: „der Landwirt, der Händler, der Manufakturbesitzer [sie] werden sich auf ihren Spaziergängen, auf ihren Reisen über ihre wahren Interessen aufklären." Und natürlich würde man auch die Wohnhäuser mit Inschriften ausstatten, die die innere Ordnung der Familie betreffen: „die Kinder, die sich von solchen Maximen ernähren, die die Erfahrung ihnen bestätigt, werden daran ihr Verhalten ausrichten und sie an ihre Kinder weitergeben."[43]
Unter Rekurs auf die sensualistische Erkenntnistheorie hob *Chaussard* erneut die Wirkung der Ästhetik auf das „moralische Gefühl" hervor; bei einer richtig verstandenen und umsichtig geplanten Anwendung dieses Mittels könne der Staat durch Tugendmonumente eine „moralische Revolution" in der Gesellschaft bewirken: „Fügt der Schönheit der Formen eine moralische Schönheit hinzu, und der Stein wird beredt werden." Wie Kersaint begriff auch Chaussard diese Sprache als eine „heilige Sprache": „Indem ihr über den Staat eine große Pracht ausbreitet, erweitert ihr seine Kraft und die öffentliche Tugend durch die Institution der Monumente; sei es, daß sie den Lohn oder die Schande vermittelt oder daß sie die großen Entdeckungen, die nützlichen Erfindungen festhält, dann ist sie eine heilige Sprache; sei es, daß sie die Prinzipien der Verfassung verewigt, dann ist sie eine Gesetzgebung; sei es, daß sie die guten Werke, die Dankbarkeit, den Heroismus und die Tugend weiht, dann wird sie eine Religion." Chaussard träumte von der Wiederherstellung der antiken Kultgemeinschaft. Eine sakrale Ästhetik, eine „heilige", nicht diskursive

Sprache sei das wahre Medium kommunikativer Vermittlung zwischen dem Allgemeinen und dem Individuum; in ihr soll sich das „beau idéal" mit der wahren Moral und den staatlichen Botschaften des tugendhaften Verhaltens, den Modellen der Tugend zu einer ästhetischen Sprache verbinden, die den öffentlichen Raum und dessen Wahrnehmung durch die Bürger auf eine umfassende Weise prägen würde – das Projekt der Konstruktion einer idealen Umwelt für die moralische Sozialisation in der Republik. Selbst die Produkte des Handwerks und der Industrie sollten die Zeichen der objektiven, in moralischen Kategorien begriffenen Schönheit an sich tragen."[44]

Schon mehr ins organisatorische Detail geht ein Projekt des Malers *Chéry*, das im Pluviôse VII zur Prüfung an Chaussard weitergeleitet wird. Chéry schlug vor, öffentliche Wettbewerbe für Kunstwerke auszuschreiben, die die republikanischen Prinzipien, die heroischen Taten und die großen Ereignisse der Revolution darstellen. Diese Werke sollten dann als illustrierte Morallektionen – „all diese Themen untereinander verbunden wären ebenso viele Blätter eines Moralbuchs" – die Orte der öffentlichen Erziehung und des republikanischen Kultes schmücken. Jedes Nationalfest würde seine eigene Gestaltung durch seinem jeweiligen Inhalt entsprechende Kunstwerke erhalten; nach einer Ausstellung zunächst in Paris sollten diese Werke dann über die ganze Republik verteilt werden: „Nachdem sie einige Tage ausgestellt worden sind, würden diese Bilder in die Departements geschickt, um dort in den folgenden Jahren die gleichen Feste zu schmücken, die in Paris stattfanden, so daß es in jedem Jahr zu jedem Fest ein neues Programm und neue Themen zur Bearbeitung gäbe. Diese stete Arbeit würde zweifellos die Menschen bilden, das Genie würde sich entfalten und sich von seinen kindischen, die Freiheit tötenden Ideen losreißen ... Bei den Werken, die sich durch einen entsprechenden Charakter auszeichnen und an denen es bei diesem wahrhaft nationalen Wettbewerb nicht fehlen wird, würde man ihre Ausführung in Öl und sogar in Mosaiken anordnen, damit sie in den Dekadentempeln, Primarschulen, Zentralschulen, Gerichten und selbst auf öffentlichen Plätzen ausgestellt würden. Die Statuen der Bildhauer, die stets eine der sozialen Tugenden darstellen, würden gleichfalls auf die Departements verteilt, um dort die Felder, die Wege zu schmücken, und unmerklich würden sie an die Stelle der Christus- und Jungfrauenstatuen treten."[45] Chéry dachte dabei freilich in erster Linie an Monumente der siegreichen Armeen. Zwar entspräche es nicht mehr dem Stil und dem Selbstverständnis der französischen Republik, ihre Generäle in Triumphwagen aufs Marsfeld einfah-

ren zu lassen – um so wichtiger aber werde deshalb eine Kunst, die ihre Taten besingt und für die Nachwelt festhält.
Daß der militärische Heroismus im Mittelpunkt der „langage des monuments" steht, daran ließ auch *Chaussard* keinen Zweifel. Er wollte die Champs-Elysées in eine „Via sacra" verwandeln, mit Statuen von Helden, die im Dienst am Vaterland ihr Leben ließen, umgeben von heiligen Hainen mit Altären der „verkannten Tugenden"; entlang der Straße würden Trophäen von Waffen stehen, „auf die man die Wunder des nationalen Ruhms graviert". Aus der Brücke von Neuilly wollte er eine Triumphbrücke machen; von hier würden die siegreichen Armeen künftig in die Stadt einziehen. Die Straßen, die sternförmig auf die Place Étoile führen, wären den Siegen der republikanischen Armeen gewidmet, und auf dem Platz selbst sollte sich ein Monument aus Felsgestein erheben, das die Alpen symbolisiert und auf seiner Spitze die „Statue des französischen Heroismus" trägt.[46]
Der Innenminister, *François de Neufchâteau*, griff solche Anregungen zu den Aufgaben der Künste in der Republik auf, wie sie von Chaussard und Chéry kamen. In einem Schreiben an die Jury, die für die Beurteilung der im Salon ausgestellten Werke zuständig war, klagt er über die geringen Fortschritte in der rublikanischen Kunstproduktion; mit dem staatlichen Instrument der Preisverteilung soll in Zukunft eine andere Kunstpolitik betrieben werden. Die Künste dürften nicht mehr als ein bloßes Objekt des Luxus oder auch nur der Bewunderung betrachtet werden. Sie müßten wieder eine öffentliche Erziehungsfunktion erfüllen: „Sie sollen das Heiligtum der Verwaltungen, die Dekadentempel etc. schmücken; und sie sollen dem Bürger einen moralischen Unterricht, die Taten des republikanischen Heroismus, die Szenen der Tugend, die Bilder der großen Männer etc. darbieten. Man muß sich darüber im klaren sein, daß es hierbei um die Frage einer wahren Revolution in den Künsten geht, deren moralische Leistung bis heute bedeutungslos gewesen ist." Das Schreiben gilt den Kriterien für die Bewertung von Gemälden; künftig erhält die Historienmalerei Priorität, „weil sie sich in den öffentlichen Monumenten, in den Dekadentempeln etc. entfalten soll". Vor allem gilt es, die republikanische Schlachtenmalerei zu fördern: „Diese Schlachten sind heute die schönsten Blätter in den Annalen der Geschichte des französischen Ruhms."[47]
Zunehmend tritt die Darstellung militärisch-staatlicher Macht in den Mittelpunkt der Kunstpolitik. Ein bevorzugtes Genre repräsentativer Monumente wurden Siegessäulen. Im Jahr VI schrieb die École d'Architecture

für den Prix d'émulation das Projekt einer Siegessäule aus, als deren imaginärer Ort das Rheinufer bestimmt war; Napoleon wollte im Jahr VIII die ganze Republik mit Triumphsäulen überziehen.

Zu Beginn des Jahres VIII gab es ein großangelegtes Projekt für die Umgestaltung des Invalidendoms zu einem Tempel der Siege und der Armeen, der Esplanade zu einem Elysäum gefallener Soldaten,[48] und in Bordeaux plante das Direktorium gar ein ganzes Stadtviertel mit einem Monument für die siegreichen Armeen in der Mitte. Die Kategorien Sieg und Triumph füllten sich zunehmend mit nationalistischen Inhalten, hinter denen spezifische politische und soziale Bedeutungen zurücktraten.

Neben der monumentalen Repräsentation nationalstaatlicher Macht stand die Propagierung häuslicher Tugend; dazwischen vermittelte der republikanische Kult, der jetzt, weitgehend abgelöst von demokratischen Formen der Partizipation, zu einem Instrument autoritärer Volkserziehung wurde. Die Ästhetik des öffentlichen Raums sollte vor allem eindrucksvoll sein und Ehrfurcht wecken. Das Direktorium strebte deshalb nach Repräsentationen von Größe, militärischer Macht und Dauer. In diesen Räumen hatte auch der ephemere Dekor immer weniger Platz. Er erinnerte lästigerweise daran, daß in der Realität Größe und Dauerhaftigkeit fern waren. Als im Jahr VII der Stecher *Audouin* als „ornement" für die Dekadentempel 3000 Exemplare eines Portraits von Junius Brutus anbot, lehnte das Bureau des Beaux-Arts des Innenministeriums den Ankauf ab: „Ein Stich ist nicht für eine würdevolle Ausstattung eines Tempels geeignet."[49] Chérys aufwendiges Konzept wurde dagegen mit der Notiz weitergeleitet: „Die beigefügten Texte verdienen mit Aufmerksamkeit gelesen zu werden." Je höher die Ansprüche an Ausstattung und Dekor, desto unrealistischer wurde die Politik des republikanischen Kults, und umgekehrt: Je mehr gegen Ende der Revolution die soziale Basis des Dekadenkults schwand, desto irrealer wurde die Politik der repräsentativen Ästhetik, desto mehr tendierte sie zur bloßen Selbstdarstellung staatlicher Macht, hinter der die Repräsentation des republikanischen Allgemeinen sich in Ideologie verwandelte.

2. Bauten und Monumente des utopischen Raums

Die Utopie der Revolution organisiert den Raum in bezug auf die Funktion der sozialen Integration und die Idee der gesellschaftlichen Harmonie. Ein integraler Raum: ein Raum ohne Brüche und Widersprüche, ein Raum, der im Zeichen einer Totalisierung steht, die die Gesellschaft als Ganzes erfaßt und die Identität von Individuum und Gesellschaft behauptet. Zugleich ein Raum der pädagogischen Eschatologie: ein sprechender Raum, der den Sinn und die Bedeutung einer Wiedergeburt der „wahren", harmonischen Gemeinschaft auslegt, so daß kein Rest von Ambiguität zurückbleibt; ein Raum, der sowohl Medium der Regeneration als auch Symbol der Utopie, Ausdruck des Versprechens einer Verwirklichung und Vollendung der Erneuerung ist.

Im Mittelpunkt des utopischen Raums stehen die Bauten der „Réunion": die Gebäude der politischen Versammlungen, der Repräsentation des souveränen Volkes, in denen der neue Staat sich konstituiert; die Räume der Massenversammlungen, in denen das Gemeinwesen einträchtig die Totalität seiner Einheit begeht; schließlich die kulturellen Bauten, in denen diese Einheit und die Harmonie ihren höheren Ausdruck findet. Paradigmatische architektonische Projekte für diese Funktionen harmonischer Vergesellschaftung und Vergemeinschaftung sind der Palais national und die Assemblée primaire, das Amphitheater und der Cirque national, die Tempel der Revolution und des republikanischen Kults. Sie bilden die Koordinaten, um die herum das Ensemble des revolutionären Raums organisiert und konstruiert wird. Dieses Ensemble wird durch Revolutionsmonumente – Triumphbögen, Säulen und Statuen – bevölkert, die die Verbindungen zwischen seinen Kristallisationspunkten herstellen und den Entwurf des gesellschaftlichen Ganzen in seinem Zusammenhang erläutern.[1] Durch Triumphbögen schreitet man symbolisch ins neue „Reich der Freiheit", Säulen und Statuen dienen der revolutionsgeschichtlichen Kommemoration und bringen die moralischen Inhalte und Werte dieses neuen Reichs zur Darstellung.

Das Amphitheater der Massenversammlungen

Inbegriff des Traums einer totalen Vergemeinschaftung ist die Idee des „cirque national", des gigantischen Amphitheaters für die großen Nationalfeste, des Ortes, an dem die Eintracht aller ihre Repräsentation und Verwirklichung finden sollte. Die Entwürfe der Revolution orientieren sich am römischen Kolosseum und am griechischen Gymnasion; mit ihrer Wiederkehr verband sich, wenn auch in einem veränderten Gewand, der Traum von einer Wiederbelebung der Olympischen Spiele und der Feste der antiken Republiken. Die Tierhetze und die Gladiatorenkämpfe des alten Rom etwa wies die Revolution zurück: Ihr Amphitheater war die Stätte einer patriotischen Erziehung, wie sie von Rousseau formuliert worden war, getragen von der Idee der Freiheit und des friedlichen Wettstreits.

Vorbilder gab es bereits im Ancien Régime. Die Akademie hatte in den achtziger Jahren Wettbewerbe für ein „Fête publique" (1781), einen „Cirque" (1782) und eine Menagerie mit einer Arena (1783) ausgeschrieben; 1789 und 1790 folgten Wettbewerbe für ein weiteres „Fête publique" und einen „Cirque", Projekte der Repräsentation absolutistischer Macht, die die Massen auf einen Dekor reduzierten und – wie im Fall der Menagerie – die Tiere zu Objekten von Kampfspielen im römischen Stil degradierten.[2] Diese Projekte waren nicht auf reale Vorhaben bezogen, sondern rein imaginär; um so deutlicher zeigen sie die Utopie des späten Absolutismus: In ihnen werden die Massen zu einem einheitlichen Block zusammengeschweißt, aus dem es kein Entrinnen gibt; paradigmatisch dafür *Boullées* Monumentalbauten, die später noch *Albert Speer* inspirieren sollten. Der einzelne geht in der Masse auf, er verliert sich in der Totalität eines Raumes, in dem er – über das Geschehen in der Arena hinweg – nichts anders als die Masse selbst wahrnehmen kann. In diesen Räumen verschwinden die sozialen Hierarchien und Trennungen der ständisch differenzierten Gesellschaft, insofern stellen sie Antizipationen der bürgerlichen Gleichheit dar. Doch während sich die bürgerliche Gleichheit über die freie Individuierung des einzelnen konstituiert, bleibt die Gleichheit des Absolutismus, die sich in der neoklassizistischen Ästhetik des Ancien Régime artikuliert, an eine Beziehung der Unterordnung unter das Zentrum der Macht, den absolutistischen Staat gebunden, die die Individualität tendenziell vernichtet. Dies wird an der Zwecksetzung des Amphitheaters deutlich: In ihm feiert sich nicht die Masse in ihrer Autonomie, sie wird vielmehr versammelt, um Zeuge von Ritualen und Selbstdarstellungen der

absolutistischen Macht zu werden; die Gleichheit ist eine Gleichheit der Ohnmacht, der Raum ein Raum der absoluten Trennung zwischen staatlicher Macht und Gesellschaft.
Mit dem Fest der Fédération am 14. Juli 1790 wandelte sich die Bedeutung des Amphitheaters. Das Zentrum der Macht beginnt zurückzutreten. In der Mitte der Festanlage auf dem Champ de Mars steht der Vaterlandsaltar, an dem Talleyrand 1790 noch die Messe zelebrierte: Symbolisch vereint er Monarchie, Kirche und Volk. Zwischen diesem neuen Zentrum einer konstitutionell gewordenen Monarchie und dem Volk bleibt noch eine Distanz bestehen: Auf dem Platz marschiert die Nationalgarde auf, das Volk selbst hat sich diesen Raum, das Staatswesen, noch nicht vollständig erobert, es ist nur als Zuschauer, nicht als Akteur präsent. Im Prinzip ist jedoch an die Stelle der Repräsentation absolutistischer Macht die Idee des Patriotismus getreten, der alle Teile und Sphären der Gesellschaft vereint und eine neue Gleichheit konstituiert. Mit dem Fest der Fédération wird zum ersten Mal die Idee der Nation und der nationalen Einheit „in Szene gesetzt"; noch 1848 wird man sich daran erinnern. In der Folgezeit verschwinden die Träger des Ancien Régime aus diesem Raum; an ihre Stelle treten die Repräsentationen der Volkssouveränität, des republikanischen Gemeinwesens, und das Amphitheater des Nationalfestes wird zum Ort der republikanisch-patriotischen Erziehung und Vergemeinschaftung. Zentrum bleibt der Altar des Vaterlandes; gereinigt von den Bedeutungen der Monarchie und des Katholizismus wird er zum Symbol der höheren Ordnung, die die Einheit der Nation und der Gesellschaft stiftet: Symbol eines gesellschaftlichen Allgemeinen – Volkssouveränität und Patriotismus –, das aber noch nicht als gesellschaftlich konstituiertes, sondern als Emanation eines göttlichen Willens erscheint.
Für die Entwicklung der Revolutionsarchitektur war das Fest der Fédération vom 14. Juli 1790 als die historisch erste ästhetische Repräsentation einer gesellschaftlichen und nationalen „volonté générale" bedeutsam, weil der Traum des die Massen vereinenden Amphitheaters jetzt Wirklichkeit zu werden schien. Die Entwürfe waren nicht weniger gigantisch als vor der Revolution, aber sie schienen jetzt auf einen realen Bedarf zu treffen. Für *Boullée* etwa wurde der „Cirque national", den er zu Beginn der achtziger Jahre entworfen hatte, nun eine reale Möglichkeit: 1790 schlug er seine Errichtung auf der Place Étoile vor.[3] Ein großangelegtes Projekt – das gigantischste der Revolution – präsentierte der Boullée-Schüler *Poyet* 1790/1792:[4] Sein „Cirque national" sollte 400 000 Personen Platz bieten – ein immenser Bau, der nicht auf die Zusammenkunft so-

zialer Gruppen, sondern auf das gesellschaftliche Ganze der Hauptstadt kalkuliert ist. Schon hier zeigt sich die Ambivalenz eines Vorhabens, das nicht nur der befreienden nationalen Konstitution des Volkes, sondern dem Willen zur totalisierenden Kontrolle Ausdruck gibt: Die Ausfüllung des Raumes würde zu einem leicht und für jedermann erkennbaren Gradmesser patriotischer Zustimmung, die auf die Totalität berechnete Dimension selbst des Raumes würde zu einem Instrument sozialer Integration, dessen Druck sich kaum jemand entziehen können würde. Würde sich nicht jeder verdächtig machen, der noch durch die leergefegten Straßen ginge?

Poyet untergliedert seine Anlage in 48 Abschnitte, die die Sektionen von Paris repräsentieren; das Amphitheater wird so zum Ort der Föderation von Paris. 48 Zelte sollen es überspannen und das Nationalfest von Witterungsbedingungen unabhängig machen, jedes Zelt wird den Namen einer der Sektionen tragen, jedes Feld, in dem die Bürger einer Sektion sich als Teil des Ganzen wiederfinden, wird sein eigenes Orchester haben.[5] Ein zweites Projekt Poyets ist bescheidener, aber immer noch gigantisch genug: 210000 Personen sollen jetzt einen Platz in dieser „vaste machine" finden.

Poyet entwirft das Amphitheater mit einer ähnlichen Begründung wie Kersaint als eine Institution der öffentlichen Erziehung, deren erste Funktion es sei, die gesellschaftlichen Sitten an das neue politische System zu „adaptieren". Die Verfassung sei geschaffen, die politische Revolution vollzogen, jetzt gelte es, das Volk durch große Nationalfeste an den neuen Staat zu binden. Das Amphitheater wird daher zur zentralen Stätte einer „den Prinzipien einer freien Verfassung entsprechenden Erziehung": „hier soll alles den Patriotismus vermitteln, alles soll die Citoyens an die Gefühle der Brüderlichkeit, der Gleichheit und der gemeinsamen Rechte und Pflichte erinnern. Nichts ist besser geeignet, dieses Ziel zu erreichen, als die Institution der öffentlichen Feste." Diese Erziehung wird durch die Selbstanschauung des amphitheatralisch versammelten Kollektivs bewirkt; der einzelne, aufgehoben in der sich selbst feiernden Souveränität des Volkes, wird zum „Ornament der Masse", das die Ästhetik des Festraums prägt: „Das Ornament dieser umfangreichen Maschinerie wird vollständig in ihrer allgemeinen Form, in ihrer Ausdehnung und vor allem in der gewaltigen Masse liegen, die sie beleben und ausfüllen soll."[6] Poyet ging es um öffentliche Feste als Mittel sozialer Integration und patriotischer Erziehung im allgemeinen, insbesondere aber um die Institutionalisierung des Festes der Fédération, für das er eine dauerhafte

Lösung anstrebte: bequeme Sitzmöglichkeiten für eine möglichst große Zahl von Bürgern, Schutz gegen schlechte Witterung, genügend Raum für Zeremonien und Spiele, die von jedem Punkt des Amphitheaters aus gesehen werden konnten, und sicher verband er mit der Idee, 48 Orchester zu plazieren, auch schon die Vorstellung akustischer Synchronität, um die Reichweite der Musik auszudehnen. Im Zeichen dieser Funktionen wird seit dem Jahr 1792 eine Diskussion über das Amphitheater als Raum der öffentlichen Feste geführt. Stets werden die technischen Probleme vor dem Hintergrund einer Konzeption patriotischer Volkserziehung erörtert. Vor allem geht es darum, die Jugend für den neuen Staat zu gewinnen.

Diese Diskussion war keinesfalls auf Paris beschränkt. 1792 legte der Architekt und Professor *Roche* für die Stadtverwaltung von Orléans einen Bericht über Pläne für einen „Champ de Mars" vor, den man für Exerzierübungen der Nationalgarde und fêtes civiques anlegen will. Im Mittelpunkt steht die militärisch-patriotische Erziehung der Jugend, die sowohl bei den Festen exerzieren als auch durch die Darbietungen angezogen werden soll. Über das von ihm selbst bevorzugte Projekt – „ein den Römern würdiges Monument" – schreibt Roche: „Nach Norden bietet es den Ausblick auf eine reiche Landschaft, im Süden wird es von einer wundervollen Terrasse abgeschlossen, die es in der ganzen Länge beherrscht. Eine gewaltige Menge kann sich hier zu jeder Zeit einfinden und durch ihre Gegenwart die Generation anfeuern, die Frankreich zu seiner höchsten Bestimmung emporheben soll. Hier, unter den Augen ihrer Eltern, ihrer Freunde, werden die von der Vaterlandsliebe durchdrungenen Jugendlichen jene Kunst erlernen, die das Unterpfand unserer Freiheit ist."[7]

In Bordeaux beschloß man im November 1792, dem Champ de Mars, auf dem hier das Fest der Fédération begangen worden war, eine dauerhafte und würdevolle Form zu geben. Das Mitglied des Stadtrates *Lagarde* trug wenig später einen Bericht über die eingegangenen Projekte vor. Auch hier steht der Gedanke einer militärisch-patriotischen Erziehung der Jugend nach antikem Vorbild im Vordergrund: „Die Römer, denen wir diese Institution entlehnt haben, weihten dem Kriegsgott die Wiese, auf der sich bei der Gründung des Reichs die Jugend zu Übungen versammelte und die in der Folge einer der Hauptplätze wurde, auf denen die allgemeinen Versammlungen des Volkes stattfanden."[8] Vor allem zwei Projekten widmete Lagarde seine Aufmerksamkeit. Das eine stammte von dem Bordelaiser Architekten *Combes*. Dieser orientierte sich am griechischen „gymnasion", das der moralischen, körperlichen und patriotischen Er-

ziehung diente; er wollte die Olympischen Spiele der Antike wiederbeleben. Ein „cirque", der an einer Seite mit einem Halbkreis von 150×60 Toises (292×117 Meter) abschließt, sollte auf dem alten Champ de la Fédération angelegt werden und 20 000 Zuschauern Platz bieten (Bordeaux hatte damals 84 000 Einwohner). Revolutionärer Dekor weist ihn als eine Einrichtung der Republik aus: eine Säule mit einer Freiheitsstatue in der Mitte des Halbkreises, Sockel für Statuen großer Citoyens auf einem Säulenumgang. Auf dem Feld sollte alljährlich zum 14. Juli die Eroberung und Zerstörung der Bastille nachgespielt werden.[9]
Wie Combes wollten auch *Bonfin* und *Dufart* die antiken Spiele zu neuem Leben erwecken. Sie planten ein noch größeres Amphitheater; es sollte 32 000 Menschen fassen. Wie Poyet wollten sie das Amphitheater in so viele Abschnitte teilen, wie die Stadt Sektionen hat; jede Sektion sollte selbst zur Gestaltung ihres Feldes beitragen. Auch hier erläutern revolutionärer Dekor und Monumente den pädagogischen Zweck der Anlage: eine Säulenhalle zur Erinnerung an die Revolution, Vaterlandsaltar, Statuen großer Männer, Sockel mit Fasces zur Unterteilung der weiten Eingänge etc.[10]
Arenen und Amphitheater standen im Mittelpunkt zahlreicher Erziehungspläne der Zeit: Sie sollten die Kulisse für die Inszenierung einer neuen nationalen und patriotischen Erziehung der Jugend bilden, die die Tradition des griechischen „gymnasion" wieder aufnahm.[11] Besondere Erwähnung verdient in diesem Zusammenhang ein Projekt *Pochets* für einen „cirque", der für Kampfspiele und militärische Übungen der Jugend gedacht war. Pochet verband diesen Plan mit einem Konzept wechselnder Darbietungen: Vier Theater sollen um den „cirque" herum gelagert sein, der mittels einer technischen Drehvorrichtung zu jeweils einem dieser Theater hin geöffnet werden kann. Das erste Theater dient der Aufführung „lyrischer Szenen", das zweite einem Fest „mit olympischen Spielen", das dritte militärischen Kampfszenen, das vierte schließlich mythologischen Darstellungen. Pochets Konzeption des Festraums war eher konventionell und an höfischen Traditionen orientiert, doch gab er dem Ensemble des Raumes spezifisch republikanische Bedeutungen: Vier Obelisken, jeweils Marat, Lepeletier, den Gefallenen des 10. August und der Wahrheit und der Vernunft gewidmet, gliedern die Anlage. „Das Schauspiel wird um ein kreisförmiges Amphitheater herum gegeben, das sich um einen Mittelpunkt dreht, der durch den Freiheitsbaum markiert wird. Dieses zum Ruhm der Nation errichtete Monument wird auf einem Berg oder Felsen ruhen, die die Zeitläufte nicht zum Einsturz haben

bringen können; es zermalmt mit seinem ungeheuren Gewicht Kolossalstatuen in leidender Haltung, die Heuchelei und den Hochmut, zu ihren Häuptern die Rache, und die Furien, die die Freiheit dazu verurteilt hat, als Trophäen der Regeneration der französischen Nation zu dienen."[12] 1793/1794 befaßte sich auch der Konvent mit Plänen und Projeken für Amphitheater und „Arenen". Am 5. Mai 1793 wurde ein Wettbewerb für einen „salle de spectacle nationale" beschlossen; kurz darauf schlug der Abgeordnete *Delacroix* vor, beim Jardin national ein „für den öffentlichen Unterricht" bestimmtes Amphitheater zu errichten. Der Architekt *David Leroy* brachte daraufhin sein Projekt eines „Théâtre des Patriotes" aus dem Jahr 1791 in Erinnerung: „Dieses Theater wäre das größte aller, die wir kennen. Es würde in der Hauptstadt errichtet, um in den Patrioten durch verschiedene Feste die Erinnerung an die glorreichsten Geschehnisse der Revolution wachzuhalten..." In diesem Theater soll die absolute Gleichheit herrschen; keine herausgehobenen Logen, keine Rangunterschiede auf den Plätzen.[13] Nach *Huberts* Plänen sollte auf der Place de la Révolution ein „cirque" für Nationalfeste entstehen, und in die Reihe der Wettbewerbe des Jahres II wurde das Vorhaben einer „arène couverte" aufgenommen, damit auch im Winter und bei schlechtem Wetter öffentliche Feste durchgeführt werden können. Zuvor hatte es schon Pläne für ein Amphitheater auf der Place de l'Odéon gegeben: Nach Anregungen *Davids* hatte der Architekt *Dewailly* einen Plan für einen Festplatz vor dem Théâtre français, dem heutigen Odéon, entworfen; ein halbkreisförmiges Amphitheater sollte hier entstehen, mit Sitzreihen, einer Rednertribüne, einem Platz für ein Orchester und einer Freiheitsstatue, die Dewailly in der Mitte der Säulenvorhalle des Theaters aufstellen wollte; selbst die Fenster der an den Platz angrenzenden Häuser sollten als Zuschauerplätze einbezogen werden.[14]

Das Théâtre français sollte nach Plänen der Kommune von Paris als Opernsaal umgebaut werden.[15] Das alte Théâtre de l'Opéra am Boulevard St. Martin, das in den achtziger Jahren abgebrannt war, sah der Wohlfahrtsausschuß schließlich als Platz für die „arènes couvertes" vor. Preisträger des Wettbewerbs war *Lahure*. Sein Projekt zeigt ein kreisförmiges Amphitheater unter einer mächtigen Kuppel, mit der Freiheitsstatue in der Mitte. Der Bau wird ergänzt durch Säulenvorhallen und zwei Triumphbögen; durch sie sollten die Teilnehmer der Festzüge schreiten, um sich im Amphitheater zu versammeln. Die Arena im Innern des Gebäudes selbst scheint bei aller Monumentalität der Anlage überraschend klein, sie dürfte kaum mehr als 10 Meter Durchmesser gehabt haben und den Akteuren für

Spiele und Darstellungen, die sich noch um die Statue herum bewegen mußten, keinen idealen Platz geboten haben. Dies weist darauf hin, daß Lahure sein Projekt als einen Ort für zeremonielle Kulthandlungen und Reden geplant hatte. Demgegenüber sind andere Entwürfe für Kampfspiele gedacht.[16] Der vom Wohlfahrtsausschuß vorgesehene Platz bot dafür aber kaum den geeigneten Raum. Lahures Projekt scheint den Intentionen des Wettbewerbs eher entsprochen zu haben, denn große Massenveranstaltungen wären auf diesem Gelände nicht möglich gewesen.

Von gigantischen Dimensionen war hingegen das Projekt, das *Percier* und *Fontaine* zum Wettbewerb einsandten. Sie plazieren die „arènes" am Seine-Ufer (Quai d'Orsay). Ihr Projekt verbindet militärische und kultische Aspekte, es enthält große Anlagen für militärische und festliche Aufmärsche, für Kampfspiele und die Darstellung von Schlachten zu Lande und zu Wasser, ein Theater für zeremonielle Handlungen, Tempel als Weihestätten des republikanischen Kults nach antikem Vorbild, Galerien für Reliefs und Statuen sowie Säle für „Heldenbankette". Die Zelebrierung dieses Kultes besteht für sie im wesentlichen in militärischen Ehrungen und Huldigungen: „Hier könnte das Volk in weiten Amphitheatern die siegreichen Bataillone nach dem Krieg vorbeiziehen sehen, und die Abteilungen von Booten und kleinen Schiffen, die die siegreichen Flotten darstellen würden. Hierhin würden sie kommen, um ihre Waffen auf dem Altar des Sieges niederzulegen, und von dort würden sie sich in prunkvollem Aufzug zum Altar der Gnade begeben, um hier den staatsbürgerlichen Eid abzulegen. Die Armeen der Marine würden mit denen des Landes zusammentreffen und dem Ewigen durch militärische Gesänge und zu Gewehrsalven ihre Huld erweisen. Nach all diesen Aufzügen und pompösen Zeremonien, mit denen die Triumphe ausgeschmückt werden können, würden die Sieger zum Tempel der triumphierenden Freiheit hinaufsteigen und an seinem Gewölbe die Fahnen und Überreste befestigen, die sie von den besiegten Feinden erbeutet haben. Im Tempel der Eintracht und in dem der Aufrichtigkeit würden sie den Kelch aus den Händen des Präsidenten der Volksvertreter entgegennehmen, um auf die Republik zu trinken, die ihnen ihre Dankbarkeit erweist, indem sie sie dem Volk präsentiert. Sie würden zu Füßen der Freiheit die Kronen in Empfang nehmen, die die Nation den Tugenden und dem Mut gewährt; und sie würden am Bankett der Helden teilnehmen, das im Theater stattfände und das das Volk durch seine Gegenwart verschönern würde."[17] Hier kündigt sich bereits jener Kult der militärischen Größe an, den das späte Direktorium pflegen wird. Für den Sommer 1794 war ein solches Vorhaben eher untypisch, stand doch die Idee der kollektiven, durch die Moral vermittelten friedlichen Eintracht noch im Vordergrund; man suchte eher Bilder der Harmonie, wie sie das Fest des Höchten Wesens umsetzte, statt entschlossene Kampfbereitschaft zu demonstrieren. Diese Eintracht sollte freilich unangreifbar sein und alle Kämpfe überdauern. Im Messidor II schlug *Jussieu*, der zuvor schon mit Abhandlungen zu den Dekadenfesten hervorgetreten war, Festplätze vor, die 45 000 Personen Sitzplätze boten; die Bauten waren für die Ewigkeit bestimmt – nicht einmal schlichter Marmor schien Jussieu als Material ausreichend: „sie wären ohne Holz durch eine Versteinerung überdacht, die ewig währt, durch zusammengesetzte Schichten wie bei den Muscheln; ihre Dauer übertrifft noch die des weißen Marmos."[18] Die Revolution soll sich in der Harmonie versammelter Massen aufheben; wie die Natur ihre Versteinerungen als Monumente der Zeitlosigkeit schafft, so wird der Mensch die soziale Harmonie als Ausdruck einer göttlichen Ordnung jenseits der Geschichte, gefeit gegen den zeitlichen Verfall, in grandiosen Amphitheatern versinnbildlichen.

Nach dem Thermidor schlief die Idee des „cirque national" vorübergehend ein. Von den Versammlungen großer Massen schien nun Gefahr auszugehen. Die Nationalfeste fanden nicht mehr im Freien, sondern in geschlossenen Räumen statt; meist feierten die Abgeordneten unter sich, ohne das Volk. Doch diese Phase dauerte nicht lang. Nach den Unruhen des Jahres III und bei der fortbestehenden politischen Instabilität galt es, nach neuen Wegen zu suchen, die Volksmassen durch feierliche Zeremonien an den bürgerlichen Staat zu binden. Auf das Ziel autoritärer Integration verweist bereits das Projekt für ein Amphitheater auf dem Champ de Mars, das der Maler *Gillet* im Prairial IV vorlegte. Das Volk, so Gillet, soll Respekt vor seinen Repräsentanten bekommen; deshalb müssen diese sich ihm von Zeit zu Zeit in der Öffentlichkeit zeigen – doch nicht in Räumen des Diskurses, sondern in solchen zeremonieller Massenveranstaltungen, in denen die Massen zum entindividualisierten Ornament schrumpfen. Gillet verwendet besondere Mühe darauf, den staatlichen Autoritäten einen repräsentativen Platz in diesem Haus zu geben: herausgehobene Plätze für die Direktoren am Altar des Vaterlandes, daneben die Plätze für Minister, Botschafter, leitende Funktionsträger und schließlich sämtliche Abgeordnete. Auf dem Altar thronen nicht mehr die Statuen des Volkes und der Freiheit, sondern die der Weisheit und Gerechtigkeit, Symbolisierungen einer klugen Staatsmacht.[19]

Nach dem Staatsstreich des Fructidor V erhielt die Diskussion über einen erhabenen Ort der Massenversammlung erneute Aktualität. Im Vendémiaire VII trug *J. B. Leclerc* dem Conseil des Cinq-Cents seine Überlegungen für einen „cirque national" auf dem Marsfeld vor: Die republikanischen Zeremonien bräuchten ein repräsentatives räumliches Zentrum, ein Monument der Masse und der Dauer. Die Stabilisierung der Republik hing davon ab: „Wie lange noch, habe ich mich gefragt [...], wird der nationale Ruhm durch nichtige Theaterdekorationen verkörpert werden, ganz so, als wäre die französische Freiheit nur eine vorübergehende Illusion, deren Eindruck ebenso schnell wieder verlöscht wie der einer Komödienszene?"[20] Daß es bisher nicht gelang, dauerhafte Monumente zu schaffen, erscheint wie ein böses Omen; der Traum von dauerhafter Größe stört sich am Ephemeren. Da es an finanziellen Mitteln fehlt, wird man das Werk freilich nicht in einem Wurf realisieren können; man möge aber, regt Leclerc an, zunächst einmal beginnen, und dann Jahr für Jahr daran weiterarbeiten. Ein Dutzend Arkaden würde für den Anfang schon genügen, um auch der alten Generation eine Vorstellung von dem Ganzen zu vermitteln, sie an dem Projekt der künftigen Gesellschaft teilhaben zu lassen. „Wenn man das Bauwerk mit dem Teil begönne, der den Spielen am nächsten gelegen ist, und wenn man diesen Teil so weit fertigstellen könnte, daß er einigen Personen Platz böte, dann gäbe es keinen Hinderungsgrund für ein Gesetz, das diese ersten Anfänge den Alten widmete. Das Volk würde dann sukzessive, in dem Maß, wie die Arbeiten voranschreiten, in diesen Genuß kommen, so daß die Arena bei ihrer endgültigen Fertigstellung bereits zahlreiche nützliche Dienste geleistet hätte." Leclerc versprach sich von diesem Vorhaben auch eine Signalwirkung für das ganze Land: Schon bald wird man, ist erst einmal der Anfang gemacht, in allen Städten ähnliche Anlagen schaffen, jeweils proportional ihrem Reichtum und ihrer Größe.

Leclercs Projekt wurde vertagt; aber eine Instruktion des Innenministers über die Feier der Dekadenfeste sah bereits für alle Gemeinden „vastes cirques" vor, in denen Zeremonien, militärische Übungen und Wettkämpfe der Jugend, im Winter Theateraufführungen stattfinden sollen.[21] „Gymnasien" für militärische Übungen und Spiele der Jugend in allen Kantonalstädten hatte der Abgeordnete *Thiessé* schon im Messidor VI im Conseil des Cinq-Cents gefordert. Alle fünf Jahre wollte Thiessé die „Sieger der Gymnasien" in den Departement-Hauptstädten zu größeren, schwierigeren Übungen versammeln; dort würde es auch entsprechend weiter ausgebaute Anlagen geben: „Hier wird man alle Bestandteile finden, die ein wahres gymnasion ausmachen: Flüsse, Wälder, das Stadion, die offene und bedeckte Arena, alle Übungsstätten, nicht nur einfach für den Körper, sondern auch für die Künste, für die Wissenschaften, mit einem Wort für alles, was die Vereinigung der physischen, moralischen und geistigen Vervollkommnungen des Menschen darbieten kann."[22] Jede größere Gemeinde, so der Abgeordnete *Sherlock*, würde eines Tages ihren eigenen „cirque" und ihr eigenes Amphitheater für öffentliche Feste haben.[23]

Diese politische Diskussion regte auch die Architekten zu neuen Entwürfen an. *Mangin* unterbreitete im Vendémiaire VII einen Plan zur Überdachung des Marsfeldes: „Indem sie das Volk in seiner Masse durch Vergnügungen zusammenführt, vermag die Regierung es zu unterrichten und über seine wahren Interessen aufzuklären", schrieb er an François de Neufchâteau.[24] Im Pluviôse VII schickte *Papillon Latapy* dem Innenminister ein Projekt für ein für öffentliche Feste bestimmtes „Théâtre national" oder „Théâtre de Mars" zu, das an die gigantischen Pläne früherer Jahre wieder anknüpfte: 250 000 Zuschauer sollten in ihm Platz finden. Um die Kosten zu reduzieren, möge man Säulen, Pfeiler und andere Elemente aus nationalisierten Gebäuden – also vor allem aus ehemaligen Kirchen – verwenden, die zum Abbruch bestimmt sind: „Die Römer schmückten ihre Theater mit schönen Werken aus, die sie in Griechenland fanden, Paris wird einen Teil seines Theaters aus den Überresten der Monumente bilden, die die Revolution nutzlos gemacht hat." Den Schülern würde man im Amphitheater besondere Plätze zuweisen, um in ihnen Patriotismus und „republikanische Leistungsmotivation" zu entfachen: „Athen und Rom haben uns das Beispiel geliefert; darin werden die Lehrer übrigens ein Mittel mehr finden, Belohnungen und Strafen auszuteilen." Je 100 Jungen und Mädchen sollten an der Festgestaltung mitwirken; als Zeichen der Anerkennung erhielten sie dafür am Tag ihrer Heirat eine Aussteuer vom Staat. Für 200 ausgewählte „défenseurs de la patrie" würde es Ehrenplätze im Säulenumgang geben.[25]

Dieses „Théâtre de Mars" – daneben war ein „nautinée" für Seeschlachten vorgesehen – stand, ähnlich wie schon bei Percier und Fontaine, ganz im Zeichen eines militärisch-nationalistischen Erziehungskonzepts. Dies galt für mehr oder weniger alle Projekte des Direktoriums. *Sevestre*, Kurier des Conseil des Cinq-Cents, forderte Amphitheater für militärische Übungen der Jugend nach dem Vorbild antiker Gymnasien; selbst die sonst meist als barbarisch verworfenen Zweikämpfe wollte er wieder einführen. Ebenso *Saunier*: Die Feste sollen den „Enthusiasmus in der

Jugend wecken, der Helden hervorbringt" – daher müßten in entsprechenden Anlagen militärische Siegesfeiern zelebriert, militärische Siege, auch Seeschlachten nachgespielt werden etc.[26] Ein Nationaltheater, auf dem die „époques chères à la Liberté" zur Darstellung gelangen, schlugen *Dambregie & Compagnie* im Jahr VI dem Direktorium vor. Der Plan, der auf den inzwischen verstorbenen *Dewailly* zurückging, situiert das Theater auf einem 200 mal 115 Meter großen Platz auf dem Gelände der ehemaligen Capucins in Paris. Mittels mechanischer Vorrichtungen sollen sich mehrere kleine und ein großes Theater zu einem einzigen vereinen lassen, das 20 000 Personen Platz bietet. Die ästhetische Gestaltung der Gesamtanlage verdeutlicht auch hier den Willen zur Demonstration militärischer und nationaler Größe. Ein Säulenrundgang führt um den Platz, der Haupteingang wird durch einen gigantischen Triumphbogen mit vier ionischen Säulen gebildet, auf den eine neue Straße zuführt. Auf dem Torbogen thront ein Triumphwagen mit der Freiheitsstatue, gezogen von der Quadriga, die die Truppen der Republik von San Marco in Venedig nach Paris geschafft hatten. Zwischen der Galerie und dem Theater wird ein öffentlicher Park mit Grabmonumenten zu Ehren gefallener „défenseurs" angelegt. Fünf Durchgänge durch den Säulenumgang tragen die Namen der größten Triumphe der republikanischen Armeen, über denen sich Tempel mit Statuen großer Männer erheben – „Gründer von Republiken".[27] Wie in vielen anderen Projekten des Direktoriums kündigt sich auch hier schon die römisch dekorierte militärische Ästhetik der napoleonischen Ära an.

Gleichwohl ist auch dieser Raum noch einer der Utopie: Die Pferde von San Marco künden den ewigen Frieden an. Die Monumentalität der Anlage läßt keinen Zweifel daran, daß in ihrem Zentrum eine Kraft regiert, die unbesiegbar ist; daher kann der Platz, den man durch ein Monument des Sieges betritt, zugleich „Place de la Paix" heißen. Die Utopie der sozialen Harmonie ist hier in eine Sprache der militärischen Macht übersetzt. Beide Ebenen sind in der Gesamtanlage des Raumes miteinander verbunden: Das Zentrum der Kraft ist die kollektive Einheit im Innern, der ewige Friede ihre Verheißung nach außen, eine Verheißung freilich, die durch militärische Macht vermittelt ist. In dieser Verknüpfung wird noch einmal die pädagogische Bedeutung des amphitheatralischen Raums deutlich: All diese Räume dienen stets und vor allem der militärisch-patriotischen Erziehung der Jugend; sie bildet die Kraft, aus der sich die Gemeinschaft erneuern, aus der schließlich soziale Eintracht und ewiger

Friede hervorgehen sollen. Der politische Inhalt dieser Utopie ist jedoch sehr blaß geworden. Nichts deutet etwa darauf hin, daß es sich um ein demokratisches Gemeinwesen handeln könnte. Einige Statuen republikanischer „Gründerfiguren" lassen die Republik in diesem Kontext eher als das rational kaum faßbare Werk von Demiurgen erscheinen. Symbole der Freiheit und der Souveränität des Volkes fehlen; das Volk ist eine amorphe Masse, die dem Militär das von römischen Feldherren gelenkte „Menschenmaterial" liefert.

Das autoritäre Moment des Amphitheaters wird vollends deutlich an dem anonymen (und undatierten) Plan eines Stadions für rund 20 000 Zuschauer, das für den Platz vor dem Louvre bestimmt war. Die Säulenvorhalle des Louvre ist in dieses Stadion einbezogen; sie wird zu einer Art Ehrenloge für die Repräsentanten der Macht, die aus dem Louvre vor ihr Volk treten, um den Spielen, Kämpfen und Zeremonien zu präsidieren.[28]

Der Raum der politischen Versammlung

Dem „cirque national", in dem sich die Massen zusammenfinden, steht das Parlament gegenüber, das als Ort politischer Willens- und Entscheidungsbildung vom Diskurs lebt. Die meisten Projekte für einen Palast der Nationalversammlung betonen diese kommunikative Funktion, indem sie den Sitzungssaal mit Säulengängen und -hallen umgeben; aber zugleich sind diese Stätten Tempel, die einer höheren Macht huldigen. Ein vorherrschendes Orientierungsmodell war die Form des Pantheons: ein Rundbau, der in seinem Innern ein Amphitheater für die Abgeordneten barg, überwölbt von einer Kuppel, deren ästhetische Gestalt den Universalitätsanspruch der Vernunft verkündete. Das Amphitheater garantierte die formale Gleichheit aller. Die angrenzenden Säulengänge und -hallen stehen für Freiheit und Transparenz der Kommunikation, die Kuppel symbolisiert eine von Hierarchien und Unterscheidungen befreite kosmologische Ordnung, die Autonomie der naturgesetzlich begründeten Vernunft selbst als einziger über den Köpfen der Abgeordneten schwebenden, höheren Autorität.

18–20 Ein Prototyp dieser Konzeption ist *Combes'* Entwurf vom November 1789. Der Bau war für den Platz der Bastille projektiert. Combes deutete die Revolution als ein Ereignis von kosmologischer Dignität – ein Ereignis, das die Konvergenz von politischer Freiheit und der objektiven

Ordnung des Universums wiederherstellt: „Ein gewaltiges Gewölbe in Form einer Halbkugel erstreckt sich über den großen Durchmesser des Saals und schließt das Monument ab; dieses Gewölbe bildet den Zustand des Himmels über unserem Horizont am 15. Juli 1789 ab, die denkwürdige Epoche unserer Freiheit; dies wird das astronomische Datum sein, das der Nachwelt mit der größten Gewißheit jene glückliche Revolution überliefert; die Sterne und Planeten, die damals zu sehen waren, werden hier genau abgebildet; der Sonnenaufgang dieses schönen Tages scheint noch durch einige Wolken verdunkelt zu sein, die Wahrheit erhebt sich majestätisch über dem Thron, mit einer Palme in einer Hand, einer Sonne in der anderen, Bild des Lichtes, das sie niemals fürchtet; ihre Gegenwart löst die bösen Einflüsse auf, die sich am Horizont ausgebreitet hatten, und macht den Himmel ruhig und heiter. Auf dem Fries der kreisförmigen Kolonnade sind die Sternkreiszeichen dargestellt. Eine Öffnung von 36 Fuß Durchmesser, durch Wolken im Gewölbe gebildet, wird diesen Teil des Himmels offenlassen und zusammen mit anderen Öffnungen, die in die Diagonalen eingelassen sind, für das nötige Licht und die nötige Luft sorgen."[29]

Ein Raum des Lichtes, der den Anbruch des Reichs der Vernunft feiert. Der utopische Gehalt dieses Raumes wird deutlich, wenn wir Combes' Projekt mit *Boullées* Entwurf eines Palais national von 1792 vergleichen: Säulengänge und Kuppel fehlen auch hier nicht, sind aber nicht nach außen hin sichtbar, sondern in massive Wände eingeschlossen; die Außenwände sind ohne Öffnungen, glatte Mauern, auf denen der Text der Menschenrechtserklärung angebracht ist. Der massive Block wirkt eher wie ein Grabmonument oder eine Ehrenhalle; anders als Combes betont Boullée nicht die kommunikative Funktion des parlamentarischen Raums, sondern gibt ihm einen ausschließenden Charakter. Der Ausschluß gilt den Feinden der politischen Gemeinschaft, die Schrift an der Außenwand hat daher auch einen drohenden Ausdruck: Nur wer sich den Menschenrechten verpflichtet, darf eintreten; damit symbolisiert dieser Raum eher die Grenzen als die Logik des Diskurses. Der Raum ist geschlossen, bereit, sich zu verteidigen, Combes' Raum ist offen und lädt zur Partizipation ein.

Während Combes die Revolution in der naturgesetzlichen Ordnung des Kosmos verankert, gibt *Mouille-Farine* in seinem Projekt für die Place Bastille dem Universalitätsanspruch der neuen Souveränität eine konkretere politische Bedeutung: Die Kuppel der Nationalversammlung hat die Gestalt einer Erdkugel, auf der man die Karte Frankreichs erkennt: Das

Reich der Freiheit kündgt seinen Universalitätsanspruch an, indem es seinen Ausgang von der nationalen Einheit der französischen Departements nimmt. Auf der Kuppel verkündet die Statue des französischen Merkur der Welt die Botschaft der Freiheit; auf dem Säulenumgang, der die Kuppel trägt, stehen die Statuen der Präsidenten der Nationalversammlung und ihrer bedeutendsten Politiker. Der Säulengang ist bei Mouille-Farine in die Höhe verlagert, dient also, anders als bei Combes, nicht der realen Kommunikation; dadurch erhält der Bau noch deutlicher einen kultischen Aspekt.[30]

Verkünden diese Projekte bereits die zentralen Inhalte der Revolution – Freiheit, Gleichheit, Einheit, aufgehoben in der messianischen Zeit globaler Erneuerung – und bildet die Monarchie in ihnen schon nur noch ein akzidentielles Moment, so ist der Plan des Architekten *Rousseau* für den Palast der Nationalversammlung noch ganz auf die konstitutionelle Monarchie bezogen. Seine Anlage stellt das Nebeneinander zweier Mächte dar: Nationalversammlung und Monarchie. Im Versammlungssaal – einem halbkreisförmigen Amphitheater – sitzen die Abgeordneten dem König gegenüber, der auf einer erhöhten Tribüne mit der Königin und den leitenden Staatsbeamten Platz nimmt. Der Palast ist in einen Komplex hierarchisch angeordneter Bauten und Tore integriert; den Haupteingang bildet ein römischer Triumphbogen.[31] Ist dieser Bau noch deutlich den Bedürfnissen absolutistischer Machtdarstellung verpflichtet, so schlägt der Architekt *Thomas* einen ganz anderen Weg ein. Er bindet die politische Macht an einen Kult der nationalen Eintracht. Im Mittelpunkt seines Komplexes für Regierung und Nationalversammlung erhebt sich ein der Freiheit geweihter griechischer Tempel; in ihm sind Säle für Ausschüsse und ein halbkreisförmiger Versammlungssaal untergebracht, „in der Art der antiken Amphitheater gestaltet." Thomas plaziert die Nationalversammlung am Rande des Marsfeldes, auf dem die Massenfeste stattfinden sollen, um das politische System für alle Zeiten auf die „Föderation", die nationale Einheit zu verpflichten: „Ja, Messieurs, dieser Ort wird Ihnen stets den großen Tag des 14. Juli 1790 ins Gedächtnis rufen, und wenn in kommenden Legislaturperioden einst die Versuchung oder die Schwachheit über die Abgeordneten der Nation kommen sollte – ein einziger Blick auf den Altar des Vaterlandes würde sie wieder an ihre Pflichten erinnern."[32]

In anderen Konzeptionen wird die Nationalversammlung in einen weiter gefaßten Raum allgemeiner kultureller Bildung integriert, so in mehreren Projekten, die sie gemeinsam mit Museum, Bibliothek und wissenschaftlichen Einrichtungen im Louvre unterbringen wollen.³³ Der in dieser Hinsicht eindrucksvollste Entwurf kam von dem Bibliothekar *Chevret*, der eine Vereinigung von Nationalversammlung, Bibliothek und Museum in einem großzügig angelegten urbanen Komplex vorschlug. In der Mitte eines großen, runden, zentralen Platzes sollen sich ein Tempel mit einer mächtigen Kuppelhalle und Galerien erheben, in denen die „Bibliothèque de la République" untergebracht ist; ihm gegenüber befindet sich der „Temple des Loix", die Nationalversammlung, und zur Rechten und Linken „würde sich im Umgang dieses Platzes eine Folge von Gebäuden einer edlen Architektur, von Arkaden getragen, erheben." Um den Platz führt eine Galerie, die an beiden Seiten am Gebäude der Nationalversammlung endet – in dieser Galerie wird das Museum eingerichtet; die größten Hervorbringung und Werke der Natur, der Künste und der Wissenschaften sind hier aufbewahrt. Zehn große Straßen führen sternförmig auf den Platz, „der als Ausgangspunkt dient, von dem man die Entfernungsmeilen auf allen Straßen zählen würde, wie um allen Bürgern die Wege anzuzeigen, die zum Ruhm geleiten und zum Zentrum des Lichts führen und zum Asyl der großen Männer, die den Dank des Vaterlandes verdient haben." Dieser Platz konstituiert das integrale geistige, kulturelle und politische Zentrum der Republik, einen Ort der höchsten Bildung, von dem das Reich der Vernunft seinen Ausgang nimmt. Bildung und Wissen stellen hier die Mitte dar, konstituieren und gewährleisten erst die Vernünftigkeit politischen Handelns. Politik ist also nicht im allgemeinen Willen verankert, sondern in dem aufgeklärten Geist, der aus Büchern spricht – im Mittelpunkt, unter der Kuppel des Domes, hat der leitende Bibliothekar seinen Sitz. Von hier aus kann er alle Galerien der bibliographischen Sammlungen, die sternförmig vom Zentrum ausgehen, mit einem Blick übersehen, hier wacht er über das Heiligtum der Gesellschaft, das akkumulierte Wissen.

Chevret entwirft einen Ort der Vernunftreligion, an dem der Mensch den Blick zum Schöpfer des Universums richtet. Er formuliert damit eine Utopie des späten 18. Jahrhunderts: die Utopie, daß das Subjekt sich aufhebt und vollkommen aufgeht im grenzenlosen Raum der Vernunft, die aus der Kuppel des Universums ihre Strahlen auf die Erde richtet, um die Menschheit zu erleuchten. Die Vernunft wird zum prozessierenden Subjekt, das über die Kultur des Wissens und der Schönheit ins politische System vordringt. Ähnlich wie noch in den Bildungsplänen *Talleyrands* und *Condorcets*, erscheint die Autonomie des Wissens als der wahre Regent der Gesellschaft. Chevrets Entwurf übersetzt die eschatologische

Erwartung an die Regeneration von Staat und Gesellschaft durch die Bildung der autonomen Vernunft in eine ästhetische Konzeption des kulturellen Zentrums.[34]
Dominierten in den Anfangsjahren der Revolution architektonische Entwürfe für die Gestaltung des politischen Zentrums, so traten in den Wettbewerben des Jahres II Projekte für lokale Einrichtungen, wie Primärversammlungen und Gemeinderatshäuser, hinzu, für die die demokratische Verfassung einen konkreten Bedarf geschaffen hatte. Die Zahl der eingegangenen Entwürfe war freilich, im Vergleich zu den Wettbewerben für republikanische Tempelbauten, eher gering. In beiden Fällen vergab die Jury des Jahres III die Preise an *Durand* und *Thibault*, deren Architektur in der Tradition des monumentalen Klassizismus steht. Ihr „Hôtel de Ville" zeigt die Orientierung an den großen Palästen der italienischen Renaissance; Größe und Monotonie signalisieren einen „Absolutismus der Gleichheit". Ihre Assemblées primaires sind fensterlose Kolosse, die auf Boullées Einfluß verweisen, mehr aber noch antiken Tempeln nachgebildet sind. Ein Fries auf der Attika bildet den einzigen Schmuck der äußeren Mauerflächen, große Säulenvorhallen führen ins Innere, die Säulen sind in der dorischen Ordnung gehalten, Symbol männlich-soldatischer Tugend. In der mittleren Vorhalle brennt das heilige Feuer des Vaterlandsaltars – die Assemblée primaire wird als ein sakraler Ort begriffen: Politik erscheint als eine dem Kult untergeordnete Funktion.
Vermitteln diese Projekte den Eindruck von monumentaler Erhabenheit, die immer auch eine Distanz zwischen Staat und Gesellschaft zum Ausdruck bringt, so bieten *Lequeus* Entwürfe das Gegenbild eines fast episch beredten Raumes, der diese Distanz aufhebt, den revolutionären Diskurs in sich aufnimmt und die Rhetorik der Redner mit einer eigenen Sprache begleitet. Seine Assemblée primaire – der Saal soll zugleich Dekadenversammlungen dienen können – ist als ein Kuppelbau gestaltet, der im Innern ein Amphitheater enthält. Lequeu plant aber nur eine halbkreisförmige Anlage und trägt damit pragmatisch der Funktion des Amphitheaters für den politischen Diskurs Rechnung. Die Außenansicht des Baus bietet weder jenes Bild einer hermetisch geschlossenen Monumentalität, wie der Palast Boullées, noch jenes einer „bürokratischen" Monumentalität, wie Durands und Thibaults Entwurf für das Hôtel de Ville. Lequeus „Palast" vermittelt vielmehr den Eindruck einladender Offenheit: Alle Öffnungen sind zugleich Eingänge, und es gibt keinen Rest einer hierarchischen Differenzierung mehr in der Außenfront. Das Prin-

zip der Gleichheit wird nicht allein durch bloß formale Regelmäßigkeit zum Ausdruck gebracht, sondern durch eine konkrete Symbolik in seiner spezifischen politischen Bedeutung präzisiert: Über jeder Eingangsöffnung schwebt das Dreieck der Gleichheit. Ein Fries mit Freiheitsmützen schließt den Bau nach oben hin ab, über der Kuppel weht die Trikolore, darüber die Freiheitsmütze.

Das Innere des Gebäudes ist sehr detailliert ausgestaltet, sowohl mit republikanischem Dekor als auch im Hinblick auf die Funktion eines politischen Versammlungsraums. Das Amphitheater ist auf eine Größe berechnet, die 550 Bürger faßt, entsprechend dem Verfassungsartikel, der für die Assemblées primaires die Zahl von 200 bis 600 Bürgern festlegte. Darüber hinaus sind weitere Sitzplätze für 450 Citoyennes und Jugendliche vorgesehen – sie fehlen bei Durand und Thibault, die die politische Versammlung nicht in den weiteren Raum einer politischen Öffentlichkeit stellen. Der Saal ist mit dem für die Zeit typischen republikanischen Dekor ausgestattet: Büsten und Statuen von Märtyrern der Freiheit, Fasces und Piken, Standarten mit den Zeichen der Kantone, über denen der gallische Hahn mit der Freiheitsmütze thront, revolutionäre Inschriften. In der Mitte des Raums befinden sich die Rednertribüne mit den Sitzen des Präsidenten und seiner Beigeordneten, davor eine Halbkugel, die die Erde darstellt, ein Banner mit den Menschenrechten und ein Monument: „eine Gruppe der Freiheit und Gleichheit, dargstellt durch ihre ineinander verschlungenen Hände". Vor der Tribüne des Präsidenten ein Tisch, der auf Keulen ruht. Dahinter tut sich eine große Öffnung auf, die die Strahlen der aufgehenden Sonne sichtbar macht, zur Rechten und zur Linken künden Posaunenengel die Morgenröte der Freiheit an – insgesamt ein fast idealtypisches Ensemble für einen revolutionären Dekor im Jahr II. *23–25*
Im Vergleich mit dieser Konzeption einer in hohem Maß beredten revolutionären Symbolik und Allegorik wird die monumentale Schlichtheit der klassizistisch orientierten Entwürfe Durands und Thibaults besonders deutlich. Diesen Entwürfen fehlt das Moment historischer Vermittlung. Es sind Bauten, deren Ort und Ursprung jenseits der Geschichte liegt. Lequeus Bau mag gleichfalls für die Ewigkeit bestimmt sein – die Sonne der Freiheit, die nicht mehr untergeht –, doch es ist eine Dauer, die ihre Bedeutung aus dem kontingenten Sinngehalt der Französischen Revolution bezieht; die rationale Ordnung einer kosmologisch begriffenen Geometrie erscheint hier als eine „Eroberung" der Revolution. Freilich dokumentiert sein Entwurf auch den „Horror vacui" der Revolution, das Bestreben, den Raum vollständig mit eindeutigen Botschaften und Sinn-

gehalten auszufüllen, keine Leere und keine Lücke zurückzulassen, die vielleicht zu abweichendem Denken ermutigen oder auch nur Zweifel entstehen lassen könnte. Lequeu hatte eher einen Raum der politischen Erziehung als der freien Auseinandersetzung entworfen. Mußte man die Sprache der Freiheit nicht erst noch erlernen? Sie bedurfte der Unterstützung durch die Sprache des Raumes, die durch ihre stete Präsenz eine verläßliche Korrektur ausübt; sie wirkt mit der Kraft einer politischen Pädagogik. So sah es der Arzt *Lanthenas*, der die Primärversammlung zugleich als Allzweckgebäude der republikanischen Erziehung entwarf. Ihre Amphitheater würden nicht nur für politische Versammlungen, sondern auch für öffentliche Vorträge der Lehrer und als Gymnasien für die Jugend dienen, dekoriert mit Emblemen, Inschriften, Gemälden und Monumenten, „geeignet, die republikanischen Maximen und Grundsätze wachzurufen und in die Seelen einzuprägen". Über dem Eingang wird zu lesen sein: „Der Wahrheit, dem Vaterland, der Menschheit! Dem Unterricht, der Moral, dem Gesetz!" Durch „bewegliche Balustraden" ließen sich verschiedene Bereiche des Amphitheaters voneinander abgrenzen, so daß sich auch kleinere Räume für Ausschüsse, besondere Diskussionsrunden und Verhandlungsprozeduren bilden lassen. Alte Türme und Schlösser des „Feudalismus", die Lanthenas abreißen lassen wollte, sollen das Material liefern, aus denen diese Amphitheater erbaut werden.[35]

Der Vermischung von Politik und Erziehung gesellt sich wiederum das kultische Moment zu. Der Abgeordnete *Bancal* etwa schlug 1792 vor, ganz Frankreich mit „Tempeln der Freiheit" für die Primärversammlungen des Volkes zu überziehen.[36] 500 bis 1000 solcher Tempel wären für jeweils bis zu 6000 Wählern notwendig, die hier in direkter Wahl ihre Abgeordneten für die Nationalversammlung benennen und ihre politischen Rechte ausüben. Jeder Tempel besteht aus einem Amphitheater, in seiner Mitte befindet sich ein Altar des Vaterlandes, auf dem eine große Urne für die Stimmzettel steht. Auch Bancals Amphitheater sind Orte der praktischen und allgemeinen politischen Bildung. Zugleich weist der Vaterlandsaltar aber darauf hin, daß die Demokratie einer höheren Ordnung verpflichtet ist. Sie ist, dies verdeutlicht ein anderes Projekt, in kosmischen Sphären verankert. *Joseph Hunques* „Häuser des Volkes", in jeder Kantonalhauptstadt zu errichten, sollten an der jeweils höchsten Stelle des Ortes plaziert werden, der aufgehenden Sonne zugewandt, „damit sie verkünden, daß die freien Völker die Natur zur Religion und die Freiheit zum Kult haben"[37].

Versammlungs- und Weiheorte des republikanischen Kultes: Tempelprojekte

Im Zentrum der Utopie des Raumes steht der „republikanische Sakralbau". Die große Zahl der Tempelprojekte stellt alles andere in den Schatten, was an Revolutionsarchitektur entworfen wurde; darin dokumentiert sich das Bestreben, der neuen Ordnung eine höhere Weihe zu geben, sie in außergesellschaftlichen Sphären zu verankern. Mit der Proklamation des republikanischen Kultes entstand ein Bedarf an Tempelbauten für entsprechende Versammlungen und Zeremonien, die das Selbstverständnis des neuen Gemeinwesens zum Ausdruck bringen und nicht mehr die Symbole und Bedeutungen der alten Religion transportieren. Die Mehrzahl der Tempelprojekte fällt daher in die Zeit der „Dechristianisierung" und des Kults des „Höchsten Wesens". Aufgabe der Architektur war es, einen äußeren Raum für die Praxis des neuen Kults zu schaffen und ihn mit Bedeutungen auszustatten, die ihn zu einem Medium republikanischer Religions- und Moralerziehung werden lassen.

In den architektonischen Projekten der konstitutionellen Monarchie sind Tempelbauten noch vergleichsweise selten, da der unmittelbare Bezug auf eine neue, generalisierte zeremonielle Praxis noch fehlt. Gleichwohl finden sich bereits in dieser Zeit Entwürfe, die eine Reformulierung des Verhältnisses von Staat, Gesellschaft und Religion beinhalten, teilweise auch schon die Idee des republikanischen Tempels antizipieren. Als Beispiele seien zwei Entwürfe von Laborie und Daiteg erwähnt. *Labories* Tempel ist eine Huldigung an Ludwig XVI. als „Restaurateur de la Liberté" und zugleich „Vater des Volkes"; in ihm kommt die eschatologische Erwartung an eine konstitutionelle Monarchie zum Ausdruck, in der alle Wünsche Wirklichkeit werden, die sich an das Bild vom „guten König" richten, unter dessen weiser Führung die Gesamtheit der Bürger einträchtig und glücklich zusammenlebt. Die Inschrift auf dem Fries des Tempels verdeutlicht diese Erwartung: „Dem König. Tempel der Eintracht, der der Nachwelt verkündet, daß Ludwig XVI. durch seine Tugend und durch den Sturz des feudalen Regimes sich den unsterblichen Titel des Königs und Vaters der Franzosen erworben hat." Laborie rekonstruiert die Geschichte der Monarchie als Geschichte der guten und tugendhaften Herrscher: Im Innern des Tempels sind nur die „vorbildlichen" Monarchen dargestellt, die schlechten sind aus den Annalen der Geschichte verbannt. Die Revolution erscheint damit nicht als histori-

scher Bruch, sondern als Korrektur und Vollendung eines von den „guten" Herrschern begonnenen Werks; sie steht in der Kontinuität einer Heilsgeschichte, die noch nicht mit dem Katholizismus gebrochen hat, sondern vielmehr dessen Erneuerung bringt, eine Legitimität, die für künftige Könige und Gesetzgeber eine immerwährende, heilige Verpflichtung sein wird. Der Tempel ist als Weihestätte der konstitutionellen Regeneration geplant: Die Portraits sämtlicher Deputierten der Generalstände von 1789 werden in seinem Innern zu betrachten sein. Und er ist ein Dankopfer für Gott, dessen Segen für das Gelingen der Erneuerung erbeten wird, die Laborie beschwörend in der kosmischen Zeit fixiert: „In der Kuppel, die dieses Gebäude abschließt, erblickt man an der Decke die vier heiliggesprochenen Könige, die, von Wolken getragen, den Ewigen anflehen, er möge doch die Tage eines Königs segnen, der alles für das Wohl seiner Völker getan hat. Die Sternkreiszeichen markieren die Zeit und die Epoche, zu der sich die Nation versammelt hat ..."[38]
Daiteg entwarf 1790/1792 einen „Tempel", der den Altar des Vaterlandes auf dem Marsfeld bergen und das Sanktuarium für die Feiern des 14. Juli bilden sollte. Ein mächtiger Altar in Gestalt einer Rotunde, groß genug, um darauf vier Messen gleichzeitig zelebrieren zu können, erhebt sich in der Mitte eines von einem Säulenumgang eingefaßten, weiten Feldes. Zahlreiche Tafeln und Monumente erläutern die Bedeutung des „konstitutionellen Kults", wie Kersaint ihn formulierte, der auch hier noch nicht in einen Gegensatz zur christlichen Religion getreten ist. Eine Skulpturengruppe, noch in monarchischem Gewand auf dem Altar, repräsentiert das neue Staatswesen: in der Mitte eine Figur, die in einer Hand ein Szepter, in der anderen ein Schild mit der Aufschrift „Nation, Gesetz, der König" trägt; weitere Figuren stellen die Gerechtigkeit, den Frieden, die Kraft sowie Weisheit und Krieg dar, vier Gruppen von Kindern symbolisieren den Genius der konstitutionellen Regeneration: „mit Flammen über dem Kopf und auf Papierrollen schreibend, repräsentieren sie die Genien Frankreichs, die die Artikel der Verfassung niederschreiben." In der Galerie des Säulenrundgangs sind Tafeln mit der Menschenrechtserklärung angebracht, auf dem Fries des Rundgangs, der Rotunde und auf den Treppenstufen, die zum Altar führen, sind die Artikel der Verfassung zu lesen – ein Programm der politischen Bildung: „Durch dieses Mittel wird das Volk, wenn es in diesem Tempel wandelt, vor seinen Augen die Verfassung haben und sich mit ihr vertraut machen." Zwölf weitere Skulpturengruppen ergänzen dieses Ensemble einer in den Raum übersetzten politischen Didaktik: Statuen, die die Nation, das Gesetz sowie

die wichtigsten sozialen Gruppen im einträchtigen Miteinander darstellen – „der Bauer, der Soldat, der Priester mit ihren Attributen; sie umarmen sich"[39].
Erwies sich die Hoffnung auf eine erneuerte, konstitutionelle und immer noch christliche Monarchie, der Labories Entwurf Ausdruck gab, als Illusion, so enthielt Daitegs Konzeption bereits zukunftsweisende Elemente für die architektonische Gestaltung eines „Kults des Gesetzes".
Den Höhepunkt in dieser Entwicklung bildete der Plan eines „Tempels des Gesetzes und der Freiheit", den der Architekt *Goulet* im Jahr II dem Unterrichtsausschuß präsentierte. Goulets Tempel diente der politischen Bildung, eingebettet in einen republikanischen Kultzusammenhang. Um dem Volk die Gesetze der Nationalversammlung zu vermitteln, gebe es bisher nur zwei Mittel: Zeitungen und Anschläge. Zeitungen seien jedoch für viele Bürger zu teuer, während öffentliche Anschläge allzuleicht von Regen und Unwetter zerstört würden. Goulet schlägt deshalb vor, an besonders frequentierten und leicht zugänglichen Orten Gesetzestempel zu errichten, in denen Verfassung und Gesetzestexte studiert werden können. Sein Projekt für einen solchen Tempel auf dem Gelände zwischen Louvre und Tuilerien ist freilich von Dimensionen, die den sozialpolitischen Anspruch seines Bildungskonzeps wieder zunichte machen. Bei den Kosten, die zu seiner Realisierung erforderlich wären, ließen sich mühelos alle „Sanskulotten" von Paris mit handlichen Texten der Verfassung und der Gesetze versorgen. Das Ziel dieses Vorhabens ist daher weniger die politische Bildung als die Konstruktion eines repräsentativen Raumes von erhabener Monumentalität für den öffentlichen Kult des Gesetzes.
Goulets Plan sieht ein Bauwerk auf der Grundfläche eines griechischen Kreuzes vor, dessen Arme Galerien bilden, an deren Wände sämtliche Gesetze der Republik auf mobilen Tafeln aufgehängt werden; jede soll 84 Klafter lang sein (eine Bezugnahme wohl auf die Zahl der Departements), bei 3 Klafter Breite – dies entspricht Dimensionen von etwa 164 mal 5,8 Metern. In der Mitte befindet sich eine Rotunde, in der der Text der Verfassung in goldenen Lettern angebracht ist, in vier Nischen stehen die Statuen Rousseaus, Voltaires, Montesquieus und Mablys, der „Gesetzgeber der Republik". Im Zentrum wollte Goulet einen Kreis verschiedenfarbiger Felder anlegen, die jeweils eines der Departements repräsentieren. Über dem Department Cher, das die geographische Mitte Frankreichs bildet, sollte sich die Statue der Freiheit erheben. Durch eine Öffnung in der Kuppel der Rotunde würde der Himmel sein Licht auf die

Republik werfen, ein Deckengemälde in der Kuppel sollte die Fédération des 14. Juli darstellen. Dieser im Machtzentrum der Hauptstadt gelegene Tempel würde den öffentlichen Mittelpunkt einer in höheren Sphären verankerten politisch-moralischen Erziehung bilden: „Er bietet allen Citoyens große und nützliche Instruktionen. Die Minister und Administratoren können hier lernen zu regieren; die Richter und Beamten werden hier die Gesetze und Pflichten lesen; die Anwälte unterrichten sich über ihre Begründungen, die Verbrecher über ihre Verurteilungen."⁴⁰
Kaum minder ehrgeizig war das Projekt des Bildhauers *Verhelst* für einen „Tempel der französischen Verfassung". Verhelst, der aus einer Mannheimer Künstlerfamilie stammte, plante eine gewaltige, von einem Säulenrundgang umgebene Rotunde – 115 Fuß im Innern, 115 Fuß Durchmesser, 345 Fuß Gesamtumfang der Anlage. Über den in den Tempel führenden vier Toren sind die Tafeln der Menschenrechte angebracht, darüber Reliefs mit revolutionsgeschichtlichen Darstellungen; zwischen den Säulen an den Eingangstoren stehen die Statuen großer Männer, „die die Freiheit gepriesen haben". In der Mitte des Innenraums befindet sich der Altar des Vaterlandes; hier wird in der „heiligen Arche der Franzosen" die Verfassung aufbewahrt; sie ist von Tafeln aus weißem Marmor umgeben, auf denen „die Maximen, die für das rechte Verhalten eines Menschen am wichtigsten sind", stehen, dazu eine Statue mit einer Tafel mit den Namen der „Gründer der Freiheit", zwischen den Wandpfeilern Tafeln mit den Namen von Bürgern aus allen Departements, die sich um Freiheit und Gleichheit verdient gemacht haben. Auch dieser Raum wird durch eine Öffnung in der Kuppel erhellt: „Er wird das Licht des Schöpfers empfangen, ihr werdet diesen Tempel von Strahlen und Gloriolen bedeckt sehen, die er über alle Völker ausbreitet." Die Republik der Tugend spiegelt sich im Licht der kosmischen Ordnung wider: „Unter den Strahlen der Sonne werdet ihr den goldenen Kreis der Unsterblichkeit sehen, und am äußeren Ende das Auge der Gerechtigkeit und der Wahrheit, die erkennen lassen, daß nichts der Gottheit verborgen bleibt; seid gerecht, denn ihr werdet früher oder später entdeckt." Verhelst gab diesem Tempel über die allgemeine pädagogische Funktion hinaus noch eine konkrete Bestimmung: Hier sollen die Bürger, die sich durch besondere patriotische Leistungen ausgezeichnet haben, öffentliche Ehrungen und die „couronne civique" erhalten. Der Tempel wird damit eine – kultisch überhöhte – Schule des republikanischen Patriotismus sein.⁴¹
Eine andere Utopie wird in dem Programm eines anonymen Autors vom Prairial II für einen Tempel der Gleichheit umgesetzt, einen Tempel der

natürlichen und sozialen Harmonie. Im Innern einer kreisförmigen Anlage soll sich, als Sinnbild der Erde, über einem Marmorsockel eine Kugel erheben, die über sich nur die Sonne des Himmels hat, die sie belebt. Auf ihr eine Frauengestalt, die die Gleichheit verkörpert; sie trägt Girlanden von Blumen und Früchten, die sie über 20 Figuren „ausschüttet", zehn Männer, die Talente verkörpernd, zehn Frauen, die für die Tugenden stehen. Über einem Rundgang von 2 mal 10 Säulen, in den zehn gleiche Öffnungen führen, soll ein umlaufendes Relief angebracht werden, das in der Mitte eine Frau darstellt, umgeben von Kindern, die sich in ihren Talenten und Fähigkeiten üben und ausbilden. Die Natur verteilt ihren Reichtum gleichermaßen auf alle: „diese Bekundungen sind Zeichen der Gunst, die die Natur den Menschen in gleicher Menge bietet und auf die sie alle Rechte als Menschen und als unbezweifelbar Gleiche haben." Zahlreiche Inschriften geben dem Ganzen den Charakter eines didaktischen Ensembles: „Um die rechte Vorstellung, die man davon haben soll, vollständig zu entfalten und einen wahrhaft philosophischen Moralkorpus zu entwickeln, wäre es zweckmäßig, diesen Sinnbildern einige Erläuterungen hinzuzufügen [...]. Dieser Absicht folgend, werden zwischen allen Eingangstoren im Innern des Tempels große Inschriften angebracht, die die Liebe zur Gleichheit eingeben, indem sie die für die soziale Harmonie süßeste und wohltuendste Moral vermitteln."[42]

Zu den wichtigsten Vorhaben des Jahres II gehörte die Errichtung eines Tempels der Gleichheit im Park des Maison Beaujon; vielleicht handelte es sich bei dem zuletzt erwähnten Projekt um einen der Entwürfe, die für diesen Wettbewerb entstanden. Den ersten Preis erhielten wieder *Durand* und *Thibault*; ihr Projekt war zugleich das einzige Vorhaben, das der Konvent zur Ausführung bestimmte. Diese Entscheidung aus dem Jahr III war sicher nicht zufällig, denn Durand und Thibault hatten ihren Tempel als eine Art Museum der Revolution geplant, das auf diese Weise auch die Vorstellung zum Ausdruck brachte, die Revolution sei abgeschlossen und gehöre als Ereignis bereits der Vergangenheit an. Gleichwohl war auch dieses Museum als kultische Weihestätte konzipiert. Der Entwurf war am Modell des griechischen Tempels orientiert, mit einer Säulenhalle als Vorbau und, der griechischen „cella" entsprechend, einer Weihehalle im Innern; in ihrer Mitte eine Statue des öffentlichen Glücks, während die Wände für Revolutionsgemälde und Statuen bestimmt waren. Der äußere Umgang bestand aus 36 Pfeilern mit Frauenantlitzen als Kapitellen, jeder jeweils einer Tugend gewidmet – „Die Tugenden sind der festeste Rückhalt des öffentlichen Glücks", lautet die Inschrift auf der

Eingangsfront. Die Zahl der Pfeiler entspricht der Zahl der Dekaden des republikanischen Kalenders, hinzu kommen zwei mal vier weitere Pfeiler, die die Vorhallen zum inneren Saal bilden, vielleicht den vier Jahreszeiten gewidmet: ein Monument, das die Revolution und die Tugend in die übergeordnete Zyklizität der kosmischen Zeit integriert. Die ägyptisierenden Stilelemente betonen den Aspekt der Dauer, aber auch die Strenge der republikanischen Tugendmoral.

Während dieser Entwurf ein abgeschlossenes Ereignis und eine endgültige Botschaft verkündet, läßt *Lequeus* Tempel der Gleichheit noch den Akt der historischen Hervorbringung erahnen. Er gibt ihm nach Boulléeschem Vorbild die Form einer Kugel, anders aber als in den Entwürfen Boullées erhebt sich die Kugel in ihrer ganzen Gestalt über die Erde. Im Innern befindet sich der Globus, den die Göttin der Gerechtigkeit regiert. Lequeus Entwurf vermittelt die Utopie einer Konvergenz von Mikro- und Makrokosmus, die Vorstellung von Autonomie und vollkommener Harmonie.

Die meisten Tempelprojekte, die zum Wettbewerb des Jahres II eingingen, waren als nationale Weihestätten für Paris geplant.[43] Nur etwa ein Viertel war für die „alltägliche" Praxis des Dekadenkults vorgesehen. Ein repräsentativer Tempel der Gleichheit oder der Freiheit als herausgehobenes nationales Monument erlaubte größere und aufwendigere Formen, und viele dieser Entwürfe zeigen den Einfluß der neoklassizistischen Gigantomanie. Die Räume des Dekadenkults, die auch für die lokale Ebene der Gemeinden geeignet sein mußten, erforderten pragmatischere Konzeptionen. Auch hier lieferten die griechischen und römischen Kulttempel häufig das Vorbild. Für den Dekadentempel übernahmen *Durand* und *Thibault*, an die wiederum der erste Preis ging, das Boulléesche Modell der in den Boden versenkten Kugel. In ihrem Innern planten sie ein Amphitheater, das Ganze eingelassen in einen fensterlosen, rechteckigen Bau, der ähnlich Boullées Palais national breiten Raum für Inschriften ließ, aber mit griechischen Eingangsportalen ausgestattet war. Die Kuppel trägt die Weltkarte – Symbol des universellen Anspruchs der Revolution.

Ein Beispiel für ein in seinen Dimensionen vergleichsweise bescheidenes, auf die praktischen Erfordernissen des republikanischen Kults bezogenes Projekt ist der Entwurf eines „Tempels des Höchsten Wesens" von *Belu*, gedacht für eine „kleine Landgemeinde"[44]. Auch dies ein Kuppelbau mit einem Amphitheater. Belu vergegenwärtigt in der Ordnung des äußeren Kultraums die biologische Ordnung, die im Selbstverständnis und in der

Utopie der Revolution der sozialen Harmonie des republikanischen Gemeinwesens zugrunde liegt; er teilt das Amphitheater in zwei Hälften: „auf einer Seite sind die Frauen, auf der anderen die Männer; das zarte Alter sitzt unten, die Alten nehmen die oberen Plätze ein. Um den Saal herum sind vier Reliefs angebracht, die die vier Alter des menschlichen Lebens darstellen."
Die zweite Ebene der Ordnung wird durch das Dekadensystem repräsentiert: Drei mal zwölf „figures emblématiques" symbolisieren auf einem umlaufenden Fries im unteren Teil der Kuppel die 36 Dekadi, im Gewölbe sind charakteristische Produkte der Monate, darüber weitere Gegenstände der Natur und der Landwirtschaft gemalt. Der Himmel wird durch zwölf gleiche, mit Glas gedeckte Öffnungen in der Kuppel sichtbar; von ihm richtet sich der Blick auf den Reichtum der Natur, von dort schließlich auf die gesellschaftliche Tugend: In der Mitte des Amphitheaters steht die Statue der Freiheit und Gerechtigkeit – „alle Anwesenden besingen die Tugenden, die diese Genien eingeben, und bringen sie dem Schöpfer der Natur zurück".
Belu entwirft den Dekadentempel in Opposition zum traditionellen Kirchengebäude: „Nicht länger wird eine enorme und nichtssagende Glocke die Einwohner zur Versammlung rufen; über dem Portal und vor der Kuppel des Tempels befindet sich ein Vorsprung, von dem zu festgelegten Stunden ein Ausrufer mit durchdringender Stimme zu vernehmen ist, der dem Volk klar und genau den Gegenstand ankündigt, für den es zum Tempel gerufen wird. Auch Glockentürme und Spitzen wird es nicht mehr geben; statt ihrer wird die Trikolore in über 60 Fuß Höhe im Wind wehen. Über der Kuppel, am unteren Teil der Pike, die das Fahnenbanner trägt, dreht sich ein großer Ring, auf dem die Stunden eingezeichnet sind; die Zeit oder irgendein anderes Symbol markiert sie mit einem Finger."
Zu den moralpädagogischen Träumen der Revolution gehörte der Wunsch, die ganze Republik mit solchen neuen Tempeln zu überziehen. Ganz in der Logik der Dezimalisierung des Raumes schlug *Lespomarède*, Verwaltungsbeamter in Cambrai, vor, zehn Tempel in jedem Departement zu errichten, also insgesamt 850, in denen man den „Kult des Gesetzes" begehen würde, „heilige Tempel des Vaterlandes", in denen ein spezielles Corps von Morallehrern das Volk bei obligatorischer Teilnahme aller Bürger (wer nicht erscheint, wird zum „Verdächtigen" erklärt) über die laufenden Gesetze unterrichtet. Hier handelt es sich nicht um Stätten einer „räsonierenden politischen Öffentlichkeit", sondern um Kultstät-

ten, die eine pädagogische Funktion erfüllen. Die Eltern sind verpflichtet, ihre Kinder zum Tempel zu führen.⁴⁵ Der anonyme Autor eines republikanischen Moralbuchs schlug ein Gesetz vor, nach dem neben jeder Schule ein Tempel errichtet werden soll, in dem die öffentliche Moralerziehung stattfindet. Über dem Eingang steht daher: „Dem Höchsten Wesen. Schule der Moral." Der Dekor besteht ausschließlich aus Inschriften – diese gibt es dafür reichlich; nur ein Monument in der Mitte des Tempels symbolisiert das Licht der Vernunft: eine schlichte weiße Säule auf dem Altar, „gekrönt von einem verschiedenfarbigen Globus, über dem eine ausgedehnte Wolke angebracht ist, durch die die Strahlen des Lichtes hindurchbrechen". Inschriften auf dem Monument verkünden die grundlegenden Prinzipien einer universellen Moral und Religion: „Die Moral ist der Rückhalt des Gesellschaftsvertrages", steht auf der Säule, „Die ganze Erde ist die gemeinsame Heimat der freien Menschen" auf dem Globus, und in der Wolke steht der Text: „Es gibt ein höchstes und unsichtbares Wesen, das alles geschaffen hat, was existiert, und das alles durch seine Vorsehung regiert. Dieses Wesen trägt den Namen GOTT."⁴⁶ Der Kultraum wird hier als ein umfassender Moralkurs entworfen. Das zentrale Prinzip der Didaktik ist die abstrakte Unmittelbarkeit, mit der die Moral zu den Menschen spricht: keine vermittelnden Bilder und Symbole, die doch stets noch einen Rest von Ambiguität zurücklassen könnten, sondern Eindeutigkeit der Inhalte.

Ein anderes Modell des Raums skizziert *Delpy* in seiner Abhandlung über die Dekadenfeste. Schlichtheit soll auch hier den Dekor des „Temple de Réunion" in jeder Gemeinde charakterisieren, in dem die Zeremonien begangen werden. Doch ist dieser Raum reichlich mit symbolischen Bedeutungen und Repräsentationen ausgestattet. Die Moral, die er verkündet, ist weniger abstrakt, Delpy betont vor allem die Funktion von Vorbildern des Heroismus und Patriotismus für die republikanische Moralerziehung. Schrifttafeln in großer Zahl sorgen auch hier dafür, daß dieser Raum in eindeutigen Botschaften zur Gemeinde spricht: „Im hinteren Teil des Kirchenschiffs wird auf der rechten Seite die Tafel der Rechte und Pflichten des Menschen und Citoyen, auf der linken die Akte der Verfassung angebracht. In der Mitte befindet sich mit etwas Abstand eine dreiseitige Pyramide, auf ihrer rechten Seite sind die wichtigsten Siege und die Ereignisse, die am meisten zur Sicherung der Freiheit beigetragen haben, aufgeschrieben; in der Mitte die Namen derer, die die Ehren des Panthéons verdient haben, auf der linken Seite die Namen der gefallenen Vaterlandsverteidiger aller Ränge, die sich am meisten in den Kämpfen hervorgetan haben. In einiger Entfernung von der Pyramide und auf der gleichen Grundlinie erhebt sich der Vaterlandsaltar, überragt von der dreifarbigen Mütze, einer Nationalfahne an einer Pike, in der Mitte ein Niveau, das an einem Band der Trikolore befestigt ist; an der Vorderseite des Altars sind die Worte GOTT, VOLK, GESETZ aufgeschrieben. Die Seiten der Einfassung des Kirchenschiffs werden mit Trophäen und Büsten von Märtyrern der Freiheit oder Persönlichkeiten, die durch große Tugenden oder Talente berühmt wurden, ausgestaltet, mit entsprechenden Inschriften. Ebenso werden auf die Mauern des Innenraums kurze und leicht faßliche Maximen geschrieben."[47]

Beispiele für Tempel, in denen die Sprache des Raumes sich geradezu überschlägt und die übersteigerte Didaktik ein zwanghaftes Moment enthüllt: Nichts darf unbezeichnet, undefiniert bleiben. Räume einer Totalisierung, die von der Angst vor der Leere und der Unbestimmtheit getrieben wird. Vollends erreicht wird diese Totalisierung dort, wo der Kultraum sich nicht nur die Sprache der Moral, sondern auch den politischen Diskurs unterordnet. Dieser Tendenz unterliegen die meisten Entwürfe für politische Versammlungsbauten. Besonders deutlich wird sie an einem zum Wettbewerb des Jahres II eingereichten Plan des Lyoneser Architekten *Cochet*. Cochet entwirft einen imaginären Raum, in dem die „republikanische Öffentlichkeit" vollständig in der Sphäre einer einträchtigen Kultgemeinschaft aufgehoben ist. Dieser erfüllt in idealer Weise die Funktion einer „republikanischen Sozialisation": Er umfaßt sieben Tempel – einen für die Nationalfeste, einen für die Assemblées primaires, einen für die Dekadenzeremonien, der die Mitte des Ensembles bildet und auf diese Weise die Idee der zeremoniellen Vergemeinschaftung zum Ausdruck bringt. Vier kleinere, den Müttern, der weiblichen und männlichen Jugend und den Alten gewidmete Tempel sind auf diese „Achse" bezogen. Jede Gruppe des sozio-biologisch differenzierten Gemeinwesens hat somit ihren Platz in diesem Ganzen (der Ort der erwachsenen Männer ist die Assemblée primaire).[48] Der Traum vom natürlichen Gemeinwesen – in diesem Komplex scheint er sich zu erfüllen.

Die Entwürfe für Tempelbauten gingen nach dem Thermidor drastisch zurück. Selbst der Dekadenkult des späten Direktoriums brachte nur vergleichsweise wenig idealisierende Projekte hervor; die meisten Vorhaben für Dekadentempel waren auf die Umgestaltung vorhandener Kirchenbauten gerichtet. Statt dessen finden wir eine Entwicklung hin zu Tempeln des militärischen Ruhms. Ein Vorläufer dafür war *Poyets* Plan, vor dem Hôtel des Invalides einen den Kriegsgöttern der alten Römer geweihten Tempel zu erbauen; Poyet wollte an dieser Stelle die „Forges nationales", die zentralen Werkstätten der Waffenproduktion, errichten. An den Wegen, die zu diesem Tempel führen, sollten Altäre nach antiken Modellen stehen, den republikanischen Tugenden geweiht.[49] Mit dem Vorschlag des Abgeordneten *Lambert* aus dem Jahr IV wird eine Serie von Tempeln eines militärischen Kults eingeleitet, die Madeleine nach dem Vorbild des römischen Pantheon dem Frieden und der Eintracht zu widmen. Zusammen mit Trophäen, die man von den feindlichen Armeen erobert hätte, sollten hier die Marmorbüsten verdienter Generäle und Offiziere stehen. Lambert bestimmte den Bau für die Totenfeiern zu Ehren der Kriegsgefallenen.[50] Dem Architekten *Peyre* hingegen schien der Invalidendom der geeignete Ort für einen solchen Tempel zu sein; er wollte ihn zu einem „Museum für die Siege der Armeen und der Friedensverträge der Revolution" umgestalten. *David Le Roy* ergänzte diesen Vorschlag mit dem Projekt eines Militärmuseums.[51] *Percier* und *Fontaine*, später die bevorzugten Architekten Napoleons, griffen diese Ideen Ende 1799 auf. Sie planten, aus dem Invalidendom ein sakrales nationales Museum für die Geschichte der Siege der republikanischen Armeen zu machen; hier sollten die eroberten Fahnen der Feinde hängen, Statuen der großen Heerführer stehen und Inschriften angebracht sein, die die Heldentaten der Armeen überlieferten. Im Innenhof des Hôtel des Invalides wollten sie ein Monument mit einem Triumphwagen errichten, die Esplanade des Invalides, der Platz, den Poyet für die „nationale Waffenschmiede" vorgesehen hatte, sollte zu einem „élysée des guerriers" werden, eine Art Soldatenfriedhof, auf dem die Kriegshelden der Revolution ihre letzte Ruhe finden würden.[52] Hier handelt es sich nicht mehr um Tempel eines republikanischen Gemeinwesens, das in ihnen die Götter der Freiheit und Gleichheit anbetet, hier wird nur noch dem militärischen Ruhm einzelner und der nationalen Macht gehuldigt. Ein neues Cäsarentum, großartiger noch als das des alten Rom, kündigt sich an.

Intermediäre Monumente

Das Amphitheater der Feste, der Tempel des republikanischen Kults und der politische Versammlungsraum sind die zentralen Orte der republikanischen Zusammenkunft; sie entsprechen den Funktionen der sozialen, kulturellen und politischen Integration. In ihrem Zusammenwirken zielen sie auf die Herstellung einer sozialen Harmonie, die universell und total ist, die Individuum, Gesellschaft und Staat in einer höheren, natürlichen und kosmologischen Ordnung vereint und auf diese Weise ihre Gegensätze und Entzweiungen aufhebt. Die Verbindung und die Einheit zwischen diesen drei Orten wird durch die vermittelnden Monumente hergestellt; in der Utopie der Revolution erhalten sie ihre vermittelnde Bedeutung vor allem durch den Festzug, für den sie herausragende Stationen auf dem Weg zu den zentralen Versammlungsstätten sind. Über diese Monumente erobert sich die Revolution tendenziell die Gesamtheit des urbanen Raums, indem sie ihn mit Bedeutungen der historischen Vergegenwärtigung und Legitimation, der symbolischen Repräsentation und der kulturellen Transformation versieht, die durch den Festzug „in Szene gesetzt" werden, aber auch danach und zwischen den Festen als Monumente festgehaltener Erinnerung der kollektiven Wahrnehmung präsent bleiben. Die Revolution suchte die durch das Fest inszenierte neue Zeit in dauerhaften Monumenten zu fixieren; das Fest geht vorüber – die Monumente bleiben und verstetigen die pädagogische Wirkung der Zeremonien. Das Werk der Revolution darf sich nicht in der Kontingenz der historischen Zeit verlieren; dies liefe ihrem naturgesetzlich und in der Ordnung des Himmels begründeten Universalitätsanspruch zuwider. Die kontingente Zeit gefährdet die Harmonie, die zwischen den Ebenen der Gesellschaft walten soll; diese Ebenen sollen sich wie in der Vollkommenheit des geschlossenen Kreises und der Kugel zusammenfügen, mit der die Revolution ihre Utopie symbolisierte: der geschlossene Kreis der Réunion.

Das erste Monument der Vermittlung ist der *Triumphbogen*, zugleich ein wichtiges „Requisit" der Festzüge. In der römischen Antike für die Ankunft eines siegreichen Feldherrn errichtet, wird er jetzt zu einem Monument, mit dem die Revolution sich selbst feiert: ihren Sieg über das Ancien Régime, den Triumph der Volkssouveränität und der Vernunft über Despotie und Finsternis – durch den Triumphbogen schreitet man symbolisch ins Reich der Freiheit. Er ist das eigentliche Monument der Wiedergeburt. Nach wie vor ist der Triumph noch oft an die Zeichen militärischer Macht geknüpft, aber diese Macht steht jetzt im Dienst der Freiheit und des souveränen Volkes, paradigmatisch sichtbar etwa am „Arc du Peuple" *Lequeus*: Lequeu verknüpft den Triumphbogen mit der 32 „Kolossalstatue des Volkes", dargestellt als ein republikanischer Herkules, der die Frucht seiner Anstrengungen, die Freiheit, in seinem Schoß hält und sich, wie es scheint, ermattet, aber befriedigt auf seinem Triumph ausruhen kann.

In anderen Konzeptionen ist der Triumphbogen bereits ganz von der Idee des Kampfes und der militärischen Macht abgelöst. *Grancher* beispielsweise schlug in einer Abhandlung zur Verschönerung von Paris aus dem Jahr II vor, die großen Straßen der Stadt durch Triumphbögen und Monumente in 12 Abschnitte zu teilen, die während der Festzüge Stationen der „Apotheose unserer großen Männer" sein sollen, wobei Grancher vor allem an Größen der Kultur und der Aufklärung dachte.[53] Ähnlich eine Idee des Juristen *Giraud* aus dem Jahr 1792: Acht Straßen, die die Namen der herausragendsten Politiker der Nationalversammlung tragen, führen durch ebenso viele Triumphbögen auf einen zentralen Platz, den „Platz der Freiheit" – die Triumphbögen sind hier der Politik, nicht dem Militär gewidmet.[54] Die Integration des Triumphbogens in die urbane Landschaft findet sich in zahlreichen Entwürfen der Revolutionsarchitektur; sie symbolisiert die Eroberung der Totalität des gesellschaftlichen Raumes durch die Revolution.[55] Der imaginäre Festzug, der am Triumphbogen haltmacht, um ihn dann zu durchschreiten, bedeutet den symbolischen Nachvollzug dieser Eroberung. In einigen Projekten, etwa *Lahures*, wird der Triumphbogen unmittelbar mit dem Ort der „Réunion" verknüpft: Der Einzug in die „Arène du Peuple" wird noch einmal triumphierend als Akt der Konstitution der Volkssouveränität vollzogen.

Auch der Arc de Triomphe, für den der Wohlfahrtsausschuß im Jahr II einen Wettbewerb ausgeschrieben hatte, war nicht als militärisches Monument geplant gewesen, sondern sollte an die „Heroinen des 6. Oktobers" erinnern, an die Frauen, die durch ihren Zug nach Versailles bewirkt hatten, daß der König nach Paris in die Tuilerien überwechselte. Nur in wenigen der eingereichten Entwürfe scheint diese Bedeutung umgesetzt worden zu sein – ein Triumphbogen für Citoyennes war wohl für die meisten Architekten ein allzu befremdliches Vorhaben.[56] Der erste Preis ging an den Bildhauer *Moitte*: Auf seinem Triumphbogen steht der mit der Keule bewaffnete Herkules, doch das Fundament des Sieges bilden Tugend und Weisheit, symbolisiert durch Elefanten, die unbeirrt und unaufhaltsam ihren Weg gehen, die Embleme des Ancien Régime unter sich zermalmend. Ein Gegenmodell zu diesem von relativ konventionellen Allegorien und Symbolen überladenen Monument war der „Arc triomphale et révolutionnaire des Sansculottes républicains français" von *Brongniart*. Die revolutionäre Symbolik der Wiedergeburt wird hier mit konkreten historischen Bedeutungen verknüpft: Im Gewölbe des Bogens erblickt man die Portraits der Märtyrer der Freiheit, Lepeletier, Marat, Chalier, Barra. Von der Mitte aus erstrahlt das Auge der revolutionären

Wachsamkeit wie eine Sonne, deren 86 Strahlen die Gestalt von Lanzen haben und die kämpferische Einheit der Departements symbolisieren.[57] In anderen Projekten dominiert aber noch die militärische Repräsentation, wie man sie aus dem Ancien Régime kennt, etwa im Triumphbogen *Sobres*, auf dessen Säulen nach dem Vorbild der Trajanssäule Heereszüge dargestellt sind. Militärischer Ruhm und republikanische Freiheit werden in einer Konzeption verknüpft, die *Morize* im Oktober 1793 an den Wohlfahrtsausschuß sandte. Morize wollte in mehreren Städten der Republik Triumphbögen zu Ehren der Armeen und der „défenseurs de la patrie" errichten, die mit Emblemen der Freiheit und eroberten Fahnen, Waffen etc. versehen sind. Die reichen Städte sollten außerdem – nach dem Vorbild Alexanders des Großen – Bronzemonumente von Kriegern aufstellen, die „die Kronen und Szepter aller Tyrannen der Erde mit den Füßen treten". Morize plant diese Stätten des Triumphes als nationale Weiheorte, umgeben von „heiligen Hainen", in denen an jedem 14. Juli ein Festessen zu Ehren der „défenseurs de la patrie" von den städtischen Beamten gegeben wird. Sakrale Orte, von denen ausgeschlossen ist, wer sich nicht durch soldatischen Einsatz als patriotischer und tugendhafter Staatsbürger ausgezeichnet hat: „Jedem Bürger, der nicht in der Armee gedient hat, wird bei Strafe verboten, jemals unter diesem Bogen zu sprechen." Ehrfürchtiges Schweigen gebietet auch die „couronne civique perpétuelle", die vom Gewölbe herabhängt und die man immer wieder neu aus den Blättern der neben dem Triumphbogen wachsenden Freiheitsbäume winden wird.[58] Ein mythisches Monument patriotischer Regeneration, das wieder den totalisierenden, von der moralpädagogischen Rigorosität des Ausschlusses begleiteten Aspekt des revolutionären Heroismus und der Tugendmoral sichtbar macht.

Noch mehr tritt nach dem Thermidor und im Direktorium das militärische Moment in den Entwürfen für Triumphbögen hervor. Schon das Projekt eines „Monument triomphal", das *Voinier* nach Ablauf der Frist für den Wettbewerb noch im Frimaire III an den Unterrichtsausschuß sandte, ist ein Triumphbogen ausschließlich zu Ehren der republikanischen Armee, vorgesehen für die Place Étoile. Auch dies ist von der Anlage her ein „totalisierendes" Monument. Nicht einmal der Ansatz eines Versuchs, für die Kriege der Revolution eine politische Deutung und Legitimation zu geben, ist in Voiniers Entwurf erkennbar: Erbeutete Fahnen, Inschriften mit den Namen und Taten der siegreichen Armeen, Reliefs mit Schlachtszenen bilden den wesentlichen Dekor. Ein „Tempel der Unsterblichkeit" aus 20 ionischen Säulen thront auf diesem gewal-

tigen Bogen, in seiner Mitte ein Obelisk mit den Namen der gefallenen Soldaten. „Die Stylobate tragen Gruppen von Statuen, die den Sieg darstellen, wie er auf dem von den Feinden Erbeuteten sitzt und jeder der 14 Armeen, jeweils durch einen Krieger dargestellt, die Krone reicht ..."[59]
Knüpfte dieses Monument – von seiner Aussage, nicht von der architektonischen Form her – noch an die vorrepublikanische Tradition an, so lag doch ein Unterschied darin, daß es nicht mehr speziell großen Feldherrn und Generälen, sondern der Armee als Kollektiv gewidmet ist. Im Direktorium begann man hingegen wieder siegreichen Feldherren zu huldigen, so etwa in dem Projekt von *Dambregie & Compagnie*. Im Jahr VI plante das Direktorium als erstes einer Serie von Monumenten zu Ehren der Eroberungen in Italien einen Triumphbogen für den Platz der Barrière Villejuif.[60] Ein unbekannter Autor schlug vor, die Topographie der Stadt um dieses Monument herum neu zu organisieren; der Platze sollte „Place des Triomphes" heißen, auf ihn sollte eine „Rue Cisalpine" führen, der Faubourg Marceau sollte in Zukunft Faubourg d'Italie, der Faubourg Martin Faubourg d'Allemagne heißen etc.[61] Nicht mehr die Freiheit, sondern das Militär beginnt sich den öffentlichen Raum zu erobern.
Ein Pendant zum Triumphbogen bildet die *Triumphbrücke*. In den entsprechenden Konzeptionen finden wir eine ähnliche Entwicklungslogik. *Lequeu* entwarf 1785 einen „Pont des Philosophes" mit Statuen großer Gelehrter und Politiker der Antike; im Jahr II modifizierte er dieses Projekt und schlug vor, auf dem Pont de la Révolution Statuen der bedeutendsten Politiker der Revolution aufzustellen.[62] Die Brücke eignet sich in besonderer Weise als didaktischer Lehrpfad. Der Ingenieur *Mopinot* wollte 1791 eine Serie von 16 Statuen großer Männer Frankreichs, die bereits unter Ludwig XVI. angefertigt worden waren und während der Revolution im Louvre standen, für die Gestaltung des Pont Louis XVI. verwenden: „Hier wird man auf großartige, dauerhafte und verständliche Weise die Geschichte der Franzosen vergegenwärtigt finden; hier wird der Ausländer sie kennenlernen; hier werden die Bürger ihre Bestimmung erfahren; hier wird man gewiß lesen – und die Nachwelt wird es niemals vergessen –, daß unter allen Königen Frankreichs Ludwig XVI. der erste war, der wollte, daß den Statuen der Franzosen, die Frankreich und der Menschheit nützliche Dienste erwiesen, die gleiche Ehre, öffentlich ausgestellt zu werden, zuteil wird wie den Königen."[63]
Zu zahlreichen Gestaltungsprojekten forderte der Pont Neuf heraus. *Giraud* plante, hier eine Pyramide und ein Depot für den Verkauf von

Erziehungsspielen und „revolutionären Bonbons" zu errichten.⁶⁴ Und hier sollte *Davids* Kolossalstatue des Volkes stehen; später, im Jahr VI, schlug *Poyet* dieselbe Stelle für eine gigantische Säule vor.
Im Direktorium rückte wieder das militärisch-nationalistische Moment in den Vordergrund. *Lourmand* sandte im Jahr VI ein Projekt für eine Triumphbrücke ans Direktorium, die beim Jardin des Plantes die Seine überqueren sollte; von dort würde der Weg zu einem Triumphbogen führen, der die Brücke mit der Place Bastille verbände. Triumphbogen und -brücke sollten mit Trümmern der Bastille gestaltet und mit Trophäen geschmückt werden, die die siegreichen Armeen von ihren Feinden erbeutet hatten. Eine ganze Triumphstraße, die vor allem für die patriotische Erziehung der Jugend gedacht war, aber auch den Feinden eine Lektion der Abschreckung erteilen würde: „Möge dieser historische Abriß der Siege unserer Armeen die Begeisterung unserer Kinder erregen, und möge dies die Feinde der Republik so nachdenklich machen, daß sie für immer von dem Vorhaben Abstand nehmen, Frankreich anzugreifen oder zu verraten."⁶⁵

Das Monument als Psychodrama der Revolution

Säulen, Obelisken, Statuen und Skulpturengruppen füllen den weiteren öffentlichen Raum aus: Monumente der Erinnerung und Fixierung revolutionsgeschichtlich bedeutsamer Ereignisse, Stätten der Repräsentation, Meditation und Explikation zentraler Normen und Werte der Revolution, Denkmäler zu Ehren im Kampf für die Freiheit und die Nation gefallener Bürger; Monumente, die zunächst „spontan" entwickelt und provisorisch konstruiert wurden, die als Stationen der Festzüge dienten und nun dauerhafte Gestalt erhalten sollten.
Die ersten Projekte revolutionärer Monumente entstanden nach dem Sturm auf die Bastille und dem Fest der Föderation. An beide Ereignisse sollte ein Monument erinnern, das der Bildhauer *Berruer* 1790 für das Pariser Marsfeld entwarf.⁶⁶ Seine Gesamthöhe war auf 40 Meter geplant, eine Säule, auf deren Spitze Berruer die Revolution in einer dramatischen Szene durch eine Skulpturengruppe zur Darstellung bringen wollte: Die Freiheit blickt auf eine von Säulen getragene Kugel. Mit der einen Hand kündigt sie die Freiheit an, mit der anderen stößt sie einige Wolken weg, die sich ihr entgegenzustellen scheinen; die Hydra des Despotismus, die sich vergeblich in den Wolken festzuhalten versucht, stürzt vom Globus.

Am Sockel der Säule sind vier Reliefs angebracht: Das erste stellt das Fest der Föderation dar, das zweite die Stadt Paris, der die Bürger den Schlüssel der Bastille bringen; das dritte den Gott Mars als Hüter des Marsfeldes; das vierte das öffentliche Glück, gestützt auf die Freiheit und die Gerechtigkeit. Dieses Fundament wiederum ruht auf einem kreisförmigen Unterbau; auf ihm soll jedes Jahr der Tag des 14. Juli mit einer Messe zelebriert werden.

Gleichfalls aus dem Jahr 1790 stammt das Projekt einer Triumphsäule von *Sobre*, ebenfalls zur Erinnerung an die Föderation für das Marsfeld bestimmt.[67] Die 148 Fuß (etwa 48 Meter) hohe Säule soll sich über einem Fundament erheben, zu dem 40 Stufen hinaufführen; auf der Plattform des Fundaments vier Vaterlandsaltäre, auf denen jeweils ein kollektiver Eid dargestellt ist: der Eid des Jeu de Paume, der Föderation, des konstitutionellen Klerus und der neuen Magistratur. An den vier Ecken des Fundaments Statuen Voltaires, Mirabeaus, Rousseaus und Mablys. Neun Reliefs auf der Säule vergegenwärtigen die Geschichte der Revolution. Eine Statue der Freiheit, noch einmal 22 Fuß hoch, krönt das Monument. Durch einen Treppenaufgang im Innern gelangt man zur Freiheitsstatue; in ihrem Sockel wollte Sobre einen Behälter zur Aufnahme brennbaren Materials einbauen, damit sie durch Feuer erleuchtet werden könnte: Zehn Meilen weit soll das Licht tragen, so daß durch Leuchtfeuer innerhalb dieses Umkreises signalisiert werden kann, wann ein Nationalfest beginnt oder ob das Vaterland in Gefahr ist. Im Unterbau des Monuments sollten Räume eingerichtet werden, die während der Feste 2000 bis 3000 Soldaten der Nationalgarde aufnehmen können, offenbar um im Falle von Unruhen rasch eingreifen zu können, ohne aber sonst in Erscheinung zu treten. Die Gesamthöhe des Monuments betrug 266 Fuß (etwa 87 Meter), nicht nur für damalige Verhältnisse gigantische Ausmaße.

Während der Triumphbogen den Eintritt in das Reich der Freiheit markiert, kündet die Siegessäule dieses Reich schon von weitem an. Sie eignet sich besonders gut für epische und historische Darstellungen. So schlug eine Gruppe von Künstlern 1791 vor, eine Triumphsäule zu errichten, auf der, nach dem Vorbild der Trajanssäule, die „Eroberungen der Freiheit" und die „Geschichte ihrer Siege" dargestellt sind. Auch dieses Monument war für das Marsfeld vorgesehen; sein Sockel sollte den Altar des Vaterlandes bilden. Die Säule ist nicht nur Zeichen des Triumphes; wie später der montagnardische Berg ist sie zugleich ein Symbol revolutionärer Kontrolle: „Die Statue der Freiheit würde von ihrer Spitze aus die Stadt überwachen, die ihre Wiege wurde, und sie würde zu den Huldigungen

lächeln, die ihr alljährlich von einem dankbaren Volk dargeboten würden."[68] Als in den folgenden Jahren die politischen und sozialen Gegensätze anwachsen, werden Monumente der patriotischen Kampfbereitschaft entworfen. Im März 1792 präsentiert der Richter und Abgeordnete *Cochelet* der Nationalversammlung das Projekt eines Obelisken, dessen Dekor im wesentlichen aus Waffen besteht; der Sockel wird von Löwenpranken getragen, und auf der Spitze des Monuments thront die Freiheitsmütze. Die Waffen sind so angeordnet, daß sie eine Art patriotischen Prozeß militärischer Sozialisation verdeutlichen: „Die Waffen sind: auf der Vorderseite ein Musketon, auf der rechten Seite ein Kindergewehr; auf der linken das Gewehr eines Kadetten, auf der anderen Seite das eines Offiziers und eines Nationalgardisten. Die Bajonette werden so gehalten, daß sie unterhalb der Freiheitsmütze zusammentreffen."[69] Militärischer Kampf und Freiheit sind symbolisch miteinander verknüpft; aber die neue Gesellschaft selbst, die aus diesem Kampf hervorgehen soll, ist in diesem Monument noch nicht repräsentiert. Ähnliches gilt für den Vorschlag, der sich in der Zeitschrift „Révolutions de Paris" findet, an den wichtigsten Punkten der Grenzen der Republik eine Kolossalstatue „Das Könige fressende Volk" zu errichten, um die äußeren Feinde von jedem Angriff auf die Souveränität des Volkes abzuschrecken; gewissermaßen eine vulgarisierte Version des Davidschen Kolosses. Das Volk definiert sich hier negativ als monolithischer Block gegen einen imaginären „Tyrannen"[70]. Volkssouveränität und Monarchie stellen zwei in sich geschlossene Einheiten dar, die sich wechselseitig ausschließen und vernichten, zwischen denen es keine Vermittlung und innerhalb deren es keine Differenzierungen gibt. Diese Entgegensetzung wird in eine moralische Ebene übersetzt: hier das absolut Gute und Gerechte, dort das absolut Böse. In der Verabsolutierung beider Ebenen liegt die wechselseitige Vernichtung begründet. Diese Negativität, mit Hegel gesprochen, wendet sich gegen das souveräne Volk selbst: Dieses Volk ist in der Realität keinesfalls jener monolithische Block, vielmehr durchdringen einander Elemente der alten und neuen Kultur, und der republikanische Herkules muß seine Keule gegen jeden erheben, der noch auf irgendeine Weise Reste des Alten in sich trägt, um seinen eigenen „lückenlosen Monolithismus" (Vovelle) sicherzustellen und sich seiner Wehrfähigkeit gegen die nach außen projizierten Feinde zu vergewissern.
In zahlreichen Entwürfen von Monumenten aus den Anfangsjahren der Revolution trat Ludwig XVI. noch als ein Heros der Freiheit auf, der in

dieser Haltung die Utopie eines gewaltfreien Übergangs verkündet, die Utopie einer Versöhnung, auf deren Grundlagen eine neue, bessere Gesellschaft entstehen würde. Die Freiheitssäule etwa, die *Davy de Chavignie* 1789 für den Platz der Bastille entwarf, zeigt den König auf der Spitze in einer ganz und gar unmilitärischen Pose; dieses Monument kündet eine friedliche Regentschaft an. In dem Denkmal, das die Versammlung des Distrikts St.-Jacques-l'Hôpital im Februar 1790 für die Place Dauphine vorschlug, erscheint der Monarch als ein wohlwollender, väterlicher Erzieher, der sein Volk mit sanfter Hand zur Freiheit führt. Er trägt das Buch der Verfassung, am Sockel sind die Tafel der Menschenrechte und revolutionsgeschichtliche Reliefs angebracht; auf einer Seite ist die Rede zu lesen, die Ludwig XVI. bei der Annahme der Verfassung in der Nationalversammlung hielt. „Das Monument, das groß und majestätisch, würdig des französischen Volks sein soll, wird von mehreren Stufen und Ecksteinen umgeben sein; keine Balustraden oder Gitter" – der gute Monarch hat die Schranken zerbrochen, um all seinen Kindern ein väterlicher Führer sein zu können. Sie entgelten es ihm in dankbarer Liebe: „Ein Wachposten würde neben diesem Monument des Sieges aufgestellt, um es zu schützen und die Bürger aufzufordern, sich ihm zu nähern, Blumen vor ihm auszubreiten und Tränen der Liebe und des Dankes zu vergießen."[71]

Der Bildhauer *Gois* entwarf um die gleiche Zeit den Plan zu einem Monument, das Ludwig XVI. als Träger des Heils und des allgemeinen Glücks vorstellt, als liebenden und geliebten Vater, der seinem Volk die Freiheit wiedergegeben hat: „Der Monarch, in den Gewändern seiner Krönungsfeier, hält in einer Hand die Verfassung; die andere, ausgestreckte Hand leistet den Eid, sie anzunehmen und auszuführen. Neben ihm befindet sich das triumphierende Frankreich, das ihn mit dem Ring der Unsterblichkeit als Erneuerer seiner Freiheit krönt." Auf dem Sockel der Statue künden Reliefs von den „denkwürdigen Ereignissen seiner Herrschaft"; der Sockel ruht auf einem runden Altar, auf dem Reliefs „die Freude des Volkes durch Tänze" darstellen. Inschriften, allegorischen Figuren zugeordnet, verheißen Freiheit, Wohlstand und Frieden:
„Ludwig XVI., Vater der Franzosen, Erneuerer
der Gesetze und der Freiheit.
Er gab dem Handel freie Meere.
Er sicherte die Freiheit in den beiden Welten.
Er einte Europa und Amerika in Frieden."[72]
Innerhalb weniger Jahre verwandelt sich dieser Heilsbringer in einen

fürchterlichen Tyrannen und ein Monster, so gefährlich, daß es nicht allein genügt, ihn leiblich zu ermorden, auch sämtliche Spuren, die er in der Welt, im öffentlichen Raum und im Alltagsbewußtsein hinterlassen hat, müssen systematisch vernichtet werden. In den Monumenten des „Könige fressenden Volkes" und des „republikanischen Herkules" wird eine Dialektik von „Vatermord" und unbegriffenen Schuldgefühlen sichtbar, die sich als Angst vor der Rache des zurückkehrenden Vaters manifestiert, aber auch als Trauer über ein verlorenes Idealbild, die in Wut umschlägt. Dies erst verwandelt die Monarchie in Tyrannei, Ludwig XVI. in ein Ungeheuer und die Priester in „Heuchler". Angst und Schuldgefühl treiben, mit Freud gesprochen, die „Bruderhorde", die den Vatermord beging, zu jenem monolithischen Block zusammen, der eine zwanghafte Einheit im Innern bewirkt. Vor dem Hintergrund der frühen Revolutionsmonumente wird erkennbar, daß diese Verwandlung mit der eschatologischen Erwartung zusammenhängt, die sich an den Monarchen als den „guten König", als Retter, als von Gott gesandten Heilsbringer und „Restaurateur de la Liberté" gerichtet hatte und die nun, nach seinem Verrat gründlich desillusioniert, in Haß über die Enttäuschung umschlägt.

Der Traum vom „guten König", der, vereint mit seinem Volk, den Feudalismus zu Boden wirft[73], zerschlägt sich 1792. Mit dem Sturz des Monarchen beginnt das Abenteuer eines kulturellen Bruchs, in dem die „vaterlos" gewordenen Kinder aus eigener Autonomie das Gemeinwesen rekonstruieren müssen; mit der Hinrichtung des Königs wird ein „point of no return" erreicht, von dem eine fundamentale Bedrohung für die kulturell gewachsene soziale Identität ausgeht. Diese Bedrohung, der Aufbau einer Kraft, ihr zu widerstehen und sie – durch den Entwurf einer kollektiven Eintracht und Brüderlichkeit – zu bewältigen, sind die Themen der folgenden Entwürfe.

In den Monumenten der nächsten Jahre stehen drei Aspekte im Vordergrund: die Legitimation des revolutionären Bruchs, die Erziehung zu republikanischer Eintracht, zu Patriotismus und Heroismus und – damit verbunden – die Trauer um die im revolutionären Kampf gefallenen Brüder. Verbreitet sind die Versuche einer Legitimation, die kosmologische und historische Dimensionen verknüpft. So etwa in einem Projekt *Ferrouillats* aus dem Jahr 1793: In der Mitte eines Platzes, der die Gestalt und Funktion einer Sonnenuhr hat, steht die Freiheitsstatue; die Freiheitsmütze der Statue dient als „Gnomon". Auf dem Platz zeigen Linien die Uhrzeit und astronomische Zusammenhänge an; den Linien sind Gesetze und Ereignisse der Revolution zugeordnet, so daß diese astronomische Uhr die Funktion einer politisch-historischen Bildung erfüllt: „Alles, was auf das Pflaster des Meridians graviert wird, wird hier so markiert, daß die aus dem Loch des Gnomons heraustretenden Strahlen [...] stets zur angegebenen Zeit auf die Gravur des Ereignisses fallen. Wenn man z.B. auf den Stein des Meridians den 14. Juli, die Einnahme der Bastille zeichnet, müßte das Leuchtoval stets genau am 14. Juli auf die entsprechende Inschrift fallen; ebenso bei den anderen Inschriften."[74] An die Stelle des Vaters ist die in der kosmologischen Ordnung verankerte Vernunft getreten, die die Freiheit auf ihrem Weg leitet und sich hier als das wahre Subjekt der Geschichte darstellt – einer neuen Geschichte, die nicht mehr unter dem Gesetz der Heteronomie (des Vaters und der feudalen Hierarchien) steht, sondern unter dem der wahren, d.h. natürlichen Freiheit.

Der Jakobinerklub von Paris präsentiert im Prairial II der Commission temporaire des arts den Plan eines Monuments von *Vanderlist Luthier*, das die Revolution auf eine ähnliche Weise interpretiert. Es stellt ein Ensemble einer Fülle von Reliefs und Skulpturen dar, durch die die wesentlichen Ereignisse und Etappen des revolutionsgeschichtlichen Prozesses repräsentiert werden: der Sturm auf die Bastille, die Rückkehr des Königs nach Paris, der 10. August etc. Hinzu kommen Büsten und Statuen republikanischer Gründerfiguren und Freiheitskämpfer, Skulpturen, die den gesellschaftlichen Wohlstand und das allgemeine Glück verkörpern – die Utopie der Revolution; eine Statue der Gerechtigkeit, die die republikanischen Maßsysteme präsentiert; eine Pyramide zu Ehren gefallener Vaterlandsverteidiger. Schließlich auch hier der Bezug auf eine höhere kosmologische Ordnung, die mit einer religiösen Bedeutung verknüpft wird: auf der Pyramide ein Globus, über dem die Sonne ihr Licht auf die ganze Welt wirft; die Pyramide erfüllt zugleich die Funktion einer republikanischen Uhr, ihre Seiten bilden vier Zifferblätter, „um allen vorbeikommenden Bürgern die Uhrzeit anzugeben; gleichzeitig würde dieses Pendel ein Instrument in Gang setzen, das zu jeder vollen und halben Stunde patriotische Lieder spielt". Auf dem Sockel der Pyramide stehen Vasen auf zerbrochenen Säulen, aus denen an Festtagen Weihrauch aufsteigt.

Die Vater-Imago der konstitutionellen Monarchie ist noch nicht völlig verschwunden, aber sie hat (nach der Proklamation des Kults des Höchsten Wesens) eine charakteristische Metamorphose durchgemacht: Eine Statue stellt das „Höchste Wesen" „in Gestalt eines guten Alten" dar. Die

Eschatologie des „Restaurateur de la Liberté" wirkt hier noch nach, aber abgelöst von der realen Gestalt des Monarchen, transformiert in die des „Höchsten Wesens", das über die Freiheit wacht; in einer Hand eine Trompete, um das Volk zu seiner neuen Bestimmung zu rufen, in der anderen eine Fahne der Trikolore, um es zu führen.[75]
Ein Monument, das *Ranxin*, Professor in Reims, 1793 im dortigen Jakobinerklub vorschlug, ist den gefallenen Vaterlandsverteidigern und Freiheitshelden gewidmet. Es soll die Jugend zu republikanischem Patriotismus erziehen: „hier wird der Vater seinen Sohn hinführen; und während er ihn zärtlich in den Arm nimmt, wird er ihm ein schönes Beispiel zur Nachfolge zeigen; hier werden die Mütter hinkommen, um ihre Kinder der Freiheit zu weihen." Das Monument evoziert den Vatermord; die Erziehung zum republikanischen Heroismus soll die Angst und die Schuldgefühle in der Seele der Republikaner tilgen: „Auf dem Sockel, der die Statue des vorletzten Ludwig zermalmt, laßt uns eine dreieckige Pyramide errichten. Auf der Spitze laßt uns einen Genius darstellen, der in einer Hand die Trompete des Sieges hält, während er mit der anderen eine metallene Schriftrolle hält, deren Band sich um die Pyramide windet. Laßt uns hierauf nach und nach die Namen der Kinder der Stadt gravieren und ihr Hinscheiden auf dem Feld der Ehre vermerken."[76] Ein Stück Trauerarbeit: Die gefallenen Kinder werden durch das für die Nachkommen festgehaltene Bild des zermalmten Monarchen gerächt.
Pyramiden zu Ehren gefallener Republikaner wie bei Ranxin finden sich in zahlreichen Projekten der Zeit. Als Symbol ewiger Dauer[77] vermittelt die Pyramide einen Schutz gegen die Rückkehr des ermordeten Vaters, sie ist ein Bollwerk gegen die Kontingenz der Zeit, gegen das Vergessen der Opfer. Die breiten, glatten Flächen eignen sich, um darauf die Namen der vielen gefallenen Brüder zu schreiben; ihre Form symbolisiert auch die Einheit von Totalität und Kontrolle, die das Bruderkollektiv zusammenhält. Der Zusammenhalt ist vermittelt über die Erinnerung an das Opfer, die vor dem Vergessen schützt und damit vor der Regression und vor der Wiederkehr des Vaters.
Eine einfache Alternative zur Pyramide ist die Erinnerungstafel; sie bietet den Vorzug beliebiger Verlängerbarkeit und eignet sich daher auch für eine totalisierende Erinnerungsarbeit. So in einem Vorschlag vom Frimaire III: Längs der Mauern der Terrassen des Jardin national sollen weiße Marmortafeln angebracht werden, auf die fortlaufend die Namen sämtlicher Gefallenen der Republik geschrieben werden; drei Spalten sind vorgesehen, „in die man nach Jahren geordnet die Namen der Bürger, die

Tat, bei der sie ihr Leben verloren und den Namen ihrer Stadt eintragen wird." Eine Mahntafel, die zugleich das in Marmor gehauene Lehrbuch des (nie endenden) republikanischen Heldentums wäre. Kein Opfer wird umsonst gewesen sein: In diesem gewaltigen Buch (1,17 km stehen zur Verfügung) lebt der einzelne für die republikanische Erziehung kommender Geschlechter fort.[78] Ein anderer Autor möchte dieses Monument dagegen auf die ganze Republik verteilen: Jede Gemeinde soll ihr Mahnmal erhalten, auf dem – ohne Unterschied des Rangs – die Namen aller gefallenen „défenseurs" des Ortes festgehalten werden.[79]

Ein Konzept des Babouvisten *Le Febure* zeigt die Dialektik, die zwischen der Utopie der Brüderlichkeit und der Negativität der Ausgrenzung besteht. Le Febure möchte die ganze Republik mit Pyramiden, Säulen und Pfeilern überziehen, die über den Stand der Fortschritte informieren, den die Republikanisierung der Welt macht: Jede Gemeinde soll einen Platz der Nation haben; in seinem Zentrum steht eine Pyramide zu Ehren all derer, die sich für die Republik Verdienste erworben haben und denen ewiges Andenken gebührt. Daneben steht die Säule der Brüderlichkeit mit den Namen aller freien Völker, denen die französische Republik freundschaftlich verbunden ist, auf der anderen Seite eine Säule mit den Namen jener, die noch von Fürsten regiert werden, mit denen die Republik aber diplomatische Beziehungen unterhält. Schließlich, etwas abseits gelegen, ein Schandpfeiler, auf dem die Namen der Bürger zu lesen sind, die den Citoyen-Titel verwirkt haben. Diese Differenzierung nach Ehrfurcht, Brüderlichkeit, Koexistenz und Verdammung findet ihren Ausdruck in einer monumentalen Sprache, die die Pyramide der Ewigkeit den Heroen der Republik vorbehält, ihren Feinden aber den Schandpfeiler zuweist, der Nachwelt zum abschreckenden Beispiel.[80]

In der Sehnsucht nach Dauer drückt sich der Wunsch aus, die Angst, die der Vatermord und der kulturelle Bruch auslösten, vollständig zu bannen. Das Ergebnis, das doch selbst erst noch ein Traum ist: die einträchtige Republik der Brüder, soll ewig währen und von universeller Gültigkeit sein; jede Kontingenz der Zeit und jeder Partikularismus würde die Einheit des Bruderkollektivs mit dem Zerfall bedrohen. Die Pyramide scheint besonders geeignet, diesem Traum der Dauer Ausdruck zu verleihen. In diesem Zusammenhang wird auch der Einfluß verständlich, den Stilelemente der ägyptischen Kunst auf die Revolution gewinnen. Wir waren ihm bereits bei *Durand* und *Thibault* begegnet; er findet sich in zahlreichen Entwürfen von Monumenten zu Ehren gefallener „défenseurs" wieder, so in der Gedächtnissäule Durands und Thibaults für das Panthéon oder in dem Obelisken *Sobres* für die Place des Victoires. Die Ägyptisierung läßt den Aspekt des Schicksalhaften besonders hervortreten: das Opfer als unentrinnbares Verhängnis. Dies wird etwa an *Faitres* Monument aus dem Jahr IV für die Place des Victoires deutlich: ein enigmatisches Monument, das den Betrachter in den Bann schlägt. Es zeigt, wie weit sich inzwischen die Sprache der Monumente von aufklärerischen Intentionen entfernt hat. Das Ehrenmal beginnt im Direktorium zunehmend seinen politischen Inhalt zu verlieren und zu einer rein militärischen, nicht mehr rational vermittelten, sondern rätselhaft verschleierten, ins Schicksalhafte erhobenen Huldigung zu werden. Noch deutlicher tritt dieser Aspekt beispielsweise in der Friedens- oder Siegessäule hervor, für die *Alavoine* im Jahr VI einen öffentlichen Preis erhielt.

34

33

Das Direktorium bezieht seine Legitimationsgrundlage in wachsendem Maße aus militärischen Erfolgen. Sofern in monumentalen Projekten überhaupt noch auf die Ideen und die Geschichte der Revolution explizit Bezug genommen wird, werden sie mit der Repräsentanz militärischer Macht verbunden. Die Militarisierung der Politik geht mit der fortschreitenden Preisgabe der Prinzipien von Freiheit, Gleichheit und republikanischer Bildung einher; an ihre Stelle treten Unterordnung, Gehorsam und eine Re-Hierarchisierung der Gesellschaft. Sie beinhalten die tendenzielle Auflösung des brüderlichen Kollektivs; die Rückkehr des Vaters in Gestalt des Heerführers bereitet sich vor, die monumentale Repräsentation Napoleons ist nicht mehr fern[81]; die Stilisierung Napoleons zum jugendlichen Helden hat lange Zeit geholfen, den Schein aufrechtzuerhalten, als lebe in ihm das Bruderkollektiv fort.

Einige Projekte unternehmen noch einmal den Versuch, den revolutionären Legitimationskontext wiederherzustellen. So schlugen *Caraffe* und *Détournelle* im Jahr V ein Monument für die Place de la Concorde vor, das den Zusammenhang von Vatermord, Brüderlichkeit und Wiedergeburt entfaltet: Über dem Sockel der zerstörten Statue Ludwigs XVI., „über den Ruinen, die aus der Entzweiung der Bürger resultieren", erhebt sich die Statue der Eintracht in Gestalt einer Frau, die ihre Arme um zwei Kinder legt. Des weiteren sahen sie einen Triumphbogen, Brunnen sowie zwei Tempel vor, der „Gesundheit" und der „Jugend" gewidmet, während an den Champs-Elysées nach dem römischen Vorbild der „via sacra" Grabmonumente großer Männer aufgestellt werden sollten.[82]

Revolutionsmonumente ohne einen Bezug auf die militärischen Triumphe der Republik sind jedoch im Direktorium selten. In der „monumentalen Sprache" des Direktoriums sind Freiheit, Frieden und Glück die Frucht des militärischen Sieges, nicht jedoch der politischen Auseinandersetzung oder gar des öffentlichen Diskurses; die Utopie der sozialen Regeneration beginnt auf den Mythos des patriotischen Heldentums und Triumphes zu schrumpfen. Beispielhaft wird dies an der Diskussion sichtbar, die im Jahr VI über das Schicksal der Kolossalstatue der Freiheit geführt wurde, die 1792 bei dem Bildhauer *Dejoux* für den Dom des Panthéons in Auftrag gegeben worden war. 38 400 L. hatte Dejoux schon für seine Arbeiten erhalten, weitere 43 735 reklamierte er für sich; inzwischen ist die Statue fertig, doch statische Berechnungen lassen daran zweifeln, daß der Dom sie tragen kann. Eine Kommission schlägt daraufhin vor, auf der Place Étoile einen Globus von 10 Meter Durchmesser zu konstruieren, auf dem die Statue plaziert werden soll; der Globus soll über die politischen und militärischen Triumphe der Revolution unterrichten: „Hier werden die nationalen Siege eingraviert; und die von der Freiheit eroberten Statuen würden ein politisches Bild ihrer Fortschritte vermitteln [...]. Sockel aus französischem Granit würden diesem erhabenen Globus als Basis dienen. Auf ihre polierten Flächen würde man all das tief eingravieren, was die dankbaren Künste dem Gedenken der Regierung geweiht hätten, die berühmten Epochen unserer Revolution und das Datum der Errichtung dieses Monuments, mit den Namen der Mitglieder der Regierung, die sich dadurch unsterblich gemacht hätten."[83]

Viele Projekte des späten Direktoriums kennzeichnet eine abstrakte Eroberungsutopie. Das Direktorium befaßte sich u. a. mit dem Vorhaben, auf der Place des Victoires die Republik in einem Triumphwagen darzustellen, gezogen von den Pferden von San Marco.[84] *Orsin* schlug im Jahr VII für die Place de la Concorde ein Monument zu Ehren der Eroberungen der republikanischen Armeen vor, dessen Kern eine von korinthischen Pferden getragene Pyramide von zehn Metern Höhe bildete. Auf die Flächen der Pyramide sollten die wichtigsten Kriegstaten und Friedensverträge geschrieben werden.[85] Einen „Tempel des Sieges" mit einer gigantischen Säule von 90 Metern Höhe – „der höchsten der Geschichte" – wollte *Poyet* auf dem Pont Neuf errichten. Die Säulen der Kolonnade des Tempels sollten die Namen der verschiedenen Armeen tragen und mit deren Trophäen geschmückt sein; den auf dem „Feld der Ehre" gefallenen Generälen der Republik sollten Kolossalstatuen errichtet werden. „Der Schaft der Säule wäre mit 500 Schilden in antiker Form und ebenso vielen Lorbeerkränzen verziert; in jeden einzelnen würde man das Ereignis eines unserer wichtigsten Siege hineinschreiben, die wir über unsere Feinde errungen haben."[86] Dies ist kein Monument der politischen Bildung und

Erziehung mehr; der Blick der einfachen Bürger kann nur noch in Ehrfurcht erschauernd zu den Helden und Heldentaten der Armeen aufblikken, die ihnen nicht länger vermittelt werden, sondern sie nur noch in Bann schlagen.

3. Die republikanische Idealstadt

Zahlreiche Projekte zielen darauf ab, den ganzen städtischen Raum mit generalisierten Typen sprechender Monumente zu überziehen. *Chamoulaud* etwa wollte 1794 die Stadt in Felder der Tugenden gliedern, die durch entsprechende Statuen auf einem öffentlichen Platz symbolisiert werden sollten; für die Innendekoration öffentlicher Gebäude schlug er allegorische Werke vor, die jeweils einen Artikel der Menschenrechtserklärung und der Verfassung darstellen.[87] Schon 1790 hatte *Lesueur* die Idee, jeder der 48 Sektionen von Paris den Namen einer Tugend zu geben und ihr ein Monument mit eingemeißelten „Geboten und Maximen" zur Seite zu stellen: Der gesamte städtische Raum würde dem Volk „in jedem Augenblick eine leichte Erziehung [...], praktische Moralgrundsätze und die Liebe zu den öffentlichen Tugenden" vermitteln.[88] Weithin sichtbare neue Monumente regieren hinfort den öffentlichen Raum.
Die Proklamation des Dekadenkults regte zu Entwürfen an, den städtischen Raum zu einem monumentalen Abbild der Werte und Prinzipien der republikanischen Moral zu machen. *Huvé*, ehemaliger Bürgermeister von Versailles, regte im Floréal II an, Paris in 36 Sektionen aufzugliedern, um das Dekadensystem auch im urbanen Raum abbilden zu können; jede Sektion sollte einen Tempel erhalten, der jeweils einem der Dekadi gewidmet wäre.[89] Nicht ganz diesen Grad der Rationalisierung erreicht der Plan von *Nestolat*, der die existierende Topologie der Stadt – die wichtigsten Plätze – zum Ausgangspunkt für ein System von Tempeln nimmt, die jeweils einem Wert oder einem Prinzip der republikanischen Moral gewidmet sind.[90] Zu einem Kursus in Patriotismus und republikanischer Moral wollte auch der Hospizangestellte *Castel* den monumentalen städtischen Raum gestalten. Auf die zentralen Plätze von Paris wie dem Pont Neuf, dem Pont de la Loi oder dem Quai du Louvre sollten insgesamt 52 Statuen verteilt werden: Statuen von großen Männern der Geistesgeschichte (Molière, Descartes, Rousseau, Montesquieu etc.) sowie Statuen

der Moral, des Lebenszyklus etc., jeweils mit erläuternden Inschriften und Maximen: „Diese Statuen sollen alle vor der Brust ein aufgeschlagenes Buch in Form eines Pults haben, auf das der Satz oder die Maxime geschrieben wird."[91] Die wahren Geistesgrößen dürfen niemals sterben, sie sollen als steinerne öffentliche Moralerzieher des Volkes fortleben. In anderen Vorschlägen wird die Revolutionsgeschichte im städtischen Raum repräsentiert. *Manget* und *Corbet* planten zum Beispiel in ihrem „Verschönerungsprojekt" für Paris, alle größeren Plätze mit Obelisken oder Pyramiden auszustatten, die die zentralen Ereignisse der Revolution festhalten.[92] In einem eigentümlichen Projekt eines anonymen Autors wird Paris durch ein System revolutionärer Monumente und Bedeutungen als Hauptstadt der Republik neu geordnet; die republikanische Freiheit ist hier mit einem Konzept der Darstellung militärischer Ordnung verknüpft. Die zentralen Punkte, von denen aus dieser Raum neu organisiert wird, sind Orte des Kultes: der Tempel der Vernunft (Notre-Dame) und das Panthéon; drittes Zentrum ist die Barrière St. Martin, die zur „Môle de la Liberté" werden soll – der symbolische Hafen, von dem das „Schiff der Revolution" seine Reise beginnt. An diesem Punkt möchte der Autor einen „heiligen Hain" nach antikem Vorbild anlegen. Von hier bis zum Châtelet soll eine neue Straße führen, die „Rue de la Liberté". Im Zentrum der „Mole" erhebt sich die Statue der Freiheit, flankiert von den Kolossalstatuen der Gerechtigkeit, des Mars, des Herkules und der Kraft. Weiterhin soll die Stadt mit 38 bis 40 Propyläen überzogen werden, über denen die Nationalfahne weht (wahrscheinlich dachte der Autor an eine Umgestaltung der Zollhäuser, ähnlich wie sie Barère vorschlug); sie sollen die Fregatten und Kriegsschiffe der republikanischen Marine symbolisieren, und die Fahnenstangen sollen die Form von Schiffsmasten haben. Die zentralen Gebäude der Stadt, wie der Palais national oder der Temple de la Raison, erhalten erhöhte Masten: eine Symbolik, die von der Metaphorik des Aufbruchs und dem Patriotismus einer republikanischen Marine bestimmt ist.[93]

Für die urbanen Projekte der Revolution war die Umgestaltung des Viertels um den Platz der Bastille von herausragender Bedeutung. Die meisten Entwürfe zu diesem Komplex stammen aus den Anfangsjahren der Revolution. In ihnen artikuliert sich die Utopie der konstitutionellen Monarchie: die unverbrüchliche Einheit des Königs als „Restaurateur de la Liberté" mit seinem Volk, die den Anbruch einer neuen Ära von Frieden und Eintracht, bürgerlicher Freiheit und allgemeinem Wohlstand verheißt. Die urbanen Projekte dieser Utopie sind noch frei von den Schatten

der Entzweiung, der Angst und der Bedrohung, die Königsmord, Terreur und Thermidor über das Licht der aufgehenden Freiheit werfen. Doch auch in den frühen architektonischen Entwürfen der Revolution wird schon sichtbar, daß der Monarch einen Teil seiner Macht verloren hat. In einem Entwurf *Petits* etwa teilt sich der König die Regentschaft bereits mit der „Freiheit": Er ist noch mit den Insignien seiner Macht ausgestattet, aber neben ihm sitzt schon die Freiheit auf dem Thron.[94] Auch *Gatteaux* krönt seine auf 300 Fuß Höhe projektierte Säule für den Platz der Bastille nicht mehr, wie etwa noch Davy de Chavignie, mit der Statue Ludwigs XVI., sondern mit einem Engel der Freiheit auf einem Erdball: „in der Linken eine Palme, in der Rechten eine Pike mit der Mütze darüber haltend, scheint er von diesem großen Königreich Besitz zu ergreifen, um hier seine Herrschaft zu errichten." Niemand, der nach Paris käme oder dort lebt, konnte noch länger daran zweifeln, daß hier eine neue, unüberwindbare Macht ihre Herrschaft angetreten hatte; von allen Punkten der Stadt aus würde man dieses Monument erblicken. Der König war entthront; er erscheint nur noch als Primus inter pares in einem Ensemble von Figuren, die die soziale Hierarchie des neuen Staates (König, Klerus, Militär und Bürger)[95] symbolisieren. Der König ist von nun an der Freiheit unterworfen und an die Verfassung gebunden. Symbolträchtig wird die Nationalversammlung daher auch in vielen Projekten am Platz der Bastille situiert. Mit der Wiederherstellung der Freiheit durch die konstitutionelle Monarchie geht aber noch eine andere Utopie einher: Entfaltung der wirtschaftlichen Freiheit und des allgemeinen Wohlstands. Mit dem Fall der Bastille verbindet sich zugleich die Hoffnung auf eine neue Prosperität, eine nicht nur politische, sondern auch soziale und ökonomische Regeneration. Nicht zufällig verknüpfen viele Projekte die Wahl dieses Platzes für das neue politisch-administrative Zentrum, das auch symbolisch ein deutliches Gegengewicht zu den Tuilerien schaffen würde, mit Vorschlägen zu urbanen Transformationen, die eine neue Entfaltung von Handel und Gewerbe versprechen. *Brullé* etwa plante den Bau eines Kanals zum Platz der Bastille, der dem Handel neue Impulse geben soll; der Architekt *Cathala* plante hier gleichfalls einen Hafen, dazu öffentliche Speicher und eine Brücke, die den Handel zwischen den Stadtteilen auf beiden Seiten der Seine beleben soll.[96]
Corbet entwarf für das Viertel um die Bastille eine ganze Stadt des öffentlichen Glücks; vor allem Einrichtungen der öffentlichen Wohlfahrt wollte er hier plazieren: Krankenhäuser für bedürftige Alte und für Arbeiter, ein Krankenhaus für mittellose alte Lehrer, Armen- und Hand-

werkerschulen, ein Collège für die Kinder des Volkes, ein Heim für „gefallene Mädchen", öffentliche Werkstätten etc. Corbet teilt den neuen Stadtteil in zwei Hälften: Im Osten leben Kleinbürger und Arbeiter, hier werden die Manufakturen eingerichtet, im Westen leben die wohlhabenderen sozialen Gruppen, die nicht durch den Anblick von Handwerksbetrieben und Manufakturen gestört werden sollen; zwischen beiden Gebieten liegt ein großer Platz mit den Gebäuden der öffentlichen Wohlfahrt. Ein Feld, das der Kirche vorbehalten ist, grenzt an den politisch-administrativen Komplex um die Place Bastille. Der Platz – jetzt „Place de Louis XVI." genannt – ist, wie in den meisten Projekten, kreisförmig, in der Mitte die Statue Ludwigs XVI.; um den Platz führt eine Kolonnade, dahinter befinden sich die wichtigsten Gebäude der politischen Administration, ein Theater und das Rathaus der Stadt; nach einer Seite hin öffnet sich die Kolonnade zum Vorhof des Palais national, dem Sitz der Nationalversammlung. Ein breiter „Boulevard Royal" führt zum Pont national, über den man zum Jardin des Plantes gelangt; eine weitere Brücke verbindet das rechte Seine-Ufer mit der Île de St. Louis. Auf allen größeren kreis- oder halbkreisförmigen Plätzen stehen Pyramiden oder Obelisken – der Entwurf einer rationalistischen Utopie, in der, wie es scheint, alles auf ideale Weise geregelt ist: Für die Armen und Bedürftigen ist gesorgt, für die Bildung des Volkes sind Schulen vorgesehen, Handel und Handwerk haben ihren Raum für Produktion und Zirkulation, die Nationalversammlung hat ihren repräsentativen Platz, dessen symbolische Bedeutung allein schon ihre Dauer zu garantieren scheint. Dazu eine Vielzahl von Monumenten, die, über den ganzen Raum verteilt, die Geschichte und die Prinzipien der Revolution für die Alltagswahrnehmung festhalten und die Legitimationsgrundlagen des neuen Systems vermitteln: Das Stadtbild repräsentiert den Anbruch einer neuen Zeit, die das allgemeine Glück bringen wird, die die „gute Zeit" sein wird.[97]

Ähnlich umfassend war das Projekt *Palloys* aus dem Jahr 1792.[98] Palloy, der bereits mit der Organisation der Arbeiten zum Abriß der Bastille beauftragt worden war, wollte den Platz – jetzt „Place de la Liberté" genannt – erweitern, um ihn für die Nationalfeste nutzen zu können. In Palloys Plan wird der Standort der Bastille durch schwarze Pflastersteine markiert; in der Mitte erhebt sich eine Säule der Freiheit auf einem der Bastille nachgebildeten Sockel, errichtet aus Steinen des abgerissenen Bauwerks. Der Sockel wiederum ruht auf einem künstlich angelegten Felsen; an zwei Seiten sind Brunnen in die Felsen eingelassen, einer für die Pferde. Im Innern der Säule sah Palloy einen Treppenaufgang vor; oben

sollten bei großen Ereignissen die Nationalfahne aufgezogen und weithin sichtbare Feuerwerke veranstaltet werden.
Palloy machte dieses Monument zum Mittelpunkt eines neu gestalteten Stadtviertels. Drei neue Straßen sollten zu ihm hinführen, eine „Rue des Piques", eine „Rue du Courage" und eine „Rue de la Victoire". Insgesamt plante er 30 neue Straßennamen, allesamt dem revolutionären Vokabular entnommen; die Namen sollten in Steine der abgerissenen Bastille gemeißelt werden. Im näheren Umkreis des Platzes waren eine Reihe neuer öffentlicher Gebäude vorgesehen, darunter eine „Salle de spectacle" und eine „Salle d'instruction publique"; darüber hinaus plante Palloy ein neues Kanalisationssystem, ein Äquadukt, das sauberes Wasser aus der ferneren Umgebung herbeiführt, Hafenanlagen und eine Brücke über die Seine – „Pont de la Liberté" –, die die Faubourgs St. Antoine und St. Marceau miteinander verbindet, einen Aufschwung des Handels bewirkt und die „Standortnachteile" in diesen Stadtteilen ausgleicht. Die Straßen sollten erweitert und „verschönert" werden, ein Park mit Statuen großer Männer, der Statue des Königs und Repräsentationen revolutionärer Ideen sowie eine halbkreisförmig angelegte „Place Nationale" mit einer Wache und einem Brunnen sollten entstehen. Am Gebäude der Wache sollte ein Relief mit der Eroberung der Bastille angebracht werden, dazu Tafeln mit den Texten der Menschenrechtserklärung und der Verfassung; der Brunnen sollte ein Relief erhalten, das den Ballhausschwur und andere Ereignisse der Revolution darstellt. Die Revolution – vor allem der Fall der Bastille – ist in diesem Stadtbild allgegenwärtig. Für den Park, der zum Seine-Ufer hinführt, plante Palloy, den Grundriß der Bastille durch Bepflanzungen nachzubilden: Ihre Transformation in einen Hain symbolisiert das Ende der Willkürherrschaft und den Beginn einer friedlichen, auf die Natur gegründeten Ordnung.
Die Revolution ist der Anbruch einer neuen Zeit, einer Zeit des allgemeinen Glücks. Palloy verband seinen Entwurf mit einem sozialpolitischen Programm umfassender Stadterneuerung. Dazu gehörte auch die Beseitigung der engen, ungesunden Bebauung und die Anlegung breiter Alleen und großzügiger Straßen: „Laßt uns diese engen, dunklen und verseuchten Wohnungen zum Verschwinden bringen, wo dem wie in ein Gefängnis eingesperrten Menschen nur finstere und beschränkte Ideen kommen..."
Der Platz der Bastille bleibt auch noch danach ein bevorzugter Ort für die Repräsentation der Idee des allgemeinen, öffentlichen Glücks. In einer anonym verfaßten Schrift aus der Zeit des Konvents wird vorgeschlagen,

diesen Platz zu einem Zentrum des öffentlichen Unterrichts und des ökonomischen Fortschritts zu machen: Hier soll ein Universalmuseum für Werke der Kunst, der Wissenschaft und der Technik entstehen; um den Platz herum sollen „für den Handel nützliche Gebäude" errichtet werden, aus deren Einkünften man eine zentrale öffentliche Schule finanzieren würde, eine „école d'éducation nationale", zu der jedes Departement in gleicher Anzahl Schüler entsendet, davon die Hälfte aus der Klasse der Armen, die hier einen kostenlosen, produktionsbezogenen Unterricht erhalten. Weiterhin sind eine öffentliche Bibliothek, öffentliche Werkstätten u. ä. vorgesehen. Von all diesen Einrichtungen erhoffte sich der Autor einen wirtschaftlichen Aufschwung für dieses bis dahin vernachlässigte Viertel.[99]

Daß das öffentliche Glück gleichermaßen auf der Volkssouveränität und den rationalen Wissenschaften ruht, bringt der Entwurf eines anderen unbekannten Künstlers zum Ausdruck: Er zeigt die Statue der Freiheit, „die den Schoß der Sklaverei verläßt", auf einem Modell der Bastille, umgeben von Monumenten der neuen Maße und Gewichte; vermutlich handelt es sich hier um eine Zeichnung *Baltards*, die im Salon des Jahres IV ausgestellt war: ein Entwurf für ein „öffentliches Monument, bestimmt, die Tafeln der revolutionären Gesetze ebenso wie die alten und modernen Modelle der Gewichte, Maße und Münzen aufzunehmen und aufzubewahren"[100].

Die Bedeutung der Bastille als eines Ortes des öffentlichen Glücks geht jedoch bald wieder verloren. *Lourmand* plante hier im Jahr VI einen Triumphbogen zum Ruhm der Armeen als Endstation einer Siegesstraße; *Lebœuf* schlug im Jahr IV vor, an dieser Stelle einen „Temple à la Victoire" zu errichten: ein Rundbau mit einem Dom, „geschmückt mit militärischen und künstlerischen Trophäen", auf so vielen Säulen, wie die Republik Departements hat. An ihnen sollten gleichfalls Siegestrophäen befestigt werden. Lebœuf verknüpfte die Idee der nationalen Einheit mit dem militärischen Triumph: Während Säulen die Departements symbolisieren, stellen Statuen die wichtigsten Flüsse Frankreichs dar; in der Mitte des Tempels eine Statue des Sieges, daneben weitere Säulen des Sieges und der Eroberung: „an ihnen werden Schilde befestigt, auf die die Namen der Schlachten, der eingenommenen Städte ebenso wie der Staaten, die von unseren siegreichen Armeen erobert wurden, geschrieben sind ..."[101] Nichts erinnert mehr daran, daß es das „Volk" war, das an dieser Stelle einst der Willkürherrschaft ein Ende setzte.

Die meisten urbanen Projekte der Revolution galten jedoch einer repräsentativen Gestaltung des traditionellen politischen und kulturellen Zentrums von Paris: dem Komplex um den *Louvre* und die *Tuilerien*. In diesen Projekten fehlt zumeist der Aspekt der sozialen und ökonomischen Erneuerung, der für die Gestaltungsentwürfe für das Gebiet um die Bastille so charakteristisch ist. Im Vordergrund steht die Idee, ein neues politisches Zentrum zu schaffen, das sich mit den großen Werken der Künste und Wissenschaften umgibt. In dieser Hinsicht knüpfen die Projekte der Revolution an die absolutistische Zeit an. Zahlreiche Pläne zielten darauf ab, den Louvre zu einem Universalmuseum zu machen; *Barère* und *Kersaint* wollten hier einen einzigartigen Palast der Wissenschaften und Künste schaffen, *Balsac, Moll* und viele andere Architekten erwogen, Tuilerien und Louvre durch Galerien aus Kunstwerken und Büchern zu verbinden, so daß König, Minister und Abgeordnete auf dem Weg zueinander an den großen Werken der Kultur entlangeilen würden.[102] Die Utopie war eine aufgeklärte, durch kulturelle Bildung vermittelte Politik.

Vielfach wirkt noch der aufgeklärte und zentralistische Absolutismus nach. Beispielhaft dafür sind die Pläne *Poyets*. In seinem ersten Plan aus dem Jahr 1790[103] bringt er die Pariser Stadtverwaltung, die Nationalversammlung, den Sitz des Königs, zentrale kulturelle Institutionen und administrative Einrichtungen hier unter. In der Mitte zwischen den Palästen des Louvre und der Tuilerien plant er einen großen, kreisförmigen Platz Ludwig XVI., um den eine Galerie aus korinthischen Säulen führt. Jede Säule trägt die Statue eines patriotischen Helden oder Volksvertreters, in der Mitte des Platzes die Statue Ludwigs XVI., flankiert von den Allegorien der Freiheit, der Gerechtigkeit, des Friedens und des Wohlstands. Reliefs auf dem Sockel der Königsstatue stellen die Nationalversammlung und die Annahme der Verfassung durch den Monarchen dar; auf Schrifttafeln sind die Menschenrechtserklärung und die Verfassung zu lesen. Vier Springbrunnen gliedern den weiten Raum zwischen der Kolonnade und dem Monument. Die „Place Louis XV", mit der Reiterstatue des Königs in der Mitte und ebenfalls mit vier Brunnen ausgestattet, ist von symmetrisch angelegten Kolonnaden an den Gebäuden der drei Seiten des Platzes gegenüber dem Pont Louis XVI eingefaßt; in einem der Gebäude ist ein Opernsaal vorgesehen.

Poyet formuliert mit seinem Entwurf eine Utopie der konstitutionellen Monarchie: die Einheit von Legislative und Exekutive, von Nation und König, die auch das Volk mit einbezieht – der Platz Louis XV soll als Platz für öffentliche Feste dienen. Doch bleibt das Volk noch am Rande, der innere Raum des politischen Zentrums selbst bleibt ihm verschlossen. Die Logik dieses Raumes entspricht der repräsentativen Öffentlichkeit des aufgeklärten Staates, der zwar eine Verfassung und eine Nationalversammlung besitzt, aber noch von der Monarchie geleitet wird und noch keine demokratische Gestalt angenommen hat.

In einem zweiten Entwurf, den Poyet im darauffolgenden Jahr präsentiert[104], sind einige Modifikationen vorgenommen; die „Place Louis XVI" heißt jetzt „Place de la Nation" und ist nun gleichfalls als öffentlicher Festplatz angelegt. Der Absolutismus hat ein weiteres Stück seiner Macht aufgegeben, das Volk ist einen Schritt weiter ins politische Zentrum eingedrungen. Die äußere Gestalt des Platzes bleibt die gleiche, aber auf den Säulen stehen jetzt Statuen, die die Departements und ihre charakteristischen Reichtümer verkörpern – der Platz wird so zu einem Abbild der nationalen Einheit und der Produktionen des ganzen Landes. Für die Feste soll er mit einem großen Zeltdach überspannt werden, um die Zuschauer vor Unwetter zu schützen. Ein monumentaler Triumphbogen von insgesamt 40 Meter Höhe führt jetzt auf die „Place Nationale". „Dieser Triumphbogen wird mit Symbolen und Inschriften ausgestaltet, die der Freiheit des Citoyen entsprechen."

Im Jahr VIII griff Poyet seine Pläne wieder auf[105]; alle Repräsentationen der Monarchie sind inzwischen verschwunden, die „Place de la Nation" ist nun mit vier Triumphbögen ausgestattet; an die Stelle des Monuments für Ludwig XVI. ist ein Obelisk zu Ehren der „défenseurs de la patrie" und der Opfer des 10. August getreten. Poyet, der 1792 von der Idee einer totalen Réunion des Volkes besessen war, hält auch jetzt, zu Beginn des Konsulats, noch an diesem Traum fest, nachdem die soziale und politische Grundlage dafür längst entfallen ist. Das Zentrum hat sich jedoch aus dem politischen Raum verlagert: Hauptplatz ist jetzt die „Place de la Concorde" geworden – hier sollen Nationalfeste für 400 000 Personen organisiert werden können. Dieser Platz hat nun aber nicht mehr politische, sondern ausschließlich kulturelle Bedeutung: Vier mächtige Tempel nach antikem Vorbild umstehen ihn, Tempel der Künste, in denen die italienische und flämische Malerei, die antiken Skulpturen und die französischen und modernen Skulpturen untergebracht sind; die Einheit der Nation vermittelt sich über die Idee der Versittlichung durch die Kunst. Die Substitution von Politik durch die höhere Sphäre ästhetischer Bildung leitet eine neue Ära ein und besiegelt den Zerfall der republikanischen Öffentlichkeit. Ergänzt wird diese Metamorphose durch die Einbeziehung der Madeleine in das Gesamtensemble: sie soll in ein Pantheon der Künste, „vollkommen gleich jenem in Rom", verwandelt werden. Hier können die zeitgenössischen Künstler ihre Werke während der Kunstwettbewerbe ausstellen. Das Monument in der Mitte des Platzes enthält noch den Versuch einer historischen Legitimation der Republik, doch endet die Revolution im September 1792: Vier Reliefs auf dem Sockel repräsentieren die Ereignisse des 20. Juni 1789, des 14. Juli 1789, des 10. August 1792 und des 22. September 1792, des Gründungstages der Republik. Das Monument selbst stellt einen Triumphwagen dar; geführt von den Wissenschaften und Künsten zieht er den Sieg zu den Tempeln des Friedens und der Eintracht. Die historische Bedeutung der Revolution lag in der Beseitigung der Monarchie, aber die neue Gesellschaft und der neue Staat organisieren sich weniger über eine neue politische Struktur als über die höhere Kultur der Kunst und der Wissenschaft. Die Kunst erhält, wie Poyets Idee des Pantheons sichtbar macht, die Bedeutung einer neuen Religion; öffentlich geworden, befreit von den Zwängen der höfischen Kultur, wird sie zu einem neuen, kultischen Medium sittlicher Integration des gesellschaftlichen Kollektivs. Der Monarch hat sich gleichsam in die Gestalt des schöpferischen Genies verwandelt, zu dem die Masse erneut nur in Ehrfurcht aufblicken kann und vor dem sie zum strukturlosen Kollektiv wird. In der klassizistischen Ästhetik Poyets bleibt die Idee des Allgemeinen gegenwärtig, aber es ist ein Allgemeines, an dem aktiv nur noch eine kulturelle Elite partizipiert.

Diese Bedeutung wollte auch *Belanger* dem Ort des politischen Zentrums in seinem Projekt eines „Temple d'Apollon" vom Jahr IV geben. Der Plan geht auf frühere Entwürfe zurück, in denen Belanger eine zweite Galerie zwischen Louvre und Tuilerien plante. In der Mitte zwischen beiden Gebäuden wollte er einen pantheonartigen Tempel der Künste mit einem griechischen Säulenportal errichten; der Platz sollte durch Kolonnaden und Triumphbögen gestaltet werden, in seiner Mitte sollte sich ein Monument nach dem Modell der Trajanssäule erheben, eine dem Handel, den Wissenschaften, den Künsten und den republikanischen Tugenden gewidmete Triumphsäule, die an ihrer Spitze die Statue eines römischen Imperators trägt.[106] In diesem römischen Arrangement wird der Triumph der höheren Kultur gefeiert, die hier zum eigentlichen gesellschaftlichen Subjekt wird und die politisch-militärische Macht begründen soll.

Beide Entwürfe künden ein neues „Machtdispositiv" an, das um so deutlicher wird, wenn man sie vor dem Hintergrund der allgemeinen ästhetischen und politischen Entwicklung im Direktorium betrachtet: Die

Genialität des einzelnen manifestiert sich im großen Künstler ebenso wie im großen Heerführer – in diesem Sinn konvergiert die Idee der höheren ästhetischen Bildung und der Kunstreligion mit dem militärischen Kult im ausgehenden Direktorium. Das Volk wird als Akteur der Geschichte aus dem Territorium der Macht ausgegrenzt, das Projekt der republikanischen Öffentlichkeit ist dahin, die Ideen der allgemeinen Freiheit, der natürlichen Vernunft und der sozialen Demokratie haben ihre Bedeutung als Legitimationsgrundlage politischen Handelns verloren; an die Stelle der jakobinischen Moralreligion tritt eine abgehobene Kunst- und Genieligion.

Wir können diese Differenz zu den Utopien der Législative und des Konvents noch einmal an einigen anderen urbanen Projekten der vorangegangenen Jahre verdeutlichen. War die Idee der kulturellen Bildung bei Poyet in die Sphäre einer höheren Ästhetik gehoben, so ist sie in der Konzeption des Juristen *Giraud* von 1792 – nicht für die Tuilerien, sondern für den Platz St. Michel bestimmt – mit dem Projekt rational organisierter allgemeiner Bildungs- und Erziehungsprozesse verknüpft.[107] Giraud setzte die bildungspolitische Utopie der Législative in ein urbanes Projekt um. Den in „Place de la Liberté" umgetauften Platz umstehen je zwei Schulen der Künste, der Fremdsprachen, der Natur- und der Rechtswissenschaften für Jungen und Mädchen, nationale Collèges mit Schülern aus jedem Departement, vorzüglich für die Kinder von „Vaterlandsverteidigern". Zwei weitere Schulen, in denen Jungen und Mädchen Latein- und Musikunterricht erhalten, sind neben dem Panthéon geplant. Im Panthéon werden jeden Monat zwei neue Büsten großer Männer und Frauen (!) aufgestellt; mit der Zeit entsteht hier so eine „Enzyklopädie großer Menschen". Einmal pro Woche werden die Schüler ihnen zu Ehren ein Konzert geben; gleichzeitig werden sie sich mit pädagogischen Übungen vor der Öffentlichkeit präsentieren, „damit der einfache Bürger sie lernen und an seine Kinder weitergeben kann".

Acht Triumphbögen stehen zwischen den Schulen am „Platz der Freiheit". Von ihnen gehen neue Straßen zu zentral bedeutsamen kulturellen Stätten, wie dem Panthéon, der Sorbonne, der École de Chirurgie, dem Théâtre français etc. Die Straßen tragen die Namen herausragender Abgeordneter der Nationalversammlung. Eine herausgehobene Bedeutung erhält die Straße zum Panthéon: An ihr werden vier Pyramiden errichtet, die mit Medaillons der Büsten von Abgeordneten versehen sind; auf ihrer Spitze tragen sie mit Lilien verzierte Erdkugeln. Auf dem Platz der Freiheit ist auf einem umlaufenden Relief die Geschichte der Revolution dargestellt, Skulpturen symbolisieren die Wissenschaften und Künste, vier Säulen nach dem Modell der Trajanssäule tragen die Statuen von Montesquieu, Voltaire, Rousseau und Mably. Giraud stellt dem politisch-administrativen Zentrum eines der Kultur und der Aufklärung gegenüber: Paris erhielte so gewissermaßen eine zweite Achse der politischen Kultur.

Der Konvent hielt an der Idee fest, den Louvre-Tuilerien-Komplex zum neuen Zentrum der politischen, jetzt republikanischen Kultur auszugestalten. Aber in dieses Zentrum zieht nun die republikanische Moral ein, die Moral eines neuen Kultes, der der *Natur* geweiht ist; sie wird zu seinem neuen Regenten. Paradigmatisch der Vorschlag eines anonymen Autors, den Jardin national in einen Lehrgarten der Tugend umzuwandeln: 36 Statuen, jeweils den Dekadi und den verschiedenen ihnen zugeordneten Tugenden und Prinzipien der republikanischen Moral gewidmet, sollen den Park bevölkern.[108] *Verhelst* wollte hier 1793 einen „Allegorischen Garten der Französischen Revolution und der republikanischen Tugenden" schaffen. In diesem Park stehen die abschreckende Ruine eines „Tyrannenpalastes", Pfade der republikanischen Tugend leiten zum Tempel des „Höchsten Wesens", während Seitenwege zum Laster führen und in finsteren Kloaken enden. Vom Tempel des „Höchsten Wesens" dagegen gelangt man in ein anderes Reich. Wer bis hierhin vorgedrungen ist, der wird mit dem Anblick eines einzigartigen Panoramas belohnt, das sich vor ihm ausbreitet, ähnlich dem, das Hubert plante: Schwimmbecken, Wasserspiele, ein Tempel des Genies, Monumente, Statuen und Säulen für Rousseau, Voltaire und andere Heroen der Freiheit in heiligen Hainen etc.[109] Der Einbruch der Natur – nicht der geometrisch zurechtgestutzten des klassischen französischen Gartens, sondern einer frei wachsenden, oft romantisch gestalteten Natur – in den Raum des politischen Zentrums symbolisiert die Rückeroberung der natürlichen Freiheit: die Wiederherstellung des autonomen, nur noch den Gesetzen der Natur unterworfenen Individuums; die Utopie eines Gemeinwesens, das seine Ordnungsstrukturen allein aus der wiedergefundenen Natur (die eine moralische Qualität hat) bezieht; die Sehnsucht, die Revolution in einer überhistorischen Dimension zu verankern.

Die Citoyenne *Boulliand* wollte den Platz der Revolution in einen Park mit Monumenten zu Ehren der Märtyrer der Freiheit umwandeln, eine Art Freilichtmuseum des republikanischen Heroismus; *Dutour* plante hier einen heiligen Berg mit einem Ehrenhain und einem Tempel für die Büsten der Märtyrer der Freiheit; *Bonnet* legte für den Parc Beaujon an den Champs-Elysées den Entwurf eines romantischen Landschaftsgartens mit einem Tempel der Gleichheit vor; der Gärtner *Anpenot* wollte die Tuilerien zu einem Garten der politischen Geographie der Republik umgestalten...[110] In diesen Gärten der republikanischen Wiedergeburt sollte *Rousseau*, der Apostel der natürlichen Moral, einen Ehrenplatz erhalten. Wenn es einen Versuch gab, den König durch einen neuen Vater zu ersetzen, dann war es zweifellos Rousseau, dem diese Rolle zugedacht war. Seine Werke wurden wie die Bibel zitiert, durch seinen Mund schienen die Natur und ihr Schöpfer sich selbst unmittelbar mitgeteilt zu haben. Der Konvent plante zwei Statuen Rousseaus für die Champs-Elysées und die Tuilerien, die ihn als Gesetzgeber der Erziehung und des politischen Systems darstellen sollten.[111] Ein Entwurf *Houdons* zeigt ihn auf einem mit Bäumen bewachsenen Felsen, „einen natürlichen Sockel bildend", in der Haltung des Vaters, der „mit Befriedigung" seinen zehnjährigen Sohn Émile betrachtet. Émile als Kind Rousseaus ist die Revolution selbst, „das alle Hindernisse überwindend vorstürmt, die Freiheitsmütze ergreift, die an einem Baum befestigt ist und den Lohn eines Laufs darstellt, dessen Ziel darin besteht, die physischen Kräfte zu entwickeln und die Seele zu befreien"[112].

Im Floréal II schlug *Ebertz* vor, im Park der Tuilerien eine künstliche Insel mit Pappeln anzulegen, auf der Rousseau ein Monument errichtet werden sollte (eine solche Insel wurde nach dem Vorbild des Parks von Ermenonville zum Fest für Rousseau im Vendémiaire III tatsächlich geschaffen). Rousseau wäre damit zwar allen Bürgern präsent, bliebe aber doch wie ein Gott in unerreichbarer Distanz. Auf der Place Étoile wollte Ebertz eine große Säule in einem Wasserbecken mit Wasserspielen bauen lassen, auf deren Spitze eine Uhr weithin sichtbar den Anbruch eines neuen Zeitalters verkündete. Von diesem Becken würde der künstliche See für die Insel Rousseaus sein Wasser beziehen.[113] Eine Anlage, die die Revolution als Wiedergeburt des natürlichen Menschen deutet und die Utopie einer wiedergefundenen Einheit und der Versöhnung von Natur und Gesellschaft verkündet.

Von Rousseau inspiriert waren gewiß auch jene Ideen, den urbanen Raum durch Anpflanzungen aufzulockern, mit Kleingärten, Erholungsparks und Alleen zu durchsetzen oder ihn überhaupt aufzulösen. *Machet de Velye* etwa, ehemals Intendant der Bâtiments de Monsieur, schlug vor, die nationalisierten Güter in der Stadt in Gärten für das Kleinbürgertum umzuwandeln; breite Alleen sollten die engbebauten Viertel des Zentrums mit diesen Gärten verbinden, wo die Kinder, unter Obhut der

Mütter, gesunde Luft zum Atmen und freien Raum zum Spielen fänden. Das Glück der Familie hätte hier seinen idyllischen Ort.[114] Andere Pläne griffen das Übel an der Wurzel an. Das Leben in den großen Städten mit ihren engen Gassen sei ungesund, es bringe nur rachitische Kinder und kranke Erwachsene hervor; aber vor allem seien die großen Bevölkerungsansammlungen Brutstätten des Lasters: „Keine Hauptstädte, keine großen Städte mehr!" riefen deshalb die Babouvisten. Statt dessen würde „das Land sich mit Dörfern bedecken, die an den gesündesten und bequemsten Orten gebaut würden"[115]. *Girard*, Gerichtspräsident in Quimper, forderte im Dezember 1794 vom Konvent ein Gesetz, das es allen Gemeinden über 1000 Einwohnern in Zukunft verbietet, sich weiter auszudehnen. Zu große Menschenansammlungen und Ballungen von Häusern seien schädlich. In Städten mit mehr als 10 000 Häusern dürfe in Zukunft kein einziges verfallenes Haus mehr wieder aufgebaut werden, Grundstücke verfallener Häuser möge man den Nachbarn überlassen, damit sie sie in Gärten verwandeln.[116] Auch dies eine urbane Utopie, die Rückeroberung des städtischen Raums durch die Natur, die, wie man glaubte, wie von selbst auch zum gesunden und natürlichen Menschen zurückführen würde. In seiner Utopie *Die französische Republik im Jahre 3800* stellt sich der Jurist *Nogaret* die künftige Stadt als einen großen Garten mit breiten Straßen, zahlreichen Brunnen und vor allem viel Grünflächen vor: „Die Häuser verfügen über mit Sträuchern und Blumen bepflanzte Dachterrassen, so daß die Hauptstadt wie ein einziger schwebender Garten erscheint." In *Lefebures* Utopie der „natürlichen Republik" stehen zwischen allen Wohnhäusern Bäume, unter deren breitem Blätterdach man Verbrüderungsmahle einnehmen wird.[117]
Elemente solcher Ideen gingen in viele urbane Projekte der Revolution ein. Die Beseitigung der engen Gassen durch breite Straßen und Alleen diente nicht nur dem Zweck, den Weg der großen Festzüge durch die Stadt zu erleichtern, wie es die Pläne der Commission des artistes vorsahen[118], sie entsprach nicht allein dem klassizistischen Ordnungssinn, sondern war auch durch hygienische Überlegungen motiviert, für eine bessere Zirkulation und Erneuerung der Luft zu sorgen. Über die Dringlichkeit breiter Alleen und weitläufiger Erholungsparks gab es kaum einen Dissens. Gleichwohl standen hygienische und sozialpolitische Erwägungen nicht im Mittelpunkt der urbanen Utopie. Der öffentliche Raum mußte erst von der Republik und den neuen Gottheiten erobert und besetzt werden; es bedurfte erst einer politischen und moralischen Transformation, ehe man die Verwirklichung einer *sozialen* Utopie in Angriff nehmen

konnte. Freilich war die vorherrschende Vorstellung die, daß die soziale Erneuerung sich aus der moralischen Regeneration von selbst ergeben würde. Die Kulturrevolution war in erster Linie ein moralpädagogisches Projekt, und noch den hygienischen Vorschlägen lagen moralpädagogische Absichten zugrunde – die engen Winkel und düsteren Ecken der Städte, die Miasmen ausbreiten und in denen sich die Luft staut, sind nicht nur ein Nährboden für Krankheitserreger, sie sind auch Schlupfwinkel für die Keime des Bösen und für das Laster. Der freie Mensch brauche frische Luft und sauberes Wasser, um sich von Krankheit *und* Laster zu reinigen, auch um den Makel der Vergangenheit abzuwaschen.

Das hygienische Bedürfnis verbündet sich in der Revolution mit dem Wunsch nach moralischer Reinigung. Beispielhaft läßt sich diese Verknüpfung an einem Projekt des Architekten *Verly* für Lille zeigen. Verly, der hier auch die Ausgestaltung des Tempels der Vernunft übernahm, plante ein „Theater des Volkes", einen imposanten Bau für republikanische Zeremonien. Ihm vorgelagert war ein weiter Platz mit „Bädern des Volkes", davor erhob sich ein gewaltiger Obelisk, eingefaßt von einem Ehrenhain. Symbolisch wird hier eine rituelle Waschung vollzogen, ehe man den Ort der Réunion des Volkes betreten darf.[119] Auch in den Entwürfen für öffentliche Bäder und Waschhäuser, die zu den Wettbewerben des Wohlfahrtsausschusses eingingen, findet man diese Verknüpfung, so etwa bei *Durand* und *Thibault*, die in der Mitte des Beckens für ein öffentliches Waschhaus den Freiheitsbaum plazieren. Für Toulon imaginierte ein unbekannter Künstler einen Triumphbogen über einen Kanal für eine neue Stadt in römischem Gewande; hier erfolgt der Eintritt ins Territorium der Freiheit gleich über das reinigende Wasser.[120] Ähnlich wie Verly entwarf *Combes* für Bordeaux einen „cirque national", dem öffentliche Bäder vorgelagert sind.[121] Er behielt diese Verknüpfung in seinem Projekt für das Château-Trompette aus dem Jahr V bei: ein großes Amphitheater für Feste und Zeremonien vor einem Tempel des Friedens, das nun das Zentrum eines ganz neuen Stadtteils bildet, der von breiten Alleen und Parkanlagen eingefaßt ist, mit öffentlichen Brunnen und Monumenten ausgestattet ist und eine große Anlage mit öffentlichen Bädern enthält, der Entwurf für eine republikanische Stadt der Hygiene, des Patriotismus und der Tugend. Unmittelbar am Ufer der Garonne gelegen, bot sie zudem das Panorama einer den Fluten entstiegenen Idealstadt. Die Umgestaltung des Geländes um das *Château-Trompette* in Bordeaux war das größte urbane Vorhaben des Direktoriums.[122] Nach einem Beschluß vom Fructidor V sollte die Festung zerstört werden, um an ihrer

Stelle ein neues Stadtviertel mit einem Monument zu Ehren der siegreichen Armeen zu errichten – ein Projekt, in dem der öffentliche Raum wiederum auf die Idee des militärischen Triumphes zentriert ist; alle Wünsche nach einer moralischen Regeneration können sich jetzt nur noch im Schatten dieser Idee entfalten. Für die Gestaltung des Geländes schrieb das Direktorium einen Wettbewerb aus, der sich bis zum Konsulat hinzog, aber ohne reale Folgen blieb. 40 Entwürfe gingen ein. Sie dokumentieren in ihrer Gesamtheit noch einmal auf eindrucksvolle Weise das ganze Panorama der Utopie während des fructidorianischen Direktoriums. Die verschiedenen Ideen urbaner Gestaltung, denen wir bisher begegnet sind, kehren in diesen Entwürfen wieder, aber das dominante Gestaltungsprinzip ist jetzt nicht mehr die Wiedergeburt aus der republikanischen Moral, sondern die patriotische Erneuerung aus der Kraft eines politischen und militärischen Machtzentrums heraus.

In den meisten Projekten wird ein geometrisch geordnetes Netz von Straßen entworfen – das umliegende Gelände sollte für den Bau von Privathäusern verkauft werden –, die auf einen oder mehrere zentrale Plätze mit repräsentativer monumentaler Gestaltung führen. Unter den Monumenten herrschen Sieges- und Triumphbauten vor. In vielen Projekten bildet ein großer Festplatz, zumeist als „cirque" gestaltet, den Mittelpunkt des Komplexes. *Combes*, der sich mehrfach mit Plänen für die Gestaltung dieses Terrains beschäftigte, erhielt für seinen Entwurf aus dem Jahr VI einen zweiten Preis, der ganz auf den nach dem Fructidor neuentstandenen Bedarf des Direktoriums an Monumenten und Anlagen der Massenfeste und des militärischen Triumphes ausgerichtet war. Die Anlage enthält ein Amphitheater für 30 000 Menschen. In der Mitte ein Tempel des Friedens und der Freiheit nach dem Modell des Pantheons, eine Kolossalsäule mit der Statue der Republik, ein Triumphbogen am Eingang des „cirque", eine Kolonnade um das Amphitheater, gegliedert von 14 Pavillons, die mit Reliefs und Inschriften zur Glorifizierung der 14 Armeen der Republik ausgestaltet sind; im Zentrum des Tempels ein Monument, das die Republik darstellt, die den Frieden mit der Freiheit vereinigt, im Säulenrundgang Statuen patriotischer Helden. Unter dem Eingang des Tempels sollen die „Magistrats du Peuple" Platz nehmen, „um den nationalen Spielen zu präsidieren".

Baltard, der mit einem Anerkennungspreis bedacht wurde, teilt das Gelände in rechteckige, durch Straßen voneinander getrennte Felder, in der Mitte ein großes Amphitheater, das sich zur Garonne hin öffnet; wie bei Combes wird der Eingang dort durch einen Triumphbogen gebildet. In einem Alternativentwurf aus dem Jahr VI plante Baltard eine Gliederung des Platzes durch 14 Tempel in kleinen Ehrenhainen, jeweils den 14 Armeen und ihren Siegen gewidmet; die Gesamtanlage erhält dadurch einen kultischen Charakter. Der Triumphbogen ist mit Darstellungen republikanischer Siege und mit Trophäen geschmückt; auf einem Fries erkennt man Kinder, die Buchstaben zu dem Wort „Admiration" zusammenfügen. Ein Triumphwagen krönt das Monument. Ihm gegenüber steht am anderen Ende des Platzes eine „Säulenhalle des Friedens"; in ihr sind Tafeln mit den 13 Friedensverträgen angebracht, die die Republik bis dahin geschlossen hat. Die Statue des Friedens mit den Attributen der Landwirtschaft, des Handels und der Künste erhebt sich in der Mitte eines von den Musen umgebenen Bassins. 42

Eine große Arena für Feste, militärische und körperliche Spiele steht im Mittelpunkt des Projekts des Architekten *Lhôte*. 88 dorische „colonnes martiales" umgeben den kreisförmigen Platz, sie tragen Siegestrophäen und sind mit Darstellungen kriegerischer Tugenden versehen. 19 Bögen „d'une proportion imposante", auf die ebenso viele Straßen sternförmig zuführen, bilden die Eingänge; sie sollen die Friedensverträge der Republik symbolisieren. Lhôte wollte ein Monument ohne Vorbild in der Geschichte schaffen; allein der Platz sollte einen Durchmesser von 320 Metern haben. In der Mitte sollte sich eine Säule von 180 Metern erheben. Was auch immer auf dieser Säule dargestellt sein mag, das Volk wird es nicht mehr erfassen können. Vor der Säule und angesichts der Weite des Platzes schrumpft das Individuum, das sich zu den vom Direktorium angeordneten Zeremonien hierhin begibt, zu einem Nichts. Es erfährt in der Masse keinen individuellen Kraftzuwachs mehr – es ist nur noch ein winziges Ornament zur Verherrlichung einer abgehobenen Macht. Öffentliche Erziehung reduziert sich hier auf die Erziehung zu einem abstrakten militärischen Patriotismus. Kontrolle und Unterwerfung konstituieren die Logik dieses Raums; darin sind auch die angrenzenden Wohnviertel einbezogen: Die Bürger dieser ideellen, vollkommen rational gestalteten Stadt finden keinen Raum individueller Entfaltung vor. Peripherie und Zentrum bilden ein magisches Feld von Anziehung und Abstoßung, in dem Individuum und Kollektiv vor einer höheren, abstrakten Macht zerfließen. 43

In einem Entwurf von *Laclotte* und *Rieutord* erhält dieser Raum eine vielfältige Differenzierung, eine Struktur, die vor der Auflösung in eine unfaßbare Totalität schützt. Der Raum hat die Form eines gleichseitigen Dreiecks, dessen Extreme durch die Statuen der Philosophie, der Gerechtigkeit und – die Spitze des Dreiecks, von der her sich dieser Raum strukturiert – des „Génie français" markiert werden: eine mystische, aber doch in der Reflexion verankerte Größe. Vom Monument des „Génie français" öffnet sich der Raum des neuen Gemeinwesens zum Platz des Genies, auf dem Statuen großer Philosophen stehen; er grenzt an den „Cours des Sciences" und den „Cours des Philosophes" an. Von hier führt der Weg durch den „Cours des Victoires" zum Platz und zur Statue des Friedens und weiter zum Platz der Siege. Durch einen Triumphbogen gelangt man schließlich zum Hauptplatz, dem Platz des Volkes, der für die großen Feste bestimmt ist. Die Organisation des Raumes symbolisiert die Utopie der Eintracht und eines Gleichgewichts, das seinen Triumph der Aufklärung verdankt, in der die militärische Kraftentfaltung noch ihre Legitimation findet.

Ein anderer Entwurf von *Thiac, Bonfin* und *Laclotte* aus dem Jahr V zeigt zwei ineinander übergehende Plätze in einem geometrisch geordneten Komplex: einen Platz des Friedens und ein Marsfeld, zwischen denen der Tempel des Friedens vermittelt. Vor dem Tempel Statuen von Philosophen, die durch ihre Schriften die Revolution vorbereitet haben; weitere Monumente stellen die Republik dar, die Schiffahrt (als Zeichen des Reichtums der Stadt) und die Armeen der Republik. Auf Marmortafeln im Innern des Tempels ist die militärische und politische Siegesgeschichte der Revolution dargestellt. Die Lektion, die diese Anlage erteilt: Die Revolution war das Werk der Philosophie, sie ist daher durch die Vernunft gerechtfertigt; die Armeen der Republik führen nur das Werk der Vernunft zu Ende und leiten mit ihren Siegen den ewigen Frieden ein. Einheit und Identität der Republik vermitteln sich gleichermaßen über Aufklärung und militärische Größe.

Die Eroberungsutopie des Direktoriums ist zugleich seine Legitimationsideologie: Die Entzweiung und der Legitimationsverlust im Innern werden nach außen projiziert; der Sieg über die äußeren Feinde soll die Voraussetzungen für einen universellen und dauerhaften Frieden schaffen, weil nun überall die republikanische Ratio regieren wird. Mit diesem Frieden werden sich Wohlstand und allgemeines Glück entfalten, die gesellschaftliche Eintracht wird sich wiederherstellen und harmonisch vollenden. Der militärische Sieg schafft so die Möglichkeit, die Eintracht zu verwirklichen, ohne die Frage nach den politischen und sozialen Grundlagen der Republik stellen zu müssen.

Beispielhaft wird dieser Zusammenhang in den Projekten Ramelets und Bleins entwickelt, die weit in die Zukunft totalitaristischer Architektur vorausweisen. *Ramelet* fügt bereits in den Straßennamen Eroberungen, republikanische Moral und die Idee des auf Wissenschaft, Kunst und Arbeit gegründeten gesellschaftlichen Wohlstands zu einem Gesamtsystem zusammen. Entsprechend hat seinen Stadt drei Zentren: den Platz der Siege, den Dekadentempel (i) und die Markthalle (n). Der Hauptplatz ist freilich die „Place des Victoires", und die Hauptachse bildet die „Rue des Triomphes", die von dort zum Dekadentempel am Platz der „Reconnaissance" führt. Die Logik dieser Anordnung ist offensichtlich: Erst die militärischen Eroberungen sichern künftigen Reichtum, und der Kult besteht in der Huldigung gegenüber der Armee, die als der wahre Souverän erscheint. Am Platz der Siege hat auch die politische Administration ihren Sitz (m, d); zu ihr gelangt man nur durch Triumphbögen. Sechs weitere Triumphbögen führen auf die Straßen der neuen Republiken. Die Triumphbögen (g) sind reichlich mit Statuen von Kriegern und mit militärischen Reliefs ausgestattet. In der Mitte des Platzes erhebt sich das Monument der Siege, ein offener Tempel aus korinthischen Säulen in den Nationalfarben der Trikolore, mit einer Kolossalstatue der französischen Republik, umgeben von den Statuen, die die eroberten Länder symbolisieren. Die Säle der Assemblée primaire (L) befinden sich dagegen beim Dekadentempel. Ihre Gebäude sollen zugleich die Wohnungen und Schulräume der Primarschullehrer aufnehmen. Weitere Triumphbögen (I), Kolonnaden (H, J, K) und eine Säulenhalle (D) führen zum Tempel, ein Rundbau mit zwei Säulenreihen, sechs großen Nischen für Kolossalstatuen (b), 24 kleineren für weitere Statuen, die großen der französischen Republik, der Freiheit und Gleichheit sowie der Philosophie, der Vernunft und der Brüderlichkeit, die kleinen großen Männern gewidmet. Weitere Monumente komplettieren dieses Ensemble: Statuen der Landwirtschaft (b) und des Handels (c), kleinere Triumphbögen und eine Säule, auf der die Texte aller Friedensverträge der Republik stehen, an der „Place de la Paix"; ein Gebäude für Nationalfeste in Gestalt einer Pyramide auf der „Place de l'Égalité": Auf der einen Seite der Pyramide stehen die Namen großer französischer Philosophen, auf der zweiten diejenigen gefallener défenseurs, auf der dritten die Namen von Funktionsträgern und Citoyens, „die im Innern von Royalisten umgebracht wurden" etc. Ein ehrgeiziger Entwurf einer republikanischen Idealstadt am Ende der Revolution, von einem geradezu atemberaubenden Willen zur Totalisierung des Raumes getrieben.

In nicht minder eindrucksvoller Weise manifestiert sich die Utopie des ausgehenden Direktoriums in dem Projekt des Offiziers *Blein*. Ein Platz von 120 Metern Durchmesser, um den eine Säulengalerie herumführt, in seiner Mitte eine 80 Meter hohe Statue des Sieges. Sie verkündet weithin sichtbar die Unangreifbarkeit der französischen Nation. Reliefs im Innern geben die Militärgeschichte der Republik wieder: eine „colonne historique". In einem ergänzenden Mémoire vom Vendémiaire VIII entwirft Blein das Ensemble eines öffentlichen Raums für die republikanische Bildung und Erziehung des Volkes. Um den Platz herum sind jetzt verschiedene kulturelle Einrichtungen gelagert: eine öffentliche Bibliothek, ein Museum der Wissenschaften und Künste, ein Haus der Marine mit einem Museum für Schiffsmodelle und ein Dekadentempel. Der Tempel ist dem römischen Pantheon nachgebildet und soll 7000 bis 8000 Personen Platz bieten. Die Säule in der Mitte des Platzes wird jetzt von zwei Brunnen in Gestalt mächtiger, 30 Meter hoher Pyramiden flankiert, „für Inschriften bestimmt, die der Nachwelt die Namen der berühmten Männer und der für die Freiheit gefallenen Citoyens der ganzen Republik überliefern". Auf einem zweiten, wie dieser halbkreisförmigen Platz soll ein großer Cirque für öffentliche Feste entstehen. Blein entwirft ihn als einen massiven, dem Kolosseum nachempfundenen Bau von 200 Metern Durchmesser, groß genug, um 27 000 Personen zu fassen. Zwei quadratische Türme schließen das halbrunde Amphitheater nach beiden Seiten ab; in ihnen sollen Dekorationen gelagert werden, hier sollen sich die Kämpfer und Athleten auf die Spiele vorbereiten, hier sollen aber auch die Primarschulen untergebracht werden – die Erziehung wird eng auf die zeremonielle Festpraxis ausgerichtet. Bleins Projekt befriedigt den Bedarf der „institutions républicaines" an einem repräsentativen und praktischen Ensemble des öffentlichen Raums in nahezu idealer Weise. Sein Entwurf zeigt zugleich, daß das republikanische Gemeinwesen des späten Direktoriums durch den Mythos unangreifbarer militärischer Stärke und Größe zusammengehalten wird und die siegreiche Armee sein eigentliches Fundament darstellt.

4. Mythische und magische Stätten der Regeneration – "schattenumwobene Zentren"

Unter den Projekten für das Château-Trompette befindet sich ein merkwürdiger Entwurf des Offiziers *Deschamps* für ein Monument, das die Rückkehr der Nation zu ihren wahren Ursprüngen symbolisiert: die Volksdemokratie der alten Gallier. Ihr soll in einem Gebäude von eigentlich romantischer Gestalt gehuldigt werden. Die Beschwörung des Geistes der wahren Ahnen – hier einer weit zurückliegenden, mythischen Vorzeit – wird der Republik jene Energie zurückgeben, die sie unüberwindbar macht; hier wird das Volk sich als eine Gemeinschaft von Brüdern und Schwestern wiedererkennen und jene moralische Eintracht wiederfinden, die es unbesiegbar macht: Der Kreis der Geschichte schließt sich, die Kontingenz der historischen Zeit ist überwältigt, eine Ära dauerhafter Harmonie bricht an. Vor 2400 Jahren, schreibt Deschamps, schufen die Gallier „auf unerschütterlichen Fundamenten ein Bauwerk, das alle Gesetze enthielt, die vor dem versammelten Volk verlesen wurden; dies war die Residenz des Führers. Aber Tyrannen, Räuber, die den Anblick einer Freiheit, die sie glücklich machte, nicht ertragen konnten, warfen sie in Ketten und begruben dieses wunderbare Monument unter den Trümmern ihrer friedlichen Wohnstätte."
Die Revolution stellte den ursprünglichen Zustand des Friedens in Freiheit wieder her; sie übertrifft diesen Frieden noch, indem sie die Botschaft der Freiheit in die ganze Welt hinausträgt: „Heute überragt dieses Monument in vielem seinen alten Glanz, es ist durch seine unzerstörbaren Fundamente gefestigt und kann sich auf die unbesiegbaren französischen Republikaner stützen. Alles huldigt ihm, bis hin zum Krokodil, das die Ufer des Nils verläßt, um es zu bewundern. Unter dem Gewölbe dieses denkwürdigen Bauwerks werden unsere siegreichen Phalangen mit Ruhm bedeckt und, nachdem sie der Welt den Frieden gegeben haben, ihre unbesiegbaren Waffen niederlegen."
Deschamps möchte das Monument symbolisch wieder aufrichten, unter

dem einst, durch einen natürlichen Kult vereint, die Gallier sich in demokratischer Gemeinschaft ihre Gesetze gaben und die Jugend zu Kriegern erzogen; im Beisein der wiedergefundenen Väter werde das alte Kollektiv wieder auferstehen und seinen Siegeszug über den Erdball antreten, den Deschamps symbolisch auf die Spitze des Monuments plaziert. Der alte Kult werde die republikanische Phalanx führen: „Der Autor dieses Werks will das alte und bewundernswürdige Gebäude darstellen, wo die versammelten Franzosen an den den Göttern geweihten Festtagen die Gesetze verlesen und vor der Jugend die Heldentaten ihrer Krieger besingen. Am ersten Tag des Mondes nach den Opferbräuchen würden drei Alte auf das Gebäude hinaufsteigen; der erste würde im Namen des größten der Götter, der alles regiert, verkünden: *Tu' dem anderen nur, was du willst, daß man dir selbst tut. Ich werde die Unterdrückten rächen.* Der zweite sagt: *Treue zum Vaterland, Tod den Verrätern und Feigen.* Der Führer drückt sich so aus: *Ich habe in mein Herz und auf das Erz den Namen der Verteidiger unserer Freiheit geprägt, hier wartet der Lohn auf sie.*"[123]

Nicht durch die Unüberwindbarkeit äußerer Größe, sondern allein, indem sie zu den Mysterien des Ursprungs zurückfindet, die die wahre, natürliche Moral des gesellschaftlichen Zusammenlebens bergen, geht die Republik in das lange ersehnte Reich der Dauer und der sozialen Harmonie ein. Das republikanische Kollektiv hat zum Gott und zum Gesetz der *wahren* Väter zurückgefunden und Verirrung und Schuld getilgt, die fremde Tyrannen über das Volk gebracht hatten. Die Revolution erfüllt sich, indem sie zum Ursprungsmythos einer altgallischen Volksgemeinschaft zurückfindet. Auch wenn dieser Mythos in den napoleonischen Eroberungsfeldzügen sicher keine Rolle gespielt hat, verweist er doch darauf, daß schon in der Französischen Revolution ein untergründiger völkischer Messianismus im Entstehen begriffen war.

Wird bei Deschamps ein Ursprungsmythos beschworen, so erhält die Stätte der nationalen Regeneration in einem Projekt des Landvermessers *Aubry* aus dem Jahr V magische Qualität.[124] Aubry plante eine monumentale Pyramide zu Ehren der gefallenen Vaterlandsverteidiger, die das Zentrum einer neu zu errichtenden Stadt am Herkunftsort Lepeletiers bilden sollte, zugleich der Mittelpunkt Frankreichs. Er ahnte, daß das republikanische Projekt im Scheitern begriffen war, und beschwor deshalb die revolutionäre Energie der vorangegangenen Jahre. Er wollte ein einzigartiges Monument errichten, das eine unangreifbare Macht darstellt. Seine Pyramide soll in völliger Reinheit dastehen, ihr Anblick, ihre Erhabenheit darf durch kein einziges Monument der Vergangenheit gestört werden, nichts soll es geben, das auch nur entfernt ans Ancien Régime, an die Monarchie erinnern und so den Keim der Zersetzung in dieses Kraftwerk der nationalen Regeneration tragen könnte, nichts aber auch, was an die revolutionäre Entzweiung erinnern und so die gemeinsame Kraft schwächen könnte.

Das Zentrum dieser Stadt, die Pyramide, ist in erster Linie ein militärisches Monument. Auf ihre Flächen sollen die Heldentaten der Verteidiger des Vaterlandes geschrieben, daneben die Fahnen angebracht werden, die die republikanischen Armeen von ihren Feinden erbeuteten. Jede Hauptstraße der neuen Stadt führt auf eine der Seiten der Pyramide zu, sie trägt jeweils den Namen einer siegreichen Armee, während die Verbindungsstraßen nach Generälen und Soldaten benannt werden. Aubry plante diese Stadt des militärischen Ruhms zugleich als einen Fluchtort der Politik und der Administration: Wenn das Vaterland in Gefahr ist, sollen sich Legislative und Regierung hierhin flüchten, um an der Stelle des Ehrenmals ihren Patriotismus zu stärken: „Wenn sie in dieser Stadt ankämen, würden die Abgeordneten, die Direktoren, die Minister sich zur Pyramide begeben und unter Anrufung der Manen der Vaterlandsverteidiger schwören, eher unter ihren Ruinen begraben zu werden, als das Volk und die Freiheit zu verraten und es nicht gegen seine Feinde zu verteidigen." Nur die stete Beschwörung des Opfers und des Todes, so scheint es, wird die republikanische Freiheit vor dem Untergang retten. Die Pyramide ist das Symbol einer dem Tod geweihten Republik: Sie verheißt wirkliche Befreiung erst im Tod, genauer: Sie verheißt nicht wirkliche Befreiung, sondern die ewige Dauer des Opfers.

Die Pyramide ist, wie *Boullée* gelehrt hat, das Monument des Todes, aber auch der ewigen Dauer. Wenn die Republik ihre wahre Dauer erst im Tod erreicht (im Fortleben der Tugend, im ewigen Ruhm, in der Bereitschaft, das eigene Leben für das Vaterland zu opfern etc.), lag es da nicht nahe, der Stätte, in der sich die Bürger der Tugendrepublik versammelten, selbst die Gestalt einer Pyramide zu geben? Dies war die Idee *Jussieus*. Im Jahre II schlug er gigantische Pyramiden vor, die in ihrem Innern 90 000 Menschen Platz bieten würden.[125] Jussieus Idee enthüllt, wie sehr das republikanische Kollektiv auch vom Tod gezeichnet ist, denn diese Tempel der Eintracht böten zugleich den Anblick kolossaler Massengräber, nicht mehr wie in Ägypten einem einzelnen, sondern dem ganzen Volk geweiht. Nur die Verwandlung des Kollektivs in monumentale steinerne Dauer scheint seinen Zusammenhang zu sichern; neben der Metaphorik von der Aurora der Freiheit und der Vernunft lastet über der Revolution auch das

Bild eines „schattenumwobenen Zentrums"[126], dessen beide Pole die Pyramide und die Guillotine sind. Pyramiden und Obelisken waren die bevorzugten Ehrenmale für die Märtyrer der Freiheit, die im Jahr II die Republik überzogen, Stätten, die durch das Blut der Märtyrer geheiligt waren und von denen eine fast magische Kraft der Regeneration ausging. In großangelegten Projekten träumte man von Ehrenhainen oder einer ganzen Via sacra mit solchen Monumenten und Gräbern, Hainen und Straßen des Ruhms und der ewigen Tugend.[127] Während man die Gräber der Könige von Saint Denis entweihte und zerstörte, arbeitete man am Aufbau eigener Stätten der Heiligen- und Heroenverehrung. Oft war die Errichtung solcher Ehren- und Grabmäler von einer Umwandlung religiöser Werte und Bedeutungen begleitet und mit einem Transfer des Sakralen verbunden. Ein eindrucksvolles Beispiel finden wir in Saint Denis, wo Fragmente der zerstörten Königsgräber für ein Monument zu Ehren Marats Verwendung fanden. Aus den Sarkophagen der Könige „der ersten und einem Teil der zweiten Erbfolge" errichtete man eine Pyramide für Marat; sodann schuf man einen mit Bäumen bepflanzten Berg, der in seinem Innern eine „patriotische Grotte" aus weiteren Trümmern der Königsgräber barg, Marmorfragmente dienten als Säulen und Pfeiler, einige der Königsstatuen als Giebel.[128]

Das herausragende Projekt für eine Umwandlung des Sakralen war das *Panthéon*, schon 1791 als Zentrum eines neuen, „säkularen Heiligenkults" geplant und das einzige größere Vorhaben monumentaler Gestaltung, das während der Revolution auch weitgehend verwirklicht wurde. Es sollte das Sanktuarium, der „Temple civique" der Revolution werden.[129] Für das Panthéon erschien die Ste. Geneviève als der geeignetste Bau, der auch die ästhetischen Bedürfnisse des Neoklassizismus in der Revolution weitgehend befriedigte. Aber war es ein Zufall, daß dieser Bau, von Ludwig XV. als Dankesgabe für seine wunderbare Genesung angeordnet, auch Träger einer besonderen Sakralität war, da er als gewaltige Grabeshalle für die heilige Genovefa, die Schutzpatronin von Paris, bestimmt war? Hier hielt jetzt, nach einer gründlichen Säuberung des Gebäudes von allem Dekor der Vergangenheit, eine neue Schutzgöttin Einzug, die Freiheit, deren Statue man auf einem Globus über der Kuppel des Doms plazieren wollte, weithin sichtbar; der Globus selbst sollte als ein „kleines astronomisches Observatorium" genutzt werden. Statue und Globus erwiesen sich jedoch als überdimensioniert und als zu schwer, die Inthronisierung der „Freiheit" über diesem Gebäude blieb aus – ein Symbol des Scheiterns an so prominenter Stelle?

Das Panthéon war insgesamt ein Monument des Scheiterns, der Vergeblichkeit aller Anstrengungen, wahre Dauer zu erreichen. Hier sollte nur beigesetzt werden, wer wirklich Anspruch auf ewigen Ruhm erheben kann. Aber welcher Sterbliche vermöchte diesem Anspruch schon zu genügen? Der erste Heros, den man hereintrug, war Mirabeau. Wenige Tage nach seinem Tod im April 1791 beschloß die Nationalversammlung seine „Pantheonisierung" und – zu diesem Zweck – die Umgestaltung der Kirche Ste. Geneviève zum Panthéon français. 1793, nachdem Mirabeaus geheime Beziehungen zum Hof aufgedeckt worden waren, annullierte der Konvent den Beschluß. Am 21. September 1794 zog ein anderer Heros, Jean Paul Marat, ins Panthéon ein, während man Mirabeau durch einen Hinterausgang wieder aus der heiligen Stätte hinausschaffte. Marats Aufenthalt an diesem Ort war freilich von noch kürzerer Dauer: Er wurde im Februar 1795 wieder aus dem Panthéon verbannt. Ebenso erging es dem Leichnam Beaurepaires und den Schärpen Simonneaus und Lepelletiers; die Pantheonisierung Barras und Vialas scheiterte am Thermidor. Die Pantheonisierung wollte nicht gelingen; statt einer Auslese der erhabensten Geister und Heroen bot das Panthéon eine Folge von Ausschlüssen[130] – Ausschluß schließlich der Revolutionshelden überhaupt, denn nach dem Reinfall, den man mit Mirabeau erlebt hatte, war man vorsichtig geworden, und der Konvent erließ ein Gesetz, nach dem erst zehn Jahre (der Dekadi heiligt die Geschichte) nach seinem Ableben ein Heros die Ehren des Panthéons erhalten könne; im Falle Marats hatte man allerdings noch einmal eine Ausnahme gemacht. Nur ganz abstrakt wollte man noch die Gefallenen des 10. August mit einer Gedenksäule im Panthéon ehren. Aber auch über die großen Gestalten der Vergangenheit vermochte man sich nicht einig zu werden, weder Descartes noch Fénélon, Mably oder Buffon, die zur Diskussion standen, fanden ungeteilte Zustimmung. Nur Voltaire, schon 1791 pantheonisiert, und Rousseau, der ihm 1794 folgte, fanden einen dauerhaften Platz. Ihre Särge (während der Restauration vorübergehend wieder entfernt) sind die einzigen Zeugen, die die Revolution im heutigen Paris hinterlassen hat.

Quatremère de Quincy, den die Konstituante 1791 mit den Umbauarbeiten der Ste. Geneviève beauftragt hatte, dachte ohnehin weniger an ein Mausoleum – St. Denis war ihm ein Horror – als an eine erhabene Stätte der ewigen Tugend, die ihren Sitz nicht in der Vergänglichkeit des Menschen, sondern in Abstraktionen hat. Seine Idee war ein Pantheon der Tugenderziehung, ausgestattet mit Statuen und Reliefs, ohne Büsten und Sarkophage. Die reale Geschichte sollte in dieser geheiligten Stätte keinen

Ort, keine Repräsentation haben. So war das Panthéon in seiner Vorstellung keine Stätte der revolutionsgeschichtlichen Kommemoration, sondern eine Kathedrale des „civisme", ein in Stein gehauener Katechismus der Moral, der die Geschichte überdauert, ein unzerstörbarer Quell sittlicher Bildung und Erneuerung der Gemeinschaft.[131] Quatremère gab eine Serie von Monumenten in Auftrag, die in ihrer Gesamtheit einen Elementarkurs über die Grundlagen der menschlichen und staatsbürgerlichen Gesellschaft darstellen; sie reichten von Gestaltungen der Menschenrechte, der patriotischen Tugenden und des Gehorsams vor dem Gesetz über Darstellungen des „Unterrichts" bis hin zu solchen der „Physik" und der „Astronomie". Insgesamt waren 32 Statuen geplant, von denen die meisten auch vollendet wurden – das Ensemble eines ganz von der neoklassizistischen Ästhetik durchdrungenen Raums, eine der wenigen großen künstlerischen Realisierungen der Revolution. Der Raum wurde während der Restauration, nach der Rückgabe der Ste. Geneviève an die katholische Kirche, zerstört.[132]

Aus dem Panthéon wurde später eine nationale Weihestätte, die ihren Anspruch auf Universalität verlor, den Quatremère mit seinem Programm der in Marmor gemeißelten Grundrechte und Grundwerte der Menschheit umsetzen wollte. Das Panthéon ist so ein Symbol des Scheiterns für den ebenso verständlichen wie vermessenen Versuch, diese Grundwerte als absolute Werte und die Vorbilder der Tugend als ewige Leitbilder für alle Zeiten festzuhalten und zu verewigen. Seine kalte, abstrakte Erhabenheit kündet heute von der Dialektik der Revolution, von der Leere des Raums, die sie freisetzte, und dem Bemühen, diese Leere durch eine überdauernde Größe auszufüllen, die alles menschliche Maß übersteigt, von dem widersprüchlichen und vergeblichen Versuch, eine rationale, demokratische und „menschliche" Gesellschaft auf dem Fundament eines moralischen Absolutismus zu errichten. In der Erhabenheit des Panthéons manifestiert sich, so scheint es, die beschwörende Anrufung des „Höchsten Wesens", der Wunsch nach einem neuen Götterhimmel und nach einer letzten Sicherheit, die aus der Entzweiung herausführt und doch nur in der Vernichtung der Würde des menschlichen Individuums endet, so wie dieses Individuum in den Amphitheatern verschwindet und in der Terreur vernichtet wird; der Wunsch nach einem letzten Garanten, der von der Angst befreit und doch wieder nur eine unendliche Angst erzeugt, weil er die Kontingenz der Geschichte vernichtet und damit das wirkliche Medium auslöscht, in dem die Menschen allein eine rationale Identität aufbauen können.

Anmerkungen

Abkürzungen:

PV CIP = Procès-verbaux du Comité d'instruction publique de la Convention Nationale, Hg. J. Guillaume, Bd. 1–7, Paris 1890–1907
A.P. = Archives parlementaires, Série 1
A.N. = Archives Nationales, Paris
A.D. = Archives départementales
A.M. = Archives municipales
B.N. = Bibliothèque Nationale
B.M. = Bibliothèque municipale
BHVP = Bibliothèque historique de la Ville de Paris

Einleitung

1. G. Romme, Rapport sur l'ère de la République. In: PV CIP Bd. 2, S. 440f
2. F. Furet, 1789 – Vom Ereignis zum Gegenstand der Geschichtswissenschaft, Frankfurt/M.–Berlin–Wien 1980; A. Cochin, Les Sociétés de Pensées et la Démocratie, Paris 1921
3. L. Hunt, Symbole der Macht – Macht der Symbole. Die Französische Revolution und der Entwurf einer politischen Kultur, Frankfurt/M. 1989

Teil I, Kapitel 1

1. PV CIP, Bd. 3, S. 249ff
2. W. Kula, Measures and Men. Princeton/New Jersey 1985, S. 238
3. A.P., Bd. 70, S. 71f
4. PV CIP, Bd. 3, S. 249ff
5. A.N., F^{12} 1005^B–911
6. A.N., F^{12} 1288, doss. 1
7. 50 francs Strafe wurden dem angedroht, der noch die alten Maße verwendete.
8. D. Roncin, Mise en application du système métrique (7. avril 1795–4. Juillet 1837), in: Cahiers de Météorologie t. 1, 1884, S. 69
9. W. Kula, Measures and Men, a.a.O., S. 251
10. B. Baczko, Lumières de l'utopie, Paris 1978, S. 230f
11. A.N., F^{13} 903. Vgl. a. F. Gerbaux, Le mètre de marbre de la Rue de Vaugirard, in: La Révolution française, t. XLVI, 1904
12. A.N., F^{17} 1135, doss. 16
13. Kula, Measures and Men, a.a.O., S. 243
14. A.N., F^{17} 1244^A, no. 166
15. A.N., F^{17} 1354, doss. 1
16. A.N., F^{IC} I–86
17. A.N., DXXXVIII–2, doss. 21
18. A.N., F^{17} 1008^A–1371; 1373
19. A.N., F^{17} 1008^A–1341; F^{17} 1007–1237
20. Dokumente in: A.N., D IV bis 80
21. A.N., F^{17} 1359, doss. 2
22. Figueres, Index des noms révolutionnaires des communes de France, Paris 1896
23. M. Vovelle, Religion et Révolution, Paris 1976, S. 157ff
24. Nach: Ebd. S. 162
25. Zusammengestellt nach: J. Debal u.a., Histoire d'Orléans et de son territoire, t. 2, Roanne/Le Coteau 1982; A.M. Orléans, Série 2J
26. A.N., F^{17} 1010^D–3817
27. Prevot, Instruction du père Gérard à son fils, sur la Révolution française, Paris o.J.
28. Jault, Projet d'une nouvelle nomenclature des rues de l'arrondissement de la Section de Bonne-Nouvelle, Paris An II
29. Sade, Projet tendant à changer le nom des rues de l'arrondissement de la Section des Piques (17. Brumaire II), in: ders., Opuscules et lettres politiques, Paris 1979, S. 133ff
30. A.N., F^{17} 1009^A–1983
31. Husson, Idées sur une nouvelle dénomination des rues et quartiers de Paris (Germinal II), A.N., F^{17} 1010^A–2491
32. PV CIP, Bd. 2, S. 774f
33. Chamoulaud, Réflexions sur le plan pour la régénération des mœurs en France (Brumaire II): A.N., F^{17} 1006–1043

34 Avril, Rapport au Conseil général de la Commune de Paris sur quelques mesures à prendre en changeant les noms des rues, Paris An II
35 Grégoire, Système de dénominations topographiques pour les places, rues, quais etc. de toutes les communes de la République, Paris An II
36 A.N., F^{13} 732
37 F.J. Meyer, Fragmente aus Paris im IV. Jahr der Französischen Republik, Hamburg 1797, Bd. 1, S. 22 u. 33
38 Beschluß des Conseil général vom 8. Tag der 2. Dekade des Jahres II; den gleichen Beschluß gab es in Le Havre: A.M. Le Havre, I¹ 6.
39 A.N., F^{13} 964
40 A.N., F^{7*} 2495
41 M. Tourneux, Bibliographie de l'histoire de Paris pendant la Révolution française, Bd. 3, Paris 1900
42 Beschluß vom 30. Ventôse III: A.D. Seine, DL¹ 1
43 Materialgrundlage: A.D. Seine-et-Oise, 1 LM 421–424; A.D. Seine inférieure, L 1179, L 352–365; A.D. Loire inférieure, L 352–360; A.D. Indre, L. 305–314, L 44.
44 A.N., F^{13} 330
45 Cantarel-Besson, La naissance du Musée du Louvre, Paris 1981, Bd. 1, S. 82f
46 PV CIP, Bd. 4, S. 371
47 A.N., F^{17} 1039, doss. 7
48 A.D. Côte-d'Or, L 478
49 A.N., D XXXVIII-5, dossier 70
50 A.N., C 147, dossier 26
51 A.N., D XXXVIII-5, dossier 70
52 Moniteur no. 226, 13.8.1792
53 A.N., AD VIII-34
54 Musée Carnavalet, La Révolution française – Le premier Empire. Dessins du Musée Carnavalet, Paris 1983, S. 147
55 Discours prononcés les jours de décade dans la Section Guillaume Tell, Bd. 2, S. 20
56 M. Agulhon, Marianne into Battle. Republican Imagery and Symbolism in France 1789–1880, Cambridge 1981, S. 23
57 Annonce à tous les Français (B.N. Lb^{39} 10552)
58 A.N., C 182, dossier 102
59 Rituel Républicain. Fête de l'Unité (10.8.93). Paris An II, S. 12
60 Ebd.
61 Manuel des fêtes nationales, Paris An III, S. 174ff
62 Meyer, Fragmente ..., a.a.O., S. 41; F. Boyer, Les Tuileries sous la Révolution (1792–1799), Paris 1935, S. 46
63 Siehe H.-C. und E. Harten, Die Versöhnung mit der Natur. Gärten, Freiheitsbäume, republikanische Wälder, heilige Berge und Tugendparks in der Französischen Revolution, Reinbek bei Hamburg 1989
64 A.M. Marseille, 1 D 4 (14. Brumaire II)
65 A.M. Marseille, 1 D 14 und 1 D 15
66 A.D. Gironde, 3 L 346. Siehe hierzu auch H.-C. u. E. Harten, a.a.O., S. 137f
67 Fête civique qui sera célébrée à Rouen le 10 Frimaire ... (An II): A.M. Rouen, I^6; A.D. Seine inférieure, L 5697
68 A.M. Orléans, 1 J 51
69 A.D. Bouches du Rhône, L 2028
70 A.D. Yonne, L 224
71 Zum Freiheitsbaum siehe H.-C. u. E. Harten, a.a.O.
72 A.M. Rouen, I.A
73 A.N., D XXXVIII-1; Almanach de Versailles et du Département de Seine-et-Oise, Année 1791, S. 154ff
74 A.N., F^{17} 1350, dossier 4

75 H.-C. u. E. Harten, a.a.O., S. 127ff
76 Papiers inédits trouvés chez Robespierre, Saint-Just, Payan etc., Nachdruck Genève 1978, Bd. 1, S. 185f
77 R. Darnton, Der Mesmerismus und das Ende der Aufklärung in Frankreich, Frankfurt/M.–Berlin 1986; Mesmer mesmerierte Bäume und verband Patientengruppen mit ihnen durch Seile, damit das Fluidum in sie hineingelange.
78 A.D. Somme, La 393
79 Dies geht aus einer Notiz der Stadtverwaltung hervor: A.M. Orléans, 2 J 13
80 A.N., F^{17} $1008^B - 1412$
81 P. Gaffarel, Marseille Sans Nom, in: La Révolution française 30, no. 9, 1911
82 Papiers inédits trouvés chez Robespierre, Saint-Just, Payan etc., a.a.O., Bd. 2, S. 287
83 P. Caron, La commission civile-révolutionnaire et de surveillance d'Aveyron, in: La Révolution française, 84, 1932, S. 342
84 Zit. n. S. Zweig, Joseph Fouché. Bildnis eines politischen Menschen, Frankfurt/M. 1981, S. 52f
85 Papiers inédits trouvés chez Robespierre, Saint-Just, Payan etc., a.a.O., Bd. 1, S. 317
86 A.a.O., S. 323f
87 A.a.O., S. 362
88 A.a.O., S. 32; J.P. Gross, Saint-Just. Sa politique et ses missions, Paris 1976, S. 263
89 Zit. n. H. Goetz, Marc-Antoine Jullien de Paris (1775–1848). Der geistige Werdegang eines Revolutionärs, Zürich 1954
90 Zit. n.: a.a.O., S. 53
91 A.D. Yonne, L 1140
92 A.D. Côte d'Or, L 478
93 A.N., F^{17} $1005^A - 703$
94 PV CIP, Bd. 2, S. 837f
95 A.N., F^{17} 1007–1233; Vgl. F^{7*} 2495 (24. Brumaire II)
96 A.N., F^{13} 218^A doss. Seine inférieure; A.D. Seine inférieure, L. 1183
97 A.N., D^* XXXV^C, no. 1462
98 Siehe zu diesem Vorhaben Hennequins: A.D. Rhône, 1 L 1076; A.M. Lyon, Procès-verbaux des séances du Corps municipal de la Ville de Lyon. Lyon 1905, t. V, 29. Prairial und 5. Messidor II; A.N., F^{17} 1056, doss. 14; s.a. L. Trénard, Lyon, De l'encyclopédie au Préromantisme. P.U.F. 1958, Bd. 2, S. 371
99 A.D. Rhône, 1 L 1076
100 Am 30. Pluviôse II wurde das Werk im Saal der Distriktverwaltung aufgehängt. Colin verzichtete auf eine Bezahlung und erbat sich statt dessen die abgenommene Christus-Darstellung; dies wurde ihm gewährt, „bien certain que sa demande était celle d'une artiste et non d'un fanatique". A.D. Île-et-Vilaine, L 1355
101 A.D. Puy-de-Dôme, L 2217 (Avis aux artistes); A.M. Bordeaux, R. 2
102 A.N., F^{13} 1279, doss. 4
103 Les Architectes de la Liberté 1789–1799, Hg. École nationale supérieure des Beaux-Arts, Paris 1989, S. 168
104 A.N., F^{13} 725
105 A.N., F^{13} 281^A
106 A.N., D^* I § 2 t. 3
107 F. Boyer, Les Tuileries ..., a.a.O., S. 23; A.N., F^{13} 281^A
108 A.N., C 263 no. 587, Gesetz vom 15. Brumaire II; Boyer, Les Tuileries ..., a.a.O., S. 30ff; J. Traeger, Der Tod des Marat. Revolution des Menschenbildes, München 1986
109 L. Hautecœur, Histoire de l'architecture classique en France, Bd. V, Paris 1953, S. 118
110 A.N., AF III–109, doss. 503
111 A.N., F^{17} 1058, doss. 16
112 A.N., F^{21} 586

Kapitel 2

1. A.D. Gers, L 693
2. Discours prononcés les jours de décade dans la Section Guillaume Tell, a.a.O., Bd. 1 (30. Brumaire II)
3. A.N., F^{7*} 2495 (7. Frimaire II)
4. J. de Vignerie, Christianisme et révolution, Paris 1986, S. 166f; A.D. Puy-de-Dôme L 2224
5. R.W. Cobb, Les armées révolutionnaires, Paris 1961, S. 680
6. A.a.O., S. 649ff; 639
7. A.M. Versailles, M^2 1458
8. R. Vaillant, Le sort des cloches d'Amiens pendant la Révolution, in: Bulletin de la Société des Antiquaires de Picardie, 2. Trimestre, 1985, S. 49
9. Extrait du registre des délibérations de l'assemblée générale, 25. Brumaire II (B.N. Lb^{40} 1807 (2))
10. Arrêté du Représentant du Peuple Albitte, Bourg régénéré, 7. Pluviôse II (B.N. Lb^{40} 4671)
11. Arrêté du représentant du Peuple Faure, Sarrelibre, 27. Nivôse II (B.N. Lb^{41} 4693)
12. Zit. n. J. Charrier, Histoire religieuse du Département de la Nièvre pendant la Révolution, Paris 1926, S. 314
13. L. Réau, Les monuments détruits de l'art français, Bd. 1, Paris 1959
14. Ebd.
15. Zum revolutionären Vandalismus siehe auch: G. Gautherot, Le vandalisme jacobin, Paris 1914
16. A.N., D XXXVIII-5, dossier 72
17. A.N., C 278, dossier 744
18. A.N., F^{17} 1305, dossier 7
19. A.N., F^{13} 964
20. Réau, Histoire du vandalisme ..., a.a.O., Bd. 1, S. 299
21. H. Berger, Die religiösen Kulte der Französischen Revolution und ihr Zusammenhang mit den Ideen der Aufklärung, Freiburg 1914, S. 59
22. PV des séances de la Société populaire de Rodez. Archives historiques de Rouergue III, Rodez 1912, S. 685
23. A.a.O., S. 246
24. J. Charrier, Histoire religieuse du Département de la Nièvre pendant la Révolution, a.a.O., S. 223
25. C. Aimond, Histoire religieuse de la Révolution dans le département de la Meuse et la diocèse de Verdun (1789-1802), Roanne 1988, S. 330f
26. D. Lottin, Recherches historiques sur la Ville d'Orléans, 2e partie, t. 2. Orléans 1838, S. 441
27. A.N., F^{17} 1044
28. A.N., F^{17} 1056, doss. 2; F^{17} 1265, doss. 3 no. 225
29. Rapport sur les ci-devant églises qui doivent être conservées, comme moyens offrants des Beautés en architecture et pouvant servir aux fêtes décadaires. (15. Prairial II). A.N., F^{17} 1305, doss. 8
30. A.N., F^{17} 1008^A-1365
31. A.N., F^{17} 1009^A-1766
32. A.M. Versailles, P^5 1812
33. A.N., F^{17} 1008^C-1571
34. Siehe z.B.: Anonym, Essai d'instructions élémentaires sur la morale républicaine. Germinal II: A.N., F^{17} 11648 no. 30
35. Discours prononcés les jour de décade dans la Section Guillaume Tell, a.a.O.
36. A.M. Rouen, I 6 B
37. G. Delahache, Deux notes sur la cathédrale de Strasbourg au XVIIIe siècle, in: Archives Alsaciennes d'histoire de l'art 1, 1922
38. Cobb, Les armées révolutionnaires, a.a.O., S. 655
39. A.N., F^{17} 1009^A-1827

40 Ausführlich hierzu: H.-C. u. E. Harten, a.a.O., S. 127ff
41 In zahlreichen Fällen waren bereits im Jahr II in den Kirchen provisorisch Gerüste in Form von Amphitheatern für die republikanischen Feste konstruiert worden, die mit der Freigabe der Kirchen für den Katholizismus wieder zerstört wurden. So beschloß beispielsweise die Departementverwaltung von Paris im Messidor III, die Konstruktion im Kirchenschiff der Ste. Marguerite zu zerstören, die zuvor der Sektion Montreuil als Versammlungsort gedient hatte: „Les citoyens de la section de Montreuil, pour tenir leurs assemblées politiques, n'ont pas besoin de gradin d'amphithéâtre et de tribunes." A.N., F¹³ 503. – Ebenso wurde das Holzgerüst in der Kathedrale von Rouen im Jahr IV wieder zerstört. A.M. Rouen, I 6.B-1
42 A.D. Gironde, 3 L 347
43 A.N., F¹³ 729 (Loiret)
44 Michelan, Observations intéressantes sur l'éducation des enfants et sur les fêtes décadaires, 9. Brumaire VII: A.N., F¹⁷ 1344³⁶, dossier 7
45 Bibliothèque municipale de Versailles, Ms. 555 F
46 A.M. Versailles, P⁵ 1812
47 A.D. Sarthe, L 2150
48 A.N., F¹ᶜ I-87
49 J.B. Leclerc, Règlement à la suite du Rapport sur les institutions civiles, Conseil des Cinq-Cents, 17. Brumaire VI, S. 60
50 A.D. Seine inférieure, L 1183

Kapitel 3

1 Die Festprotokolle waren Instrumente der politischen Kontrolle. Mit ihnen lieferten die Kantonalstädte den Nachweis, daß sie die Gesetze erfüllten; revolutionäre Monumente waren ein Beweis einer besonders republikanischen Gesinnung und dürften schon aus diesem Grund in der Regel erwähnt worden sein.
2 Datengrundlage: Siehe Kap. 1, Anm. 43
3 Diese Daten beruhen nicht auf einer systematischen empirischen Untersuchung: Materialbasis sind die in dieser Arbeit gefundenen und herangezogenen Protokolle von Festen und Sitzungen von Sociétés populaires, Sektionen oder Verwaltungen. Die Zahlen lassen gleichwohl verallgemeinernde Annahmen über die qualitative Struktur der Verteilung revolutionärer Büsten zu.
4 A. Soboul, Les Sans-culottes parisiens en l'an II. Paris 1958, S. 976
5 A.D. Orne, L 1290
6 A.D. Puy-de-Dôme, L 2217
7 A.D. Marne, 1 L 282
8 Ebd.
9 J. Daoust, Fécamp, L'Abbatiale de la Sainte-Trinité, Fécamp 1983
10 A.N., F⁷ˣ 2495
11 J. de Louche, Figures Lyonnais, Lyon 1932, S. 43
12 A.D. Seine, DL¹ 5; A.N., F⁷ˣ 2510
13 Ein Beispiel für die weibliche Repräsentation des triumphierenden – nicht des kämpfenden – Volkes ist das Arrangement einer „lebenden Gruppe" für die Darstellung der Souvraineté du Peuple, das man beim Fest des 30. Ventôse VII in Treigny traf: „la figure de la souveraineté et celle du peuple a été représenté par deux jeunes filles choisie et reconnue pour être vertueuse vêtue en blanc et décoré des couleurs nationales. l'une figurant la souveraineté debout et l'autre figurant le peuple assise couronné de chêne et de laurier. A leurs pieds étoit un jeune homme enchainé représentant le despotisme." A.D. Yonne, L 234
14 A.M. Marseille, 1 D 11
15 Fête à l'Être suprême célébrée à Commune-Affranchie. A Commune-Affranchie ou Lyon régénérée, an II.
16 A.D. Yonne, L 234

17 A.D. Seine-et-Oise, 1 LM 422
18 A.M. Marselle, 1 D 14
19 In einem Bericht des Departements über Chinard ist von insgesamt 15 „statues colossales" die Rede – Freiheits- und andere Statuen –, die er für die Stadt angefertigt hat: A.D. Rhône, 1 L 1076
20 A.M. Lyon, I^1 154
21 A.N., F^{13} 217
22 A.M. Marseille, 1 D 4
23 A.D. Loire inférieure, L 354
24 A.N., C 357, doss. 1893
25 A.D. Yonne, L 224
26 A.D. Loire inférieure, L. 352 (Fest des 10. Messidor II); A.N., D XXXVIII-1, doss. 7
27 A.D. Seine inférieure, L 358; H.-C. u. E. Harten, a.a.O., S. 136f
28 A.D. Loire inférieure, L 354
29 A.N., F^{17} 1010^A-3113
30 A.N., F^{17} 1010^D-3824
31 H.-C. Harten, Elementarschule und Pädagogik in der Französischen Revolution, München 1990
32 J. Debal, Hg., Histoire d'Orléans, a.a.O., S. 172f

Teil II, Kapitel 1

1 Le Mercier de la Rivière, De l'instruction publique; ou Considérations morales et politiques sur la nécessité, la nature et la source de cette instruction. Paris 1775, S. 112
2 B.G.E. Lacépède, Vues sur l'enseignement public, Paris 1790
3 M.A. Estienne, Discours sur l'éducation publique, Arras o.J.
4 A. Deleyre, Idées sur l'éducation nationale, Paris 1793
5 C. M. de Talleyrand-Périgord, Rapport sur l'instruction publique, Paris 1791
6 A.G. Kersaint, Discours sur les monuments publics, Paris 1792
7 H. G. R. de Mirabeau, Discours sur l'éducation nationale (1791), in: A. P., Bd. 30, S. 528
8 Zum Projekt der Gesetzestempel siehe auch A.N., F^{1C} Seine 13 (PV Conseil général du département de Paris 15.12.1791
9 Kersaint, Discours S. 45
10 Vgl. hierzu Werner Szambien, Les Projets de l'An II. Concours d'architecture de la période révolutionnaire, Paris 1986. – Zur Kunstpolitik der Revolutionszeit siehe auch J.A. Leigh, The Idea of Art as Propaganda in France 1750-1799, Toronto 1965
11 Nach einer Liste in den Archives Nationales hatte die Société 633 Mitglieder, davon 324 Maler, 97 Bildhauer, 114 Architekten und 98 Graveure. A.N., F^{17} 1326, dossier 11
12 Détournelle, Aux Armes et aux arts! Journal de la Société populaire et républicaine des arts, Paris An II, S. 15
13 A.a.O., S. 16f
14 A.a.O., S. 152ff
15 A.a.O., S. 282ff
16 BHVP, Ms. 771 no. 160 fo. 235ff
17 Ebd. fo. 254
18 PV Conv. Bd. IV, S. 250
19 Zit. n. K. Scheinfuß, Von Brutus zu Marat. Kunst im Nationalkonvent 1789-1795, Dresden 1973, S. 63ff
20 J.E. Schlanger, Théâtre révolutionnaire et représentation du bien, in: Poétique 6/1975
21 Vorbereitende Maßnahmen zur Ausführung des Gesetzes werden noch im Nivôse II geschaffen, als der Innenminister Pache den Unternehmer Scellier (der auf republikanische Abbrucharbeiten spezialisiert war) autorisierte, „pour réunir et recueillir dans des dépôts les débris de ce genre tels

que ceux des statues gothiques de la cidevant église de Notre-Dame et d'autres édifices devenues biens nationaux".
22 H. Lapauze, Procès-verbaux de la Commune des arts et de la Société populaire et républicaine des arts, Paris 1903, S. 142
23 Boyer, Les Tuileries ..., a.a.O., S. 46
24 Offenbar modifizierte der Wohlfahrtsausschuß diesen Punkt, da in dem Beschluß vom 25. Floréal von Figuren der republikanischen Tugenden die Rede ist.
25 Hubert, Rapport sur l'embellissement du Palais et du Jardin National, du Pont et de la Place de la Révolution, présenté au Comité du Salut public, 20. Frimaire II. A.N., AD VIII-34
26 Zit. n. Scheinfuß, Von Brutus zu Marat, a.a.O.
27 A.N., C 364, pl. 1
28 Barère, Rapport sur la suite des évènements du siège d'Ypres, et sur les monuments nationaux environnant Paris. 13. Messidor II. (PV Conv. Bd. IV, S. 734ff)
29 B. Baczko, Lumières de l'utopie, Paris 1978, S. 370
30 A.N., F[17] 1281 doss. 12
31 P.S. Dupont de Nemours, Sur les institutions religieuses dans l'intérieur des familles, Paris o.J.
32 Materialgrundlage für die Statistik: A.N., D* XXXV^c-1 u. 2; Notice des ouvrages ..., Coll. Deloynes LVI (BN, Cab. Est.); Portiez, Rapport sur les concours de sculpture, peinture et architecture ouverts par les décrets de la Convention Nationale, Paris An III
33 B.N., Lequeu Ha 80, 2e Partie, fo. 73
34 A.N., F[17] 1057, dossier 3
35 Später umgeändert in eine Marmorstatue. A.N., F[17] 1056
36 Die Wettbewerbe und Preise für Medaillen und Gemälde sind hier nicht berücksichtigt.
37 Es handelt sich um die Werke Van der Burchs, Prud'hons, Vernets und Meyniers. Siehe A.N., F[17] 1056 und 1057
38 Ministère de l'Intérieur, Appel aux artistes. Paris An IV (B.N. Fol. Lb[42] 2732)
39 François de Neufchâteau, Recueil des lettres, circulaires, instructions, programmes, discours et autres actes publics. Paris An VII-VIII (1. Brumaire VII).
40 Bibliothèque Municipale Angers, Ms. 1273
41 Moniteur Bd. 29 (1798), S. 323
42 P. Chaussard, Essai philosophique sur la dignité des arts, Paris Ventôse VI.
43 J.B. Say, Olbie, ou Essai sur les moyens de réformer les mœurs d'une nation, Paris An VIII
44 Eine Konzeption, die vor allem von Quatremère de Quincy und Emeric-David vertreten wurde: Quatremère de Quincy, Considérations sur les arts du dessin en France, suivies d'un plan d'Académie, ou d'école publique, et d'un système d'encouragement, Paris 1791; T.D. Emeric-David, Musée olympique de l'école vivante des Beaux-arts, Paris An IV.
45 Ph. Chéry, Apperçu d'un plan de décorations propres à faciliter l'instruction publique et le progrès des arts, A.N., F[IC] I 86
46 P. Chaussard, Monuments de l'Héroisme français, Paris o.J. (BN, Coll. Destailleurs)
47 A.N., F[17] 1059, dossier 3
48 H.-C. u. E. Harten, Die Versöhnung mit der Natur, a.a.O., S. 146f
49 A.N., F[17] 1056, doss. 15

Kapitel 2-4

1 Auf diese Funktion war auch der Plan der „Commission des artistes" für die Reorganisation des Straßensystems von Paris bezogen: G. Bardet, Naissance et méconnaissance de l'urbanisme, Paris 1951
2 Im Programm für den Grand Prix de l'architecture des Jahres 1783 heißt es: „Une ménagerie renfermée dans le parc du château d'un souverain, l'emplacement sera un quarré de trois cent toises de chaque côté. On placera dans ce projet, un amphithéâtre et arènes découvertes propres

aux combats des animaux, avec des gradins et loges pour les spectateurs." PV de l'Académie royale d'Architecture, Bd. IX, 1780-1793, Paris 1926, S. 100f
3 Baczko, Lumières d l'utopie, a.a.O., S. 380
4 Poyet, Idées générales sur le projet de la fête du 14 juillet, Paris 1790; s.a. M.L. Biver, Fêtes révolutionnaires à Paris, Paris 1979
5 Zit. n. Biver, a.a.O., S. 210f
6 Poyet, Projet de cirque national et des fêtes annuelles, Paris 1972, S. 16
7 A.M. Orléans, 5 M 14
8 A.M. Bordeaux, M 3
9 A.N., F^{13} 1711
10 A.M. Bordeaux, M 3
11 H.-C. Harten, Elementarschule und Pädagogik in der Französischen Revolution, München 1990, S. 299ff
12 A.N., F^{1C} I 84; A.N., N III Seine 416. Es handelt sich um eine „republikanisierte" Version eines schon vorher veröffentlichten Konzepts: ders., L'Héroisme uni. Paris 1791
13 D. Le Roy, Théâtre des Patriotes. In: Détournelles, Aux armes et aux arts ..., a.a.O., S. 171ff; A.N., F^{17} 1009^A-pl. 1
14 A.N., F^{17} 1303, dossier 1
15 Siehe hierzu D. Rabreau, Architecture et fête dans la nouvelle Rome. In: J. Ehrard/P. Villaneix, Hg., Les Fêtes de la Révolution. Paris 1977, S. 372
16 W. Szambien, Les projets de l'an II ..., a.a.O., S. 67
17 Zit. n. ebd., S. 74f
18 A.N., F^{13} 721; vgl. ders., Grands monuments (1794)
19 Gillet, Programme d'un projet pour le monument de la place de la Concorde ou de l'union, 20. Prairial IV: A.N., F^{13} 204, doss. 3
20 J.B. Leclerc, Motion d'ordre sur la construction d'un cirque au Champ de Mars. Conseil des Cinq-Cents, 3. Vendémiaire VII
21 A.N., F^{1C} I 87
22 Thiessé, Opinion sur le second project présenté par la Commission des institutions républicaines ..., Conseil des Cinq-Cents, 29. Messidor VI
23 Sherlock, Motion d'ordre sur la disposition des fêtes nationales. Conseil des Cinq-Cents, 11. Thermidor VI
24 A.N., F^{13} 531
25 A.N., F^{1C} I 86
26 Sevestre, Observations sur les fêtes nationales (19. Thermidor IV); Saunier, Observations soumises au Directoire exécutif sur les fêtes publiques (o.J.): A.N., F^{1C} I 85
27 A.N., F^{13} 531
28 Françoise Boudon, Un projet de stade devant la colonnade du Louvre au début de l'empire. Bull. de la Soc. de l'hist. de l'art franç., 1973, S. 239ff
29 Combes, Plan général d'une place et d'un palais de la nation pour la tenue de l'assemblée nationale, projetté sur l'emplacement de la Bastille. A.N., N IV Seine 87
30 Mouille-Farine, Mémoire sur le remplacement de la Bastille ... (1790): A.N., N IV Seine 87
31 Rousseau, Considérations sur l'établissement à l'Assemblée Nationale ..., 1789: A.N., AD VIII-34
32 A.N., N III Seine 789
33 Siehe z.B. das Projekt von Moll (1791): A.N., C 82, dossier 809; oder Lambert, Opinion et projet de décret pour la translation des séances de l'Assemblée nationale, et des grands établissements publics, au Louvre (1792). Siehe hierzu: Elke Harten, Museen und Museumsprojekte der Französischen Revolution, Münster 1989
34 J. Chevret, De l'éducation dans la République, et de ses moyens de prospérité ..., Paris 1972; ähnlich: A. Jogues, Précis ou Analyse d'un plan d'instruction publique, Paris 1973
35 F. Lanthenas, Bases fondamentales de l'instruction publique et de toute constitution libre ..., Paris 1793, S. 123

36 Bancal, Du nouvel ordre social, Paris 1792, S. 33 ff
37 J. Hunque, Moyens d'amélioration et d'embellissement, pour les campagnes: B.N., Ms. n.a.fr. 9192, f° 134 ff (papiers Ginguené)
38 Laborie, Analyse d'un temple de la concorde, dédié à Louis XVI. s.l.s.d. – Laborie, Architekt in Levignac, sandte ein Modell seines Tempels an die Konstituante; 1793 ging es bei Aufräumarbeiten – wohl im Zusammenhang mit der Ausgliederung royalistischer Werke – zu Bruch. A.N., D'I § 2, t. 3, no. 387
39 A.N., C 82, dossier 809; C 122, dossier 383
40 N. Goulet, Le Temple des lois et de la liberté, présenté au Comité de l'instruction de la Convention Nationale, Paris An II
41 Verhelst, Description d'un temple, présenté au concours (Paris 1794); ders., Temple de la Constitution française: A.N., F17 1326 no. 244. Siehe auch: A.N., F13 531; F17 1005A–896; F17 1010C–3262
42 An., Programme d'un temple de l'Égalité (B.N. Lb41 3863)
43 Weitere Beschreibungen bei Szambien, Les projets de l'an II …, a.a.O., S. 83 ff
44 A.N., F13 871
45 A.N., F17 1004C–631; 1005A–789
46 Anonym, Essai d'instructions élémentaires sur la morale républicaine. Germinal II: A.N., F17 11649 (30)
47 Delpy, Programme de célébration des fêtes décadaires …, s.d.; A.N., AF III 109, dossier 503
48 W. Szambien, Les projets de l'an II …, a.a.O., S. 113 f
49 Poyet, Forges Nationales, Paris An II
50 Lambert, Motion d'ordre en faveur des généraux de nos armées et Moyen de conserver les monuments les plus précieux qui existent tant à Paris qu'aux environs de cette commune …, Brumaire IV
51 David Le Roy, Projet d'embellissement des Champs-Elysées, 12. Ventôse VII: A.N., F13 531
52 A.N., F13 1192
53 A.N., F17 1009A – 1983
54 Giraud, Le vœu de la France ou Petition de la Patrie à son auguste Assemblée, 18.1.1792: A.N., F17 1004B–414
55 Siehe z.B. Gatteaux, Projet d'un monument pour consacrer la Révolution, Paris 1790
56 W. Szambien, Les projets …, a.a.O., S. 52 ff
57 Abbildung in: Musé Carnavalet, A.T. Brongniart, Paris 1986
58 Morize, Esquisse des honneurs à rendre aux régiments ou bataillons …, 23.10.1793: A.N., F17 1310, doss. 7; vgl. A.N., F17 1010D–3646
59 Voinier, Projet d'un monument triomphal, en l'honneur des quatorze armées de la République, Paris An III; s.a. A.N., F17 1281, doss. 10
60 A.N., F13 904
61 A.N., F13 325A
62 B.N., Cab. Est., Lequeu: Ha 80a, fo. 30
63 A.N., F17 1318, dossier 4; F14 191B
64 Giraud, Distiques révolutionnaires. 1793: A.N., F17 1004C–605
65 A.N., F13 506. Ähnlich das Projekt des Architekten Louis: A.N., F13 531
66 Berruer, Projet de monument pour le Champ de Mars, Paris (1790)
67 Sobre, Projet d'un monument à élever dans le Champ de la Fédération, Paris 1790
68 A.N., C 77, dossier 767
69 A.N., C 147, dossier 218
70 M. Vovelle, Die Französische Revolution, Frankfurt/M. 1985, S. 113
71 Projet d'un monument à la gloire de Louis XVI. 1790: A.N., D 1 § 2-1
72 Gois, Projet de Monument et fête patriotique, 7.2.1790
73 So z.B. auch in Prieurs Entwurf: A.N., D 1 § 2-1
74 A.N., D XXXVIII-2, doss. 21
75 A.N., F17 1048, doss. 1

76 A.D. Marne, 1 L 1252
77 Siehe E. Boullée, Architecture. Essai sur l'art, Paris 1968
78 A.N., F^{17} 1344^{35}, doss. 1. – Ähnlich das Projekt eines „Monument des défenseurs" von Percier und Fontaine aus dem Jahr II: W. Szambien, Les projets de l'an II, a.a.O., S. 82f
79 Geruzez, Monuments républicains, in: La Feuille Villageoise, 15. Frimaire II. Ähnlich schlug Heurtault-Lamerville im Conseil des Cinq-Cents vor, in allen Gemeinden „pyramides de reconnaissance" mit den Namen der Gefallenen des Ortes aufzustellen. Heurtault-Lamerville, Rapport sur les écoles spéciales de peinture, de sculpture et d'architecture. Conseil des Cinq-Cents, 6. Frimaire VI
80 G. Le Febure, République fondée sur la nature physique et morale de l'homme. o.O. 1798, S. 121
81 Lamiscarre schlug bereits im Frimaire VI vor, einen Triumphbogen für Napoleon zu errichten: Prospectus pour l'illustration de la paix. A.N., AF III 109, dossier 494
82 Musée Carnavalet, PC Topo 127 A. Siehe auch das Projekt Gillets für die Place Concorde: Gillet, Programme d'un projet ..., a.a.O.
83 Der Kommission gehörten Vien, David, Regnaud, Julien, Roland, Lemot, Lecomte, Mongez, Raymond, Chalgrin und Legrand an. Für die Ausführung veranschlagten sie 947534 f; das Projekt wird von der Regierung aus Kostengründen abgelehnt. A.N., F^{17} 1057, dossier 6
84 A.N., F^{21} 579, dossier 1
85 A.N., F^{13} 531
86 Poyet, Description de la colonne à ériger à la paix ... (Ventôse VI). A.N., AD VIII-34
87 Chamoulaud, Moyen de randre les Beaux-arts utiles à la chose publique et aux artistes. (Brumaire III). A.N., F^{17} 1281, dossier 10
88 C.P. Lesueur, Projet d'utilité et d'embellissement, pour la Ville de Paris, Adressé aux Sections. Paris 1790. A.N., F^{14} 187^B, dossier 13
89 Huvé, Prospectus d'un temple à l'égalité. 30. Floréal II. A.N., F^{17} 1010^C-3078
90 Nestolat, Idées sur la célébration des fêtes décadaires et les temples nationaux (Prairial II): A.N., F^{17} 1010^C-3086; F^{17} 1326 dossier 4
91 Castel, Mémoire ou Plan qui intéresse vivement l'honneur de la Nation (An IV), A.N., F^{17} 1244^A
92 Mangin/Corbet, Projet d'embellissement de Paris entre les Champs-Elysées et la rue St. Antoine: A.N., N III Seine 1197; dies., Exposé et analyse du plan et projet présenté à l'assemblée nationale, Paris 1791/1792
93 An., Observations sur la manière dont le Pavillon national a été aboré dans la ville de Paris. o.J. A.N., F^{10} 236
94 A.N., D I § 2-1, doss. 2
95 Gatteaux, Projet d'un monument ..., a.a.O.
96 Brullée, Mémoire, présenté à l'Assemblée Nationale, Paris 1789. Plan: Musée Carnavalet, PC Topo 68 F. Siehe auch A.N., D XXXVIII-2; Cathala, Projet de gare, de greniers à bleds et d'une place sur les terrains de la Bastille (B.N.)
97 Corbet, Projet d'une Place publique à la gloire de Louis XVI sur l'emplacement de la Bastille, 1789; A.N., N IV Seine 87
98 Palloy, Projet général d'un monument à élever à la gloire de la Liberté, sur les terrains de la Bastille ..., Paris 1792
99 Extrait d'un ouvrage qui intéresse toute la nation; par un Citoyen vrai patriote, et Ami de l'Humanité (1792)
100 Thérèse de Puylaroque, Pierre Baltard, Peintre, architecte et graveur. 1764-1846. Paris 1981, S. 92
101 Lebœuf, Aperçu d'une fête républicaine, 11. Fructidor IV. A.N., F^{1C} I 85
102 Balsac: Bibliothèque historique de la Ville de Paris, G 460; s.a. Anonym, ebd. B 48; Ramel, Discours, Conseil des Cinq-Cents 8. Pluviôse IV; Barère, Rapport sur les domaines nationaux à réserver au Roi, 26. mai 1791. Paris 1791; A.N., C 82, doss. 809
103 B.N. Cab. Est.; A.N., N IV Seine 87

104 Poyet, Projet pour employer quarante mille personnes, tant artistes qu'ouvriers, à la construction d'une place dédié A LA NATION, Paris o.J.; A.N., AD VIII-34
105 Poyet, Projet de place et édifices à ériger pour la gloire et l'utilité de la République, Paris An VIII. A.N.: ebd.
106 J. Stern, François-Joseph Belanger, Paris 1930, Bd. 2, S. 144f
107 Giraud, Le vœu de la France. 1792: A.N., F^{17} 1004^B-414; vgl. ders., Place patriotique. Paris 1790 (eine frühere Version).
108 An., Programme pour les vertus qui doivent enceindre le Palais National. o.J.: A.N., F^{10} 236
109 Verhelst, Plan allégorique d'un jardin de la Révolution française et des vertus républicaines, Paris An II
110 Siehe H.-C. u. E. Harten, a.a.O., S. 77ff und passim
111 A.N., F^{17} 1049, dossier 5
112 Programme d'une nouvelle idée conçue par le Citoyen Houdon pour la statue de J.J. Rousseau, soumis au concours. A.N., F^{17} 1357/59, dossier 3
113 Monument à ériger sur la hauteur de l'Étoile en face de la grande avenue des Thuileries. 30. Floréal II: A.N., F^{14} 187^B, dossier 49; s.a. F^{13} 330 (25. Messidor II)
114 Machet de Velye, Considérations soumises à la Commission des Travaux publics: A.N., F^{21} 579
115 P. Buonarroti, Babeuf und die Verschwörung für die Gleichheit, Stuttgart 1909, S. 193ff
116 Girard, Projet de police, de paix et même de Morale générale, Frimaire III: A.N., F^{17} 1010^D-6607
117 Nougaret, Contrat social des Républiques. Paris An VIII, S. 119f; Le Febure, République fondée sur la nature, a.a.O., S. 215
118 Siehe G. Bardet, Naissance ..., a.a.O.
119 Les architectes de la Liberté, a.a.O., S. 234
120 A.a.O., S. 236f
121 A.a.O., S. 233
122 Die Dokumente befinden sich in: A.N., F^{13} 1711-1713; A.M. Bordeaux, M 2. - Teilnehmer des Wettbewerbes waren: Allais, Bataille, Baltard, Benoit, Blanc, Blein, Bonfin/Laclotte/Thiac, Bonessel, Caillet, Chinard, Chlochard, Chevalier, Combes, Damman, Dechan, Deschamps, Delarue, Dubas, Durand, Duplessis, Far/Sobre, Faure, Goust, Huvé, Krahe, Labarre, Laclotte/Rieutord, Lhote, Limozin, Lobgeois, Louis, Mariès, Magin, Morlet, Morel, Nougaret, Ramelet, Rauch, Reboul, Trouillé, Tarbé, Varennes, Verly, Vignon, Weinbrenner; sowie 7 anonyme Projekte. – Der Frühsozialist Charles Fourier übersandte übrigens den Initiatoren des Wettbewerbs einen Brief, in dem er eigene Überlegungen zur Bebauung darlegte; so schlug er vor, gleich viel Gebäude für Höfe und Gärten wie für Häuser zu reservieren: A.N., 10 AS 15, no. 18 (Brief vom 20. Frimaire V)
123 A.N., F^{13} 1711
124 F.L. Aubry, Projet d'un monument à la gloire des défenseurs de la patrie, Douai An V
125 A.N., F^{13} 721
126 J. Starobinski, 1789. Die Embleme der Vernunft, Paderborn 1981, S. 69
127 H.-C. u. E. Harten, a.a.O., S. 141ff
128 Inventaire général des richesses d'art de la France, Archives du Musée des Monuments Français, t. 1, Paris 1883, S. 15f
129 B. Baczko, Lumières de l'utopie, a.a.O., S. 392ff
130 Mona Ozouf, Le Panthéon, in: P. Nora, Hg., Les lieux de mémoire. I. La République, Paris 1984, S. 157
131 A.a.O.; Baczko, Lumières de l'utopie, a.a.O., S. 392ff
132 Ausführliche Beschreibung des Ensembles bei: M.L. Biver, Le Panthéon à l'époque révolutionnaire, Paris 1982

Bildteil

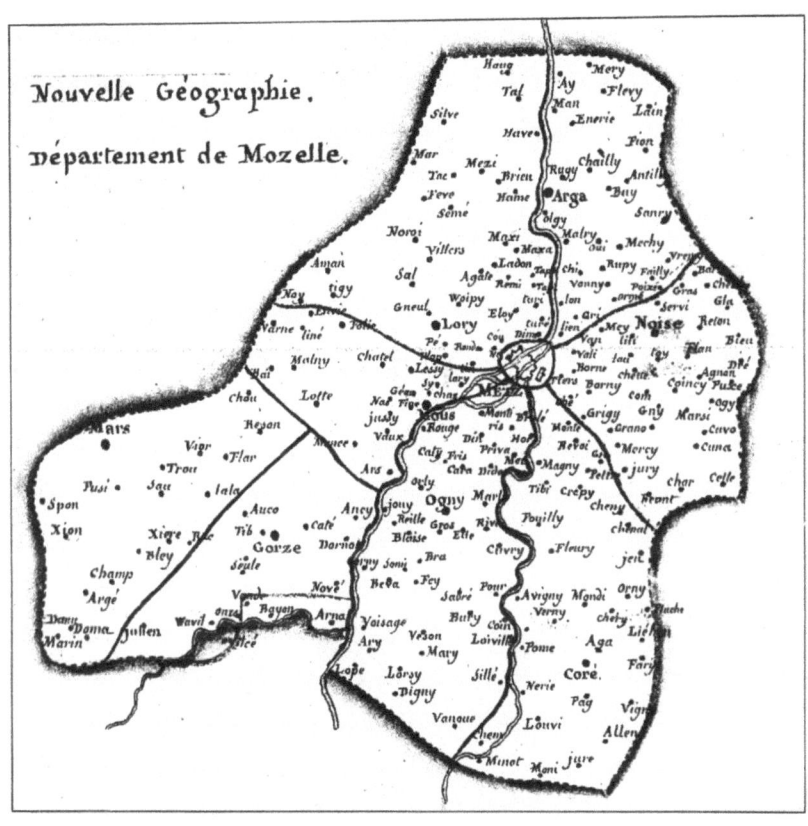

1 Aus dem Projekt Beuvelots

2 Zerstörung von Monumenten der Monarchie

3 Hubert Robert, Zerstörung der Königsgräber in Saint Denis

4 Die zum Fest des 10. August 1793 in Paris errichteten Monumente

5 Monument für Marat und Lazowski, Stich von Ransonette

6, 7 Monumente vom Fest des 10. August 1793 in Auxerre

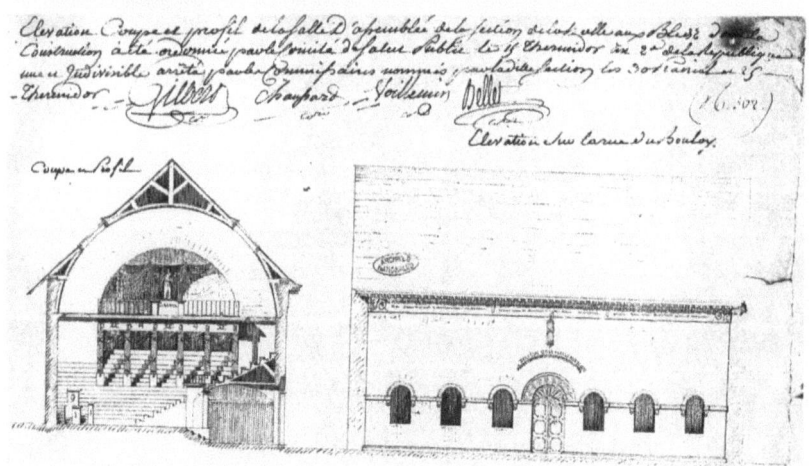

8 Innenansicht des Raums eines Revolutionskomitees. Stich von Berthault nach Fragonard fils

9 Gilbert u. a., Plan für den Versammlungsraum der Sektion Halle-aux-Bleds, 1794

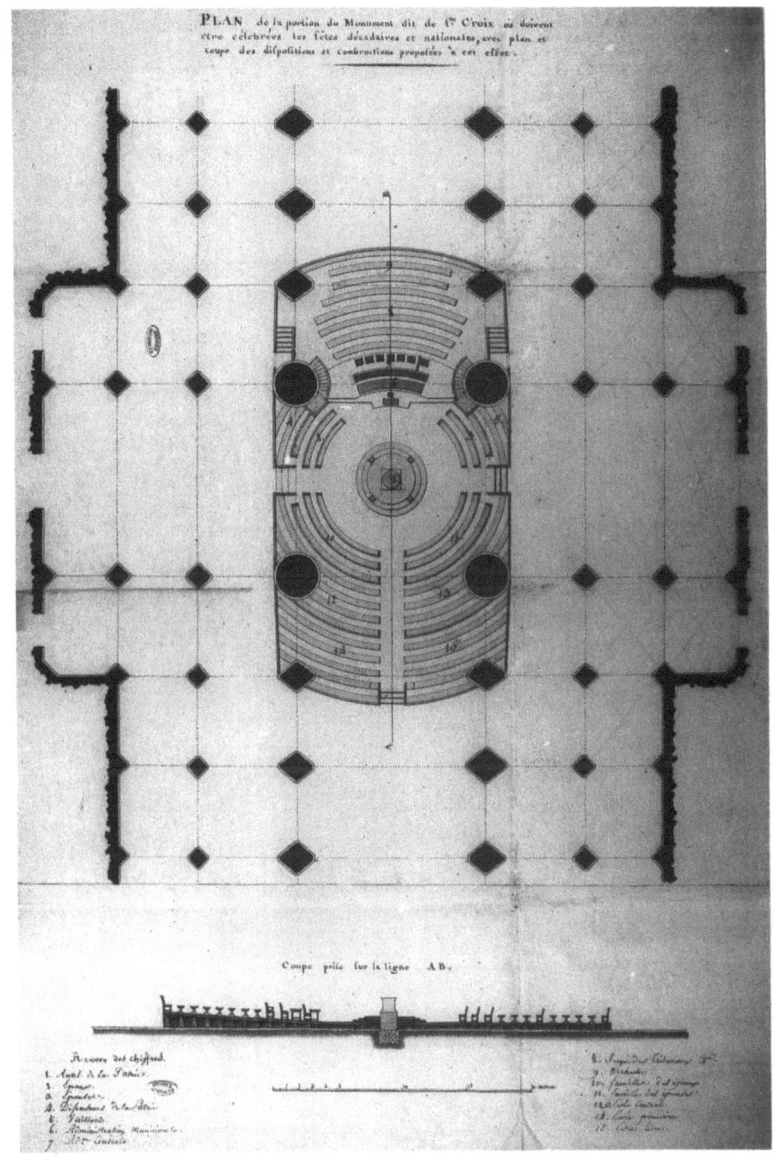

10 Rigollot, Plan für einen Dekadentempel (Orléans)

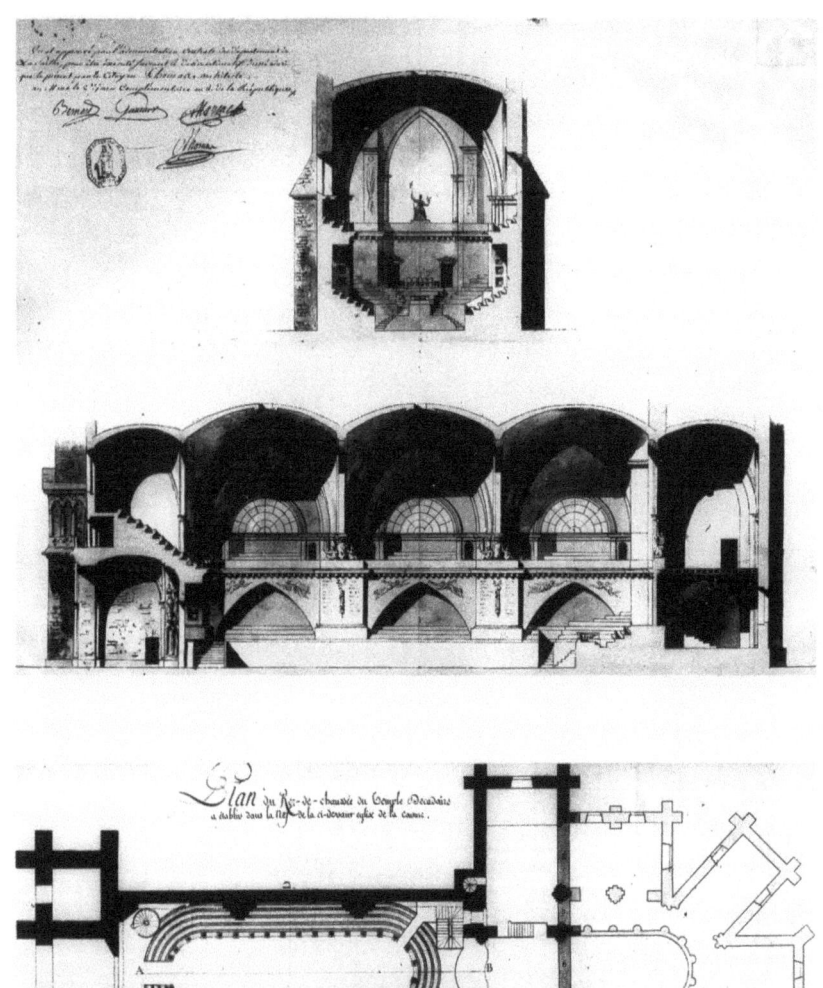

11, 12 Chaubry/Thomas, Plan für einen Dekadentempel in le Mans

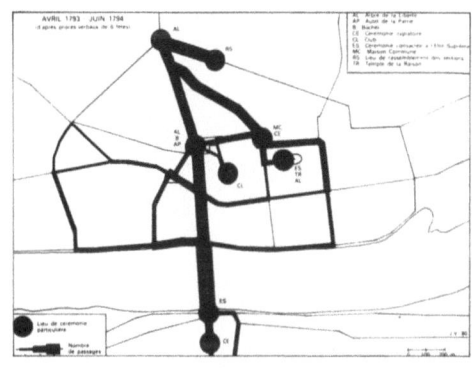
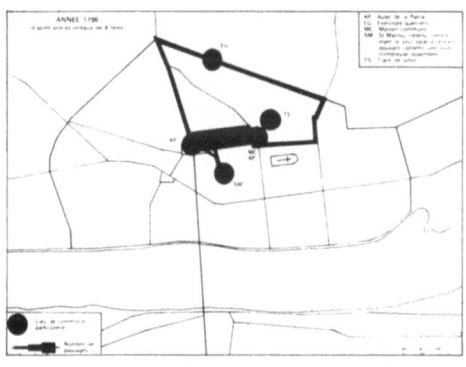
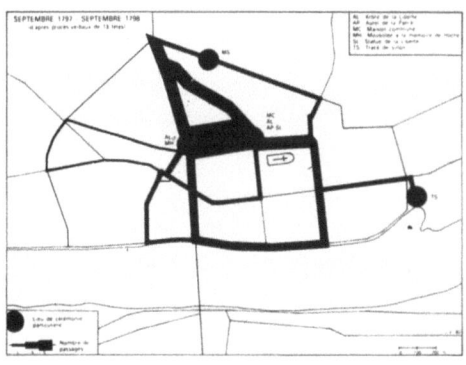

13 Verlauf der Festzüge in Orléans 1793–1799

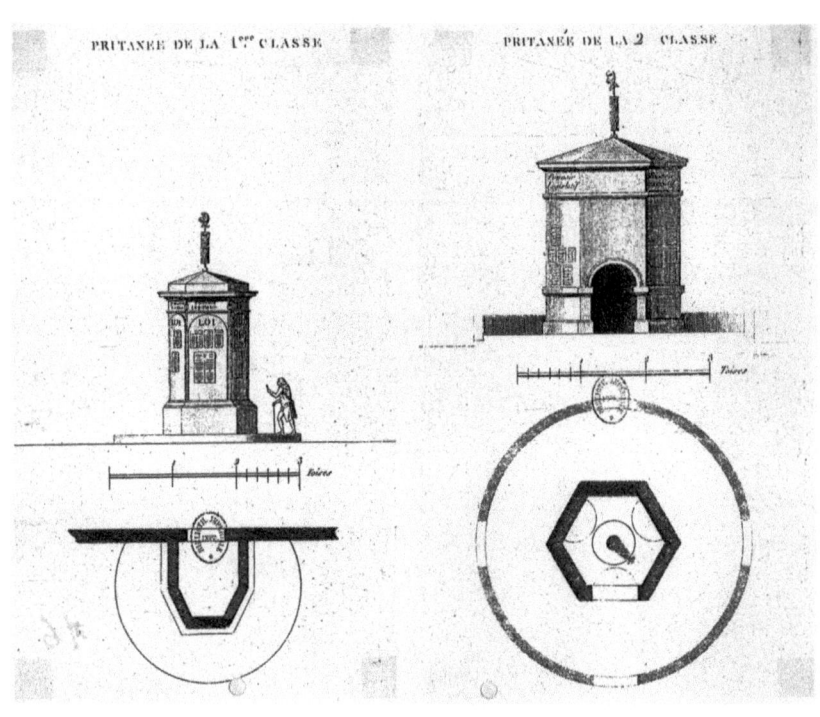

14 Molinos/Legrand, „Prytanées patriotiques"

PRITANEE DE LA 3.ᵉ CLASSE

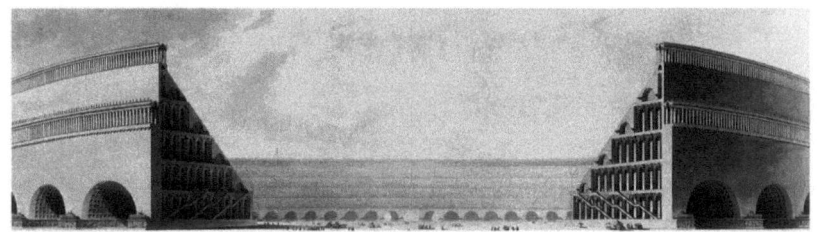

15 Boullée, „Cirque national"

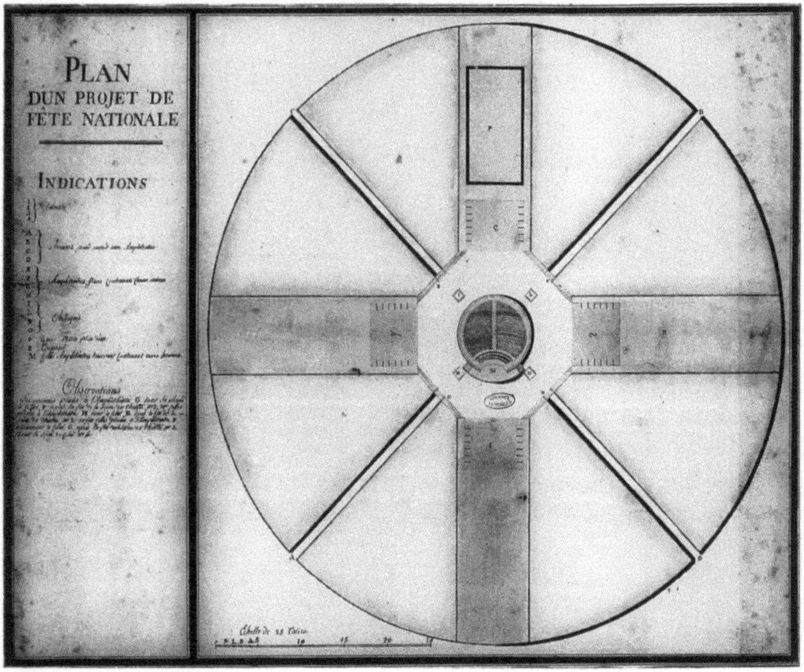

16 Pochet, Plan für eine Festanlage, 1794

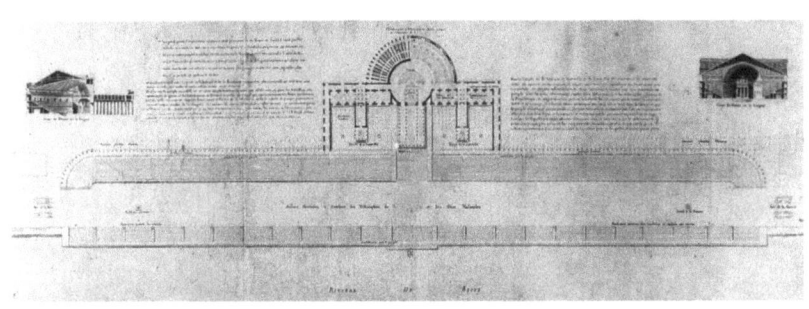

17 Percier/Fontaine, Plan für eine Festanlage

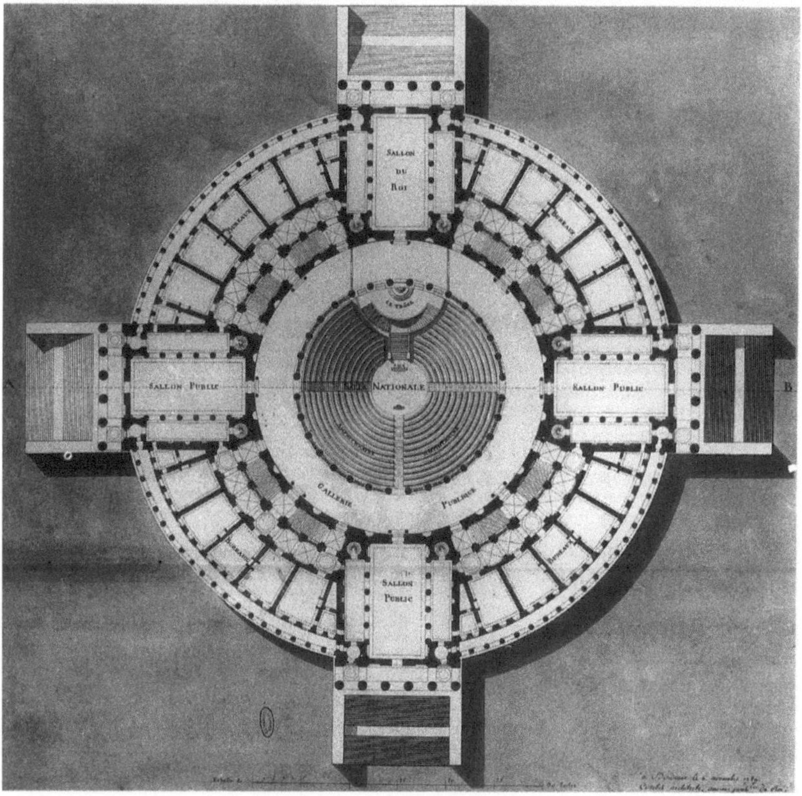

18–20 Combes, Nationalversammlung, 1789

21 Boullée, Nationalversammlung, 1792

22 Thomas, Nationalversammlung, 1791

23, 24 Lequeu, Projekt einer „Assemblée primaire", 1794

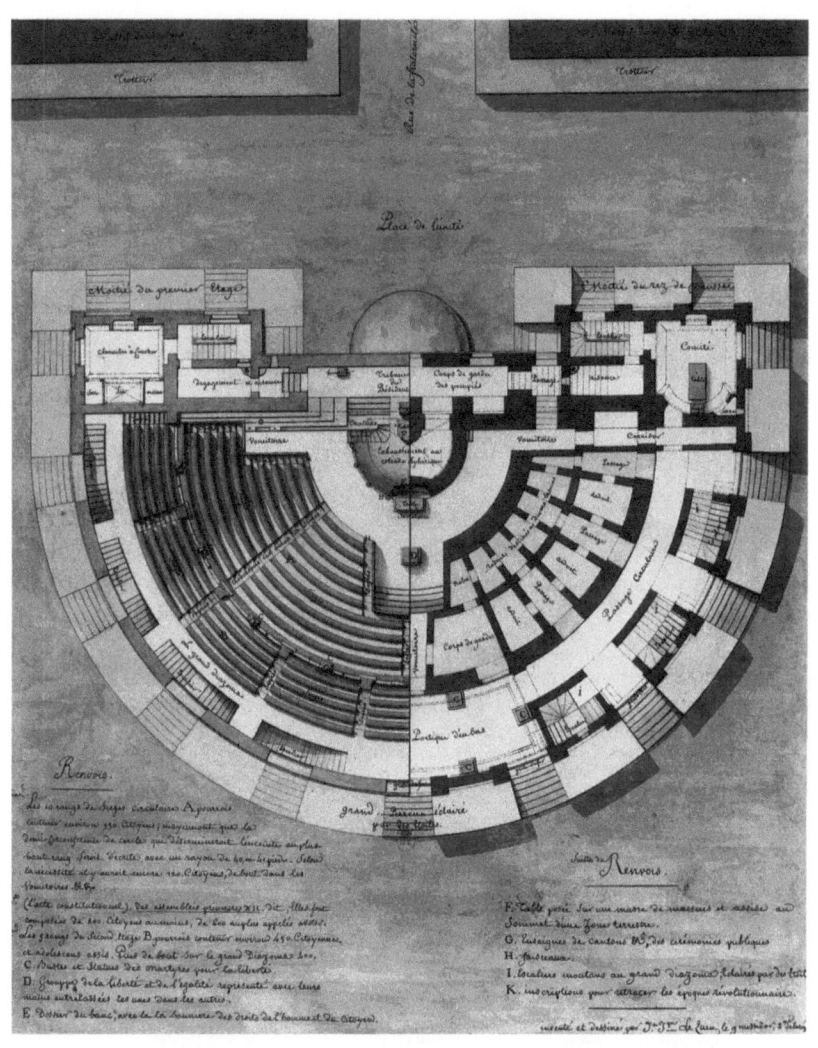

25 Lequeu, Projekt einer „Assemblée primaire", 1794

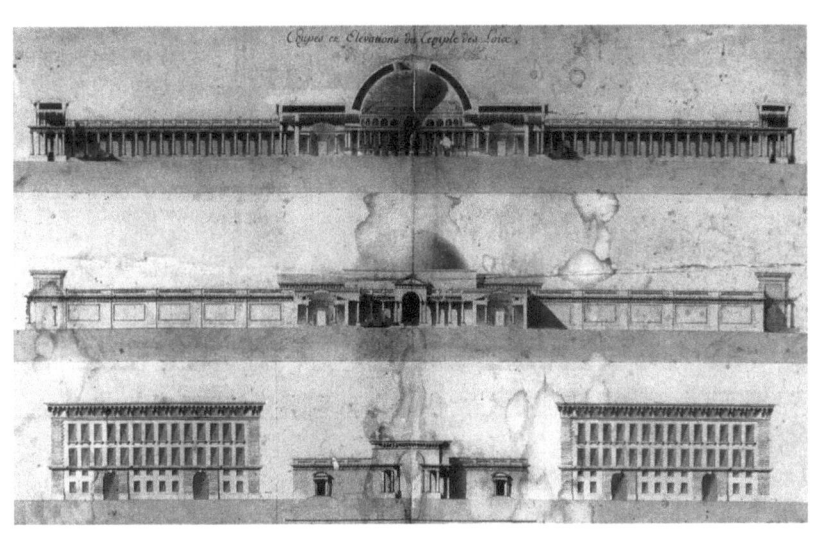

26 Goulet, Tempel der Gesetze, 1794

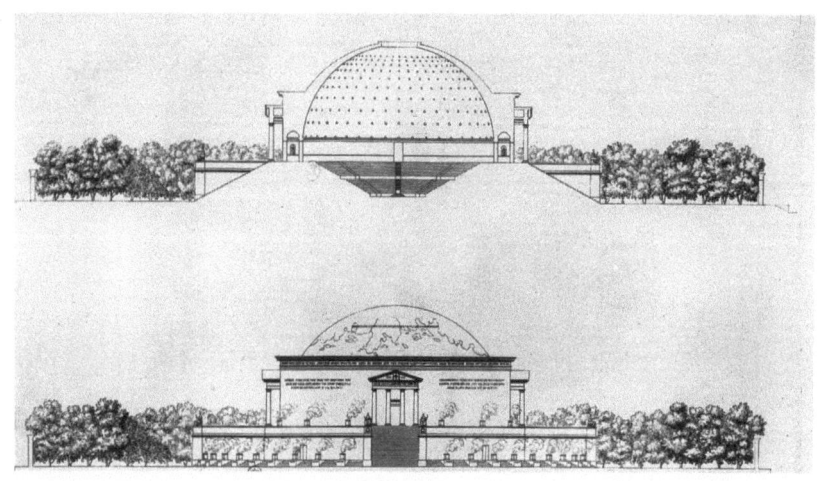

27 Durand/Thibault, Dekadentempel, 1794

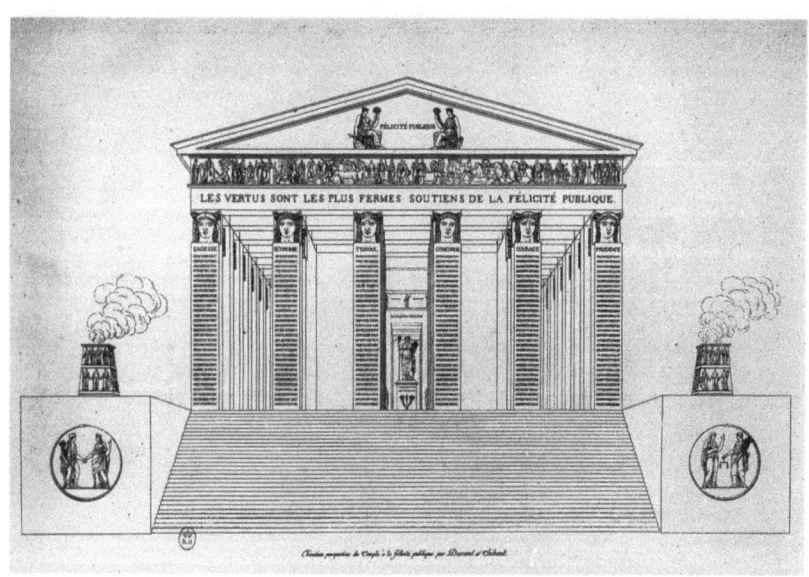

28 Durand/Thibault, Tempel des öffentlichen Glücks, 1794

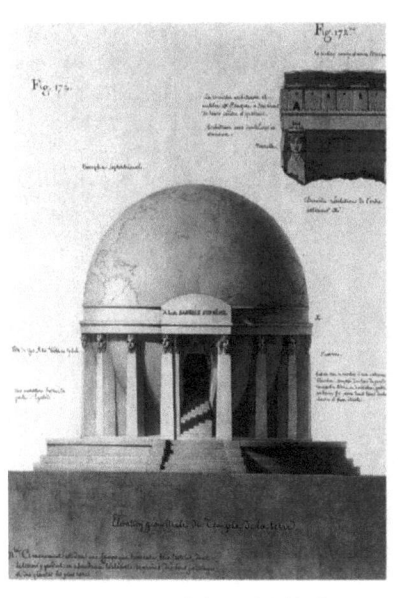

29 Lequeu, Tempel der Gleichheit, 1794

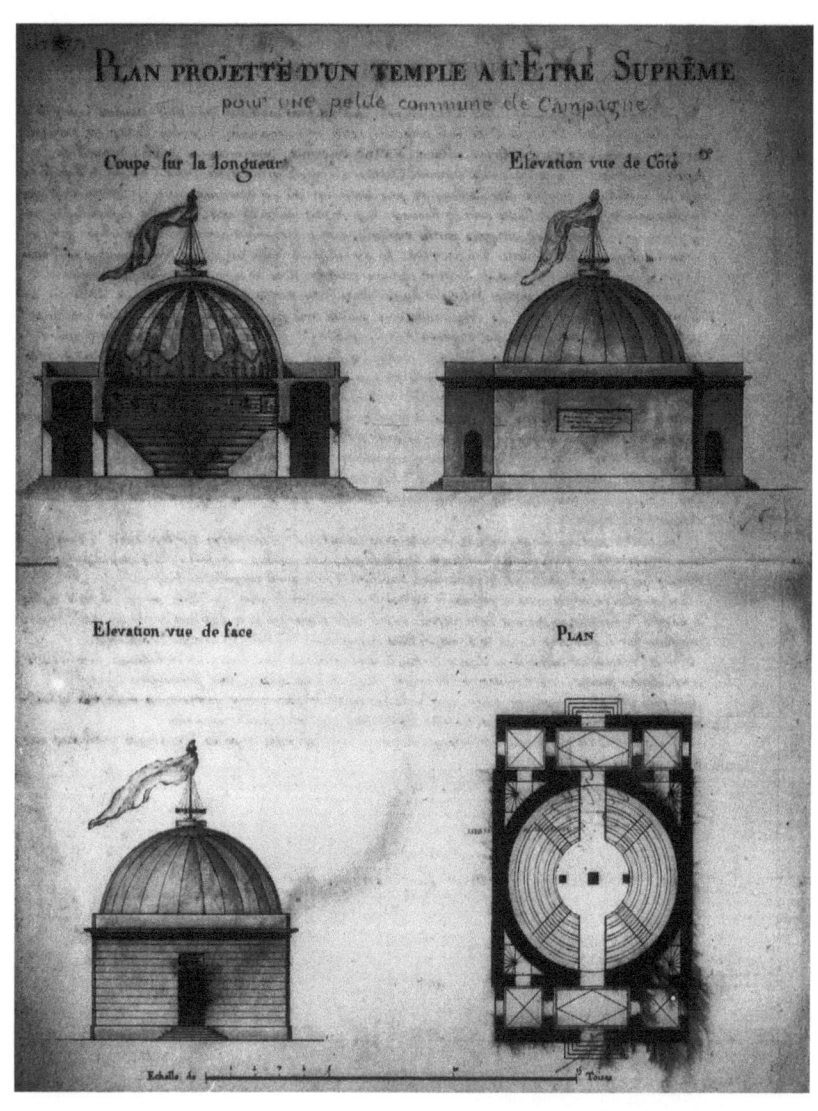

30 Belu, Dekadentempel, 1794

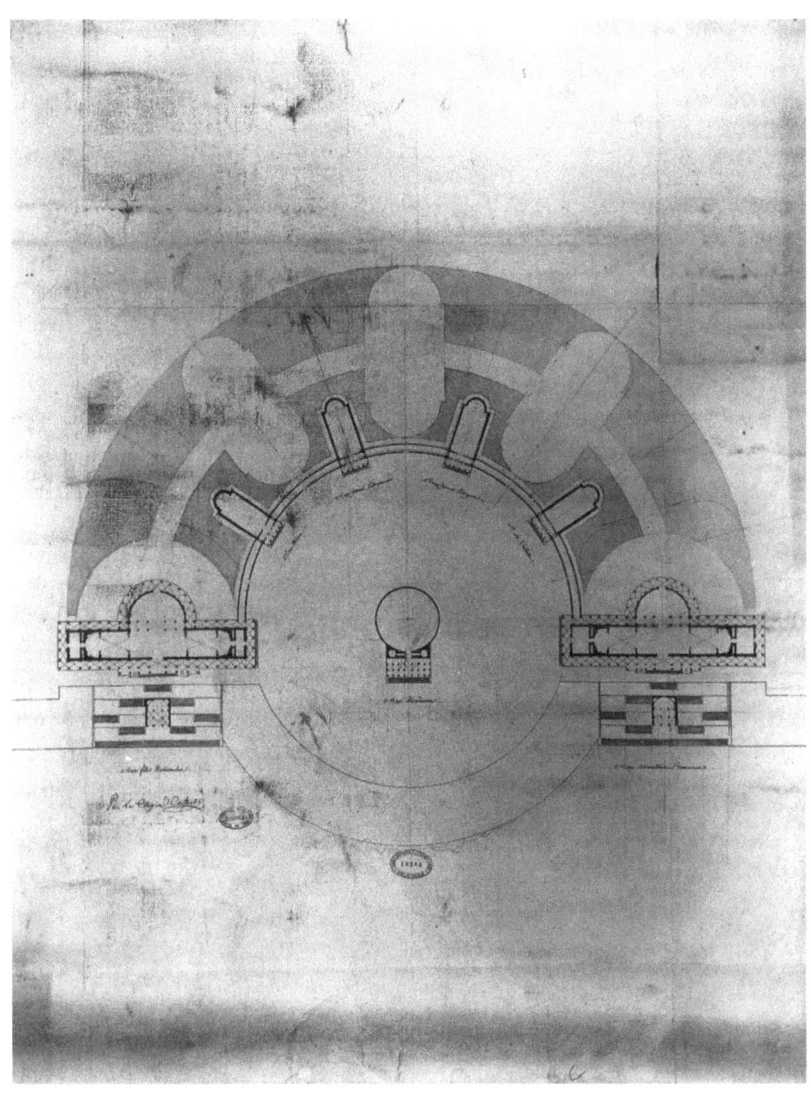
31 Cochet, Projekt für eine Tempelanlage, 1794

32 Lequeu, Triumphbogen des Volkes, 1794

33 Alavoine, Siegessäule, 1796

34 Faitre, Friedenssäule, 1798

35 Gatteaux, Monument für den Platz der Bastille, 1790

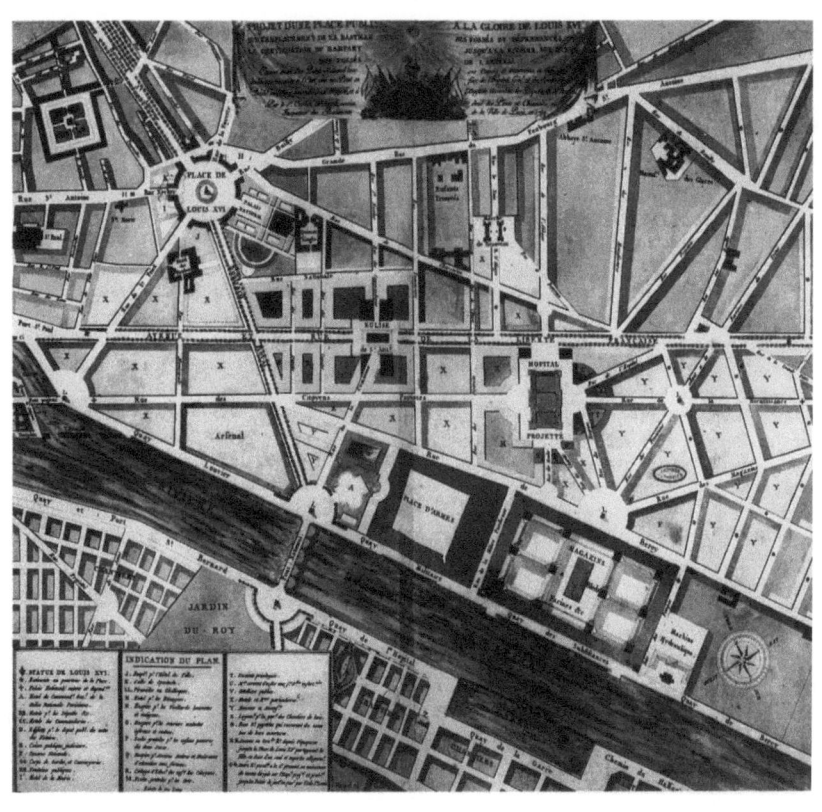

36 Corbet, Projekt für das Bastille-Viertel, 1789

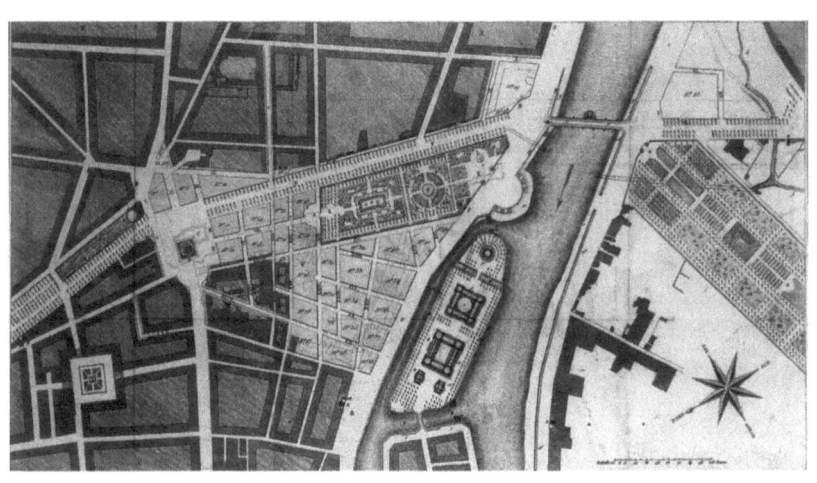

37 Palloy, Projekt für das Bastille-Viertel, 1792

38 Prieur, Tempel der Freiheit

39 Baltard (?), Monument der Freiheit, 1796

40 Verly, Projekt für Lille: Théâtre und „Bad des Volkes", 1792

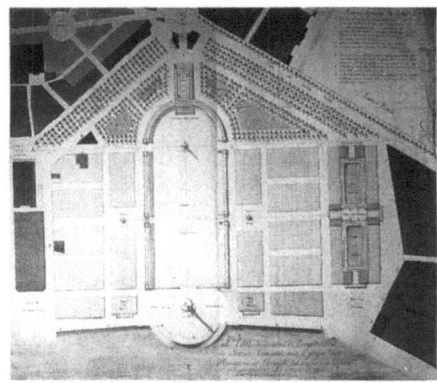

41 Combes, Plan für das Gelände des Château-Trompette in Bordeaux, 1797

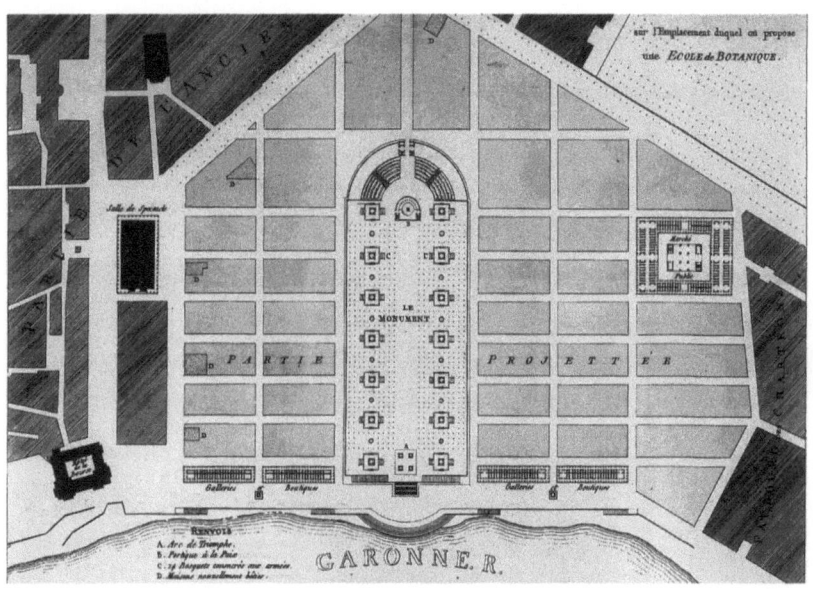

42 Baltard, Plan für das Gelände des Château-Trompette

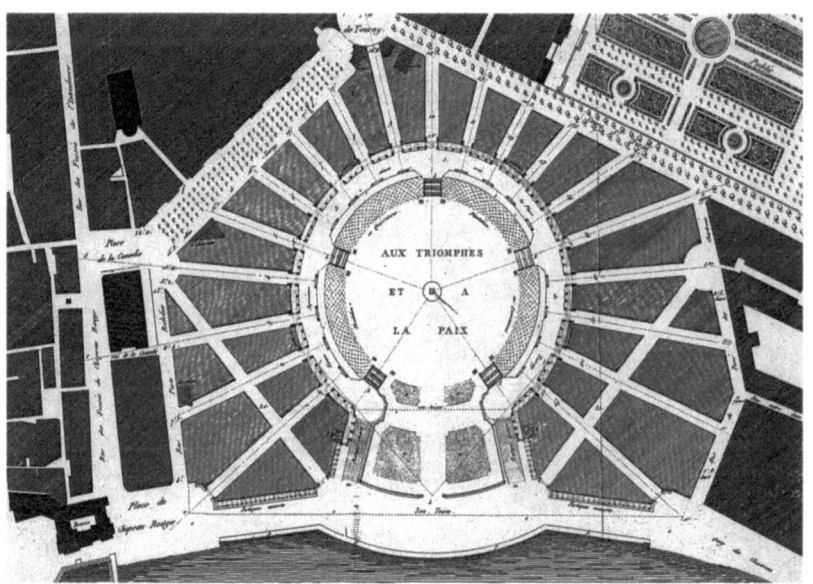

43 Lhôte, Plan für das Gelände des Château-Trompette

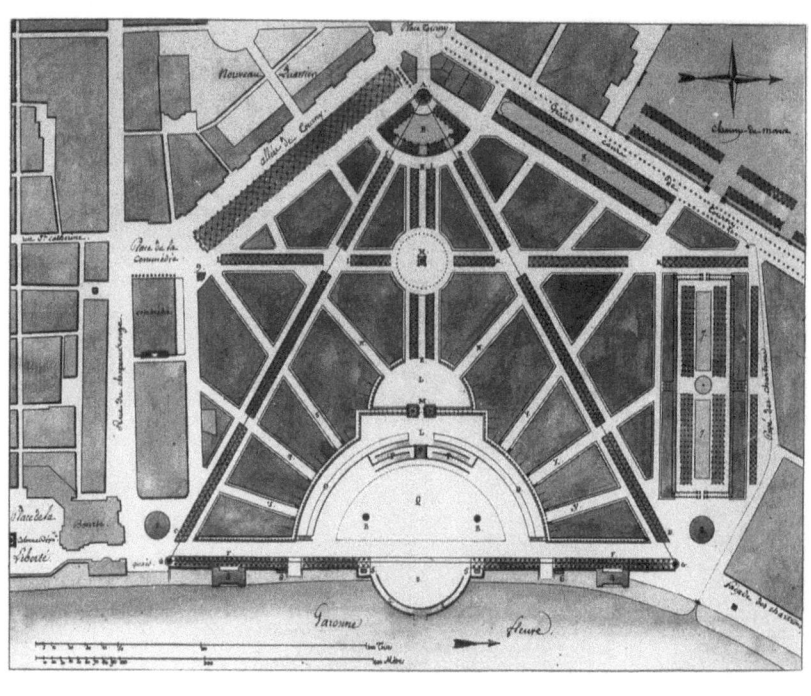

44 Laclotte/Rieutord, Plan für das Gelände des Château-Trompette, 1797

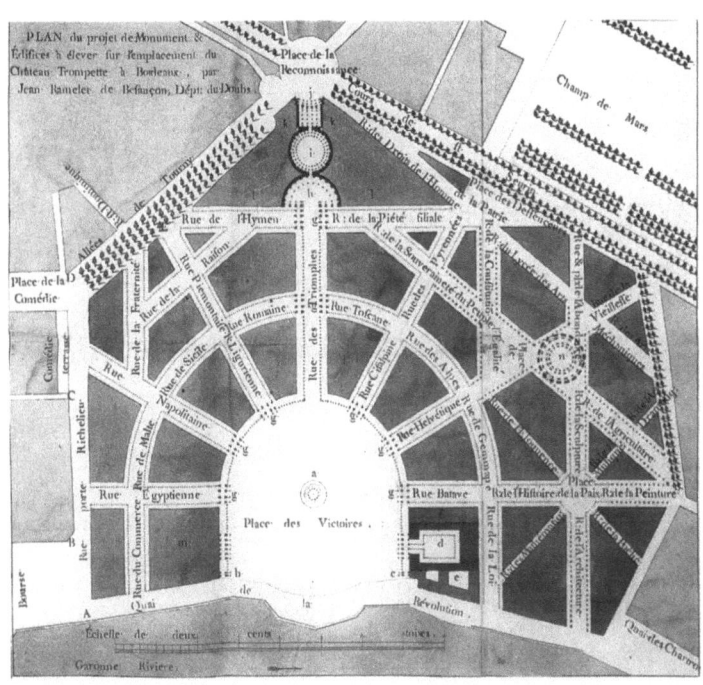

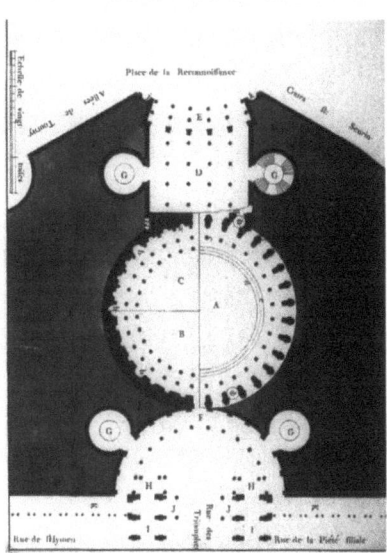

45, 46 Ramelet, Plan für das Gelände des Château-Trompette

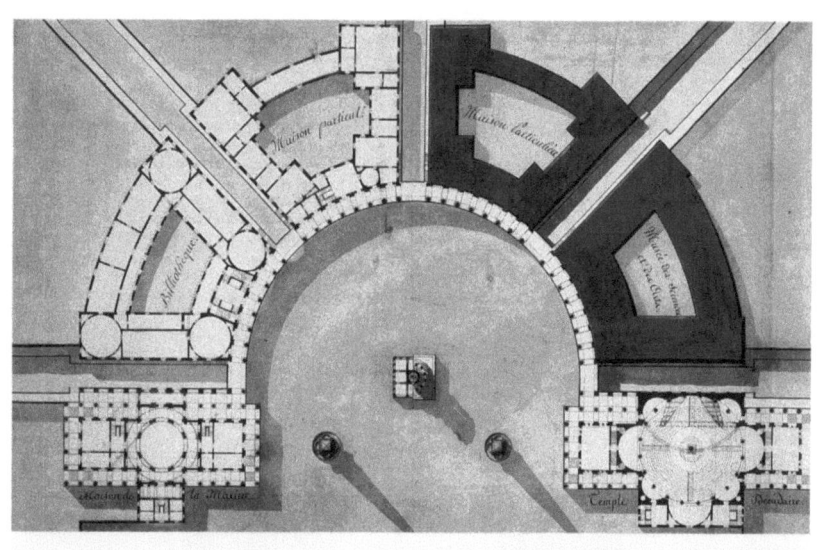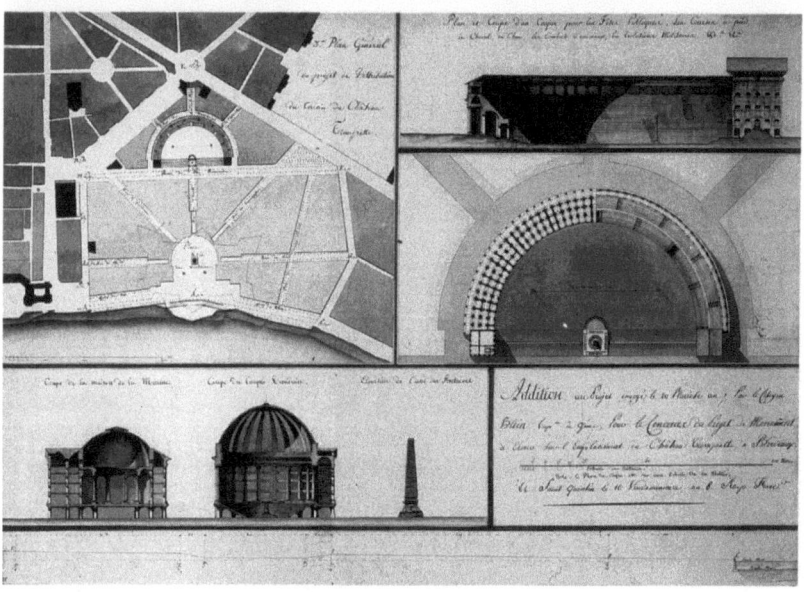

47 Blein, Plan für das Gelände des Château-Trompette, 1799

48 Aus dem Projekt für das Château-Trompette von Deschamps

Bildquellen

1, 6, 7, 9, 10, 16, 18–20 22, 30, 36, 42, 44–48	Archives Nationales, Paris
2, 4, 5, 8, 15, 21, 23–25, 29, 32, 35, 38	Cabinet des estampes der Bibliothèque Nationale, Paris
3, 17, 26	Musée Carnavalet, Paris
6, 7	Archives départementales de l'Yonne
11, 12	Archives départementales de la Sarthe
13	Debal et al., Histoire d'Orléans et de son territoire, Roanne/ Le Coteau 1982
14, 27, 28, 33, 34, 37	Bibliothèque Nationale, Paris
31	Ecole nationale supérieure des Beaux-Arts, Paris
39	Cooper Hewitt Museum, New York
40	Musée des Beaux-Arts, Lille
41	Bibliothèque municipale de Bordeaux
43	Archives municipales de Bordeaux

Bauwelt Fundamente
(lieferbare Titel)

1 Ulrich Conrads (Hrsg.), Programme und Manifeste zur Architektur des 20. Jahrhunderts
2 Le Corbusier, 1922 – Ausblick auf eine Architektur
3 Werner Hegemann, 1930 – Das steinerne Berlin
4 Jane Jacobs, Tod und Leben großer amerikanischer Städte
12 Le Corbusier, 1929 – Feststellungen
14 El Lissitzky, 1929 – Rußland: Architektur für eine Weltrevolution
15 Christian Norberg-Schulz, Logik der Baukunst
16 Kevin Lynch, Das Bild der Stadt
20 Erich Schild, Zwischen Glaspalast und Palais des Illusions
24 Felix Schwarz und Frank Gloor (Hrsg.), „Die Form" – Stimme des Deutschen Werkbundes 1925–1934
35 David V. Canter (Hrsg.), Architekturpsychologie
36 John K. Friend und W. Neil Jessop (Hrsg.), Entscheidungsstrategie in Stadtplanung und Verwaltung
39 Alexander Tzonis, Das verbaute Leben
40 Bernd Hamm, Betrifft: Nachbarschaft
44 Martina Schneider (Hrsg.), Information über Gestalt
47 Werner Durth, Die Inszenierung der Alltagswelt
50 Robert Venturi, Komplexität und Widerspruch in der Architektur
51 Rudolf Schwarz, Wegweisung der Technik und andere Schriften zum Neuen Bauen 1926–1961
53 Robert Venturi, Denise Scott Brown und Steven Izenour, Lernen von Las Vegas
54/55 Julius Posener, Aufsätze und Vorträge 1931–1980
56 Thilo Hilpert (Hrsg.), Le Corbusiers „Charta von Athen". Texte und Dokumente. Kritische Neuausgabe
57 Max Onsell, Ausdruck und Wirklichkeit

58 Heinz Quitzsch, Gottfried Semper – Praktische Ästhetik und politischer Kampf

59 Gert Kähler, Architektur als Symbolverfall

60 Bernard Stoloff, Die Affaire Ledoux

61 Heinrich Tessenow, Geschriebenes

62 Giorgio Piccinato, Die Entstehung des Städtebaus

64 F. Fischer, L. Fromm, R. Gruber, G. Kähler und K.-D. Weiß, Abschied von der Postmoderne

65 William Hubbard, Architektur und Konvention

66 Philippe Panerai, Jean Castex und Jean-Charles Depaule, Vom Block zur Zeile

67 Gilles Barbey, WohnHaft

68 Christoph Hackelsberger, Plädoyer für eine Befreiung des Wohnens aus den Zwängen sinnloser Perfektion

69 Giulio Carlo Argan, Gropius und das Bauhaus

70 Henry-Russell Hitchcock und Philip Johnson, Der Internationale Stil – 1932

71 Lars Lerup, Das Unfertige bauen

72 Alexander Tzonis und Liane Lefaivre, Das Klassische in der Architektur

73 Elisabeth Blum, Le Corbusiers Wege

74 Walter Schönwandt, Denkfallen beim Planen

75 Robert Seitz und Heinz Zucker (Hrsg.), Um uns die Stadt

76 Walter Ehlers, Gernot Feldhusen und Carl Steckeweh (Hrsg.), CAD: Architektur automatisch?

78 Dieter Hoffmann-Axthelm, Wie kommt die Geschichte ins Entwerfen?

79 Christoph Hackelsberger, Beton: Stein der Weisen?

80 Georg Dehio und Alois Riegl, Konservieren, nicht restaurieren, Herausgegeben von Marion Wohlleben und Georg Mörsch

81 Stefan Polónyi, ... mit zaghafter Konsequenz

82 Klaus Jan Philipp (Hrsg.), Revolutionsarchitektur

83 Christoph Feldtkeller, Der architektonische Raum: eine Fiktion

84 Wilhelm Kücker, Die verlorene Unschuld der Architektur

85 Ueli Pfammatter, Moderne und Macht

86 Christian Kühn, Das Schöne, das Wahre und das Richtige
87 Georges Teyssot, Die Krankheit des Domizils
88 Leopold Ziegler, Florentinische Introduktion
89 Reyner Banham, Theorie und Gestaltung im Ersten Maschinenzeitalter
90 Gert Kähler (Hrsg.), Dekonstruktion? Dekonstruktivismus?
91 Christoph Hackelsberger, Hundert Jahre deutsche Wohnmisere – und kein Ende?
92 Adolf Max Vogt, Russische und französische Revolutionsarchitektur 1917 · 1789
93 Klaus Novy und Felix Zwoch (Hrsg.), Nachdenken über Städtebau
94 Mensch und Raum. Das Darmstädter Gespräch 1951
95 Andreas Schätzke, Zwischen Bauhaus und Stalinallee
96 Goerd Peschken, Baugeschichte politisch
97 Gert Kähler (Hrsg.), Schräge Architektur und aufrechter Gang
98 Hans Christian Harten, Transformation und Utopie des Raums in der Französischen Revolution
99 Kristiana Hartmann (Hrsg.), Trotzdem modern (in Vorbereitung)
100 Magdalena Droste, Winfried Nerdinger, Hilde Strohl und Ulrich Conrads, Die Bauhaus-Debatte 1953

Klaus Jan Philipp (Hrsg.)

Revolutionsarchitektur

**Klassische Beiträge
zu einer
unklassischen Architektur**

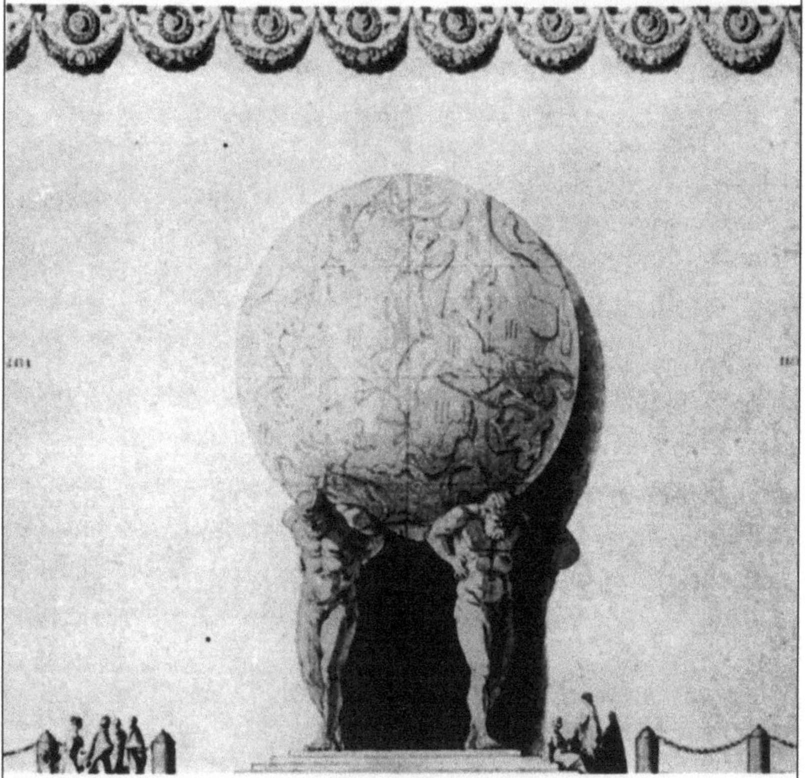

Architekturtheorie/Architekturgeschichte

Band 82 der Bauwelt Fundamente.
1990. 178 Seiten mit 40 Abbildungen

ARCHITEKTUR ■ BEI VIEWEG

Bei Fragen zur Produktsicherheit wenden Sie sich bitte an:
If you have any questions regarding product safety,
please contact:

Birkhäuser Verlag GmbH
Im Westfeld 8
4055 Basel, Schweiz
productsafety@degruyterbrill.com